中公新書 2187

伊藤邦武著

物語　哲学の歴史

自分と世界を考えるために

中央公論新社刊

まえがき

哲学とは何だろうか。

それは人間の誰もが世界と向き合い、自分の生の意味を顧みるときに、どうしても問わずにはいられない、もっとも根本的な問いを深く考え、その答えを模索しようとする知的努力のことである。

では、私たちには、哲学という根本的な問いを深く考えてみる必要が本当にあるだろうか。

一七世紀フランスの哲学者ブレーズ・パスカルは、『パンセ』のなかでこう書いていた（ラフュマ版一九八節）。

「私は人間が光りなく打ち捨てられて、いわば宇宙のこの一角に迷い込んで、誰によってそこに置かれたのか、何をしにここへ来たのか、死ねばどうなるのかを知ることなく、何を認識する能力ももたずにいることを見つめるとき、恐怖に襲われる」

私たちはたしかに自分が「何をしにここへ来たのか、死ねばどうなるのか」を、本当の意味では知らない。私たちは誰もが皆、「宇宙のこの一角に迷い込ん」だ異邦人である。もちろん、私たちは毎日の生活のなかでは、見慣れた周囲の世界にすっかり溶け込んで、何の違和感もない生を送っているつもりでいる。そして、毎日の忙しい生活のなかで、自分なりの努力を払ったり、未来に向けての計画を立てようとしている。しかし、そうしたありふれた日常性のなかにも、時として、生の断崖が大きく顔を出し、宇宙の深い沈黙と闇が迫ってくる瞬間はあるであろう。

ひょっとすると、私たちの生の基盤は必ずしも確かなものではなく、世界の実相は常識とはまったくかけ離れたものかもしれないのではないのか。あるいは、新聞やテレビが常識以上に完全な確実性、信頼性をもつと見なしている科学的知識も、その基盤は真実にはかなり脆《もろ》いものではないのか。こうした疑問は日常的にはとりあえず無用なものであるとしても、さまざまな問題をきっかけとして、誰にも自然に浮かび上がってくる私たちの基本的な想念である。

そして、私たちはこうした疑問が必ずしも完全に馬鹿げたものではないことに気づいたとき、知らず知らずのうちにいろいろな哲学的問いに巻き込まれていき、やがてはその答えを得ようとして推論したり議論したりという、知的な反省を重ねる努力をすることになる。哲学とは、そうした誰もがぶつかる可能性のある問いと、それをめぐる反省的努力の積み重ねの別名である。

それでは、私たちはこの種の根本的な問いに実際に答えることができるのだろうか。というよりもそもそも、哲学にははっきりとした解答があるのだろうか。パスカルは同じ本のなかで次のようにも書いている(ラフュマ版二〇〇節)。

「人間はひとくきの葦にすぎない。自然のなかでもっとも弱いものである。だが、それは考える葦である。彼をおしつぶすために、宇宙全体が武装するには及ばない。蒸気や一滴の水でも彼を殺すのに十分である。だが、たとい宇宙が彼をおしつぶしても、人間は彼を殺すものよりも尊いだろう。なぜなら、彼は自分が死ぬことと、宇宙の自分に対する優勢とを知っているからである。宇宙は何も知らない」

「人間は考える葦である」。この誰でもよく知っているパスカルの言葉が、哲学的問いを追い求め、それと格闘する知的努力の置かれた状況を鮮やかに示しているといえるだろう。

広大な宇宙の片隅の、そのまた片隅の、地球という星の上に生きるまったく無力な人間が、その思考力だけを頼りにして宇宙全体の成り立ちを考え、そのなかで生きている自分の位置と意味とを自力で反省してみる。これは間違いなくきわめてパラドキシカルな企てである。しかし、パラドキシカルということは必ずしも不可能ということを意味してはいない。いかに不合理な企てに見えても、試みる価値のある探究はあるはずである。哲学の歴史とは、この一見不合理な、しかし知的に価値のある探究を企てた、数々の人間的試みの記録のことである。

さて、本書は一冊で哲学の歴史の全体を一つの「物語」として概観しようとするものである。それは哲学史を一冊の新書によって、古代から現代、そして将来へと見通そうという、ある意味では非常に欲張りな目標をもっている。

哲学の歴史はいうまでもなく、パスカルのような大哲学者の名前が次から次へと登場する歴史である。本書でも、古代のプラトンやアリストテレス、中世のアウグスティヌスやトマス、近代のデカルト、ロック、カント、そして現代のラッセルやフッサール、ハイデッガー、クワイン、ウィトゲンシュタインなどの有名な哲学者の理論が、時代を追って順番に紹介される。本書はきわめてコンパクトな分量のなかで、これらの大哲学者たちの思想についてできるだけその根幹部分を掬《すく》いあげて紹介したいと思っている。

とはいえ、この哲学史の物語は、さまざまな哲学者の学説を網羅的に紹介して、それぞれのエッセンスを簡単に参照するための参考書としては考えられていない。たしかに哲学史に登場するさまざまな学説の紹介ということにも大きな意義があるであろうが、そうした情報はこの本のようなコンパクトなものよりも、もう少し大きな哲学辞典や百科事典の個別の項目を参照するほうが、容易に得られるであろう。本書の中心のテーマは、さまざまな理論が林立する哲学の歴史を、多様な学説の並列する一大ギャラリーとして見るのではなく、一つのストーリーとして見通すというところにある。

プラトンやアリストテレスからウィトゲンシュタインやメルロ＝ポンティなどの思想の流れを、大づかみに一つのストーリーとして見たとき、そこにいかなる物語の筋が浮かび上がってくるのか。本書が伝えたいと思うメッセージは、この「物語」としての哲学史の筋道、あるいは展開の軸のあり様ともいうべきものである。

もちろん、哲学の歴史の筋は一つであるとは限らない。本書が提示するストーリーは語りうる哲学史の物語のなかの、一つの可能な説き方でしかない。なぜなら、哲学の歴史といっても、そもそも哲学のどのような主題に主として焦点を当てるかということで、ずいぶんと異なった哲学の歴史が考えられるからである。始めに書いたように、哲学とは世界と自分ということについて根本的に思索してみよう、という知的営みである。その意味では、「哲学」という学問の定義について人によってまちまちであるということは、それほどない。しかし、世界と自分についての反省といっても、この主題に関係する具体的なトピックは無数にあり、結果として哲学という一つの学問のなかにもいくつかの下位区分が設けられるようになる。

学問としての哲学には、いわゆる存在一般の意味や、その形式・種類について抽象的に考える「存在論」と、その存在の真の姿についての認識の可能性を問う「認識論」とが、その中心の軸として存在している。しかし、これらの周囲には、「倫理学」や「政治哲学」といったもっと生身の人間の社会的生活に密着した分野から、「論理学」や「数理哲学」のように、普通の存在論以上に抽象的で形式的な分野、あるいは藝術や宗教をもっぱら扱う「藝術哲学」や「宗教哲学」もある。哲学史の記述は、こうした哲学の下位区分のどこに重心を置くかによって、かなり違った姿を見せることになるはずである。

この、哲学の中心課題あるいは重心というこの点にかんしていうと、本書はどちらかといえばオーソドックスな哲学観をとって、いわゆる存在論や認識論にかんする哲学の学説の歴史ということを軸にして構成されている。ただし、このオーソドックスな見方の範囲内で、本書には本書特有のバイアスのようなものもある。というのも、本書で展開しようとする哲学史のストーリーは、主として「人間の精神」をどのようなものとして捉えるか、というテーマを軸に古代から現代へと進んでいこうとするものであり、その点では、本書は人間の精神、あるいは「心」の存在論を軸にして語られた哲学の歴史ということになるからである。つまり、この本は存在論一般というよりも、人間存在論を中心軸に据えて語られた哲学史ということになる。

人間の精神とは何か、あるいは、心とはいかなるものか。この問いはこの「まえがき」の最初に掲げた、パスカルの「人間は考える葦である」という含蓄に富んだ表現に直結した問題意識である。

パスカルは人間が、思考する精神としては驚くほど「尊い」ものであるとともに、生きて活動する身体ないし肉体としては、「葦」のようにか弱い、頼りないものであるという。しかし、いかにして頼りない身体が宇宙全体をも包み込むような思考力をもつことができるのか。これは、人間の思考とは何かという問題であるとともに、身体と精神とはどのようにしてつながり、どのような関係に立っているのか、という心身問題でもある。そして、か弱い身体が宇宙の一部であるとしたら、自然の世界で生命ある身体はどのような特徴をもった物質といえるのだろうか。これは、物質と生命の関係の問題でもある。

本書が人間存在論を中心の軸としつつ、存在論や認識論の歴史を辿っていくというのは、こうした主題や疑問を追跡していくということである。いうまでもなく、人間存在論の歴史といっても、それ自体のうちにさらに、いろいろなストーリー構成の可能性がある。したがって、以下に展開されるのはその一つのヴァージョン、哲学の歴史についての一つの「読み方」である。別の著者が他の角度から見れば、人間存在論としての哲学の歴史は、また別の光の当て方の下で、違った相貌《そうぼう》を見せることであろう。そして、同じ歴史を論じても、専門性という基準からいっても、いろいろなレベルの語り方ということがあるであろう。本書はこのレベルということについても、かなり欲張った視点をとっている。つまり、大学などでの哲学の学習者にとって参考になると同時に、一般の読書人にとっても、あるいは哲学とはかなり離れた学問分野や研究に従事する人にとっても、専門用語の羅列という不愉快なハードルの存在を、できるだけ意識しないですむように話を進めたいと思っている。

残念ながら「哲学用語」といえば、何といっても難解で無味乾燥な言葉というものの代名詞のようなものである。本書でも叙述そのものは哲学用語を使って進むので、難解な用語がいくつも出てくることは避けられない。ただ、そうした用語がどんな文脈で、どのような問題意識の下で使われるようになったのかということを可能な限り明らかにすることで、難しい表現が私たちの理解に負荷する厄介さを、できるだけ軽減したいとは思っている。また、哲学の用語だけでなく、その用語によって組みたてられた理論のほうも、時として非常に複雑で、どうしてそんな難解な議論をしなければならないのか見当もつかないようなタイプの理論もある。しかし、その種の理論にも理由を示せば一定の合理性は認められるだろう。こうした難解な理論の背景の説明も、本書で試みたいと思っていることである。

そうした試みがどこまで成功しているか、そして、哲学史を大づかみに一つのストーリーとして見るという本書の試みがどこまで説得力をもっているか、このことは以下の内容に直接当たっていただいて、読者の方々に判断していただく他はないが、筆者の私としては、哲学史の「物語」を一通り通覧することで、思想の世界の長い歴史のなかにもダイナミックな動きがあり、数多くの鋭い理論的格闘とともに、大規模な歴史のうねりというものがあるということをくみ取っていただければと願っている。

物語　哲学の歴史

目次

まえがき　i

序　章　哲学史のストーリー……3
物語としての哲学　これまでの哲学史　ヘーゲル『歴史哲学講義』　シュペングラー『西欧の没落』　トインビー『歴史の研究』　ローティ「哲学の終わり」　哲学の大きい螺旋的なサイクル　新しい生の哲学の構築へ

第一章　魂の哲学——古代・中世……21
1　「魂」という原理　21
哲学とは何か　神話の時代から哲学の成熟へ　文明横断的に見られる「魂」　古代中国と日本　古代インドの宗教　ギリシア　世界の主要元素への問い　自然学者たちの活動
2　アテナイの哲学——プラトンとアリストテレス　41

ソクラテスの「無知の知」　学問の府アカデメイア　『アテナイの学堂』が意味するもの　プラトンのイデア論　イデアを把握する能力　道徳論と宇宙論の結びつき　アリストテレスの生涯　『形而上学』　事物の生成変化の説明原理　世界の始源と魂論　「中庸」の実現

3　地中海の哲学　71

帝国の誕生　プラトン、アリストテレスとのかかわり　ヘレニズム時代の科学的遺産　エピクロス派、ストア派、懐疑主義　プロティノスと新プラトン主義　アウグスティヌスとボエティウス　プロクロスの継承者　「普遍論争」　イスラムの哲学者たちの業績　トマス・アクィナスの思想　ダンテの『神曲』へ

第二章　意識の哲学――近代……102

1　科学革命の時代――デカルトの登場　102

閉じられた世界から開かれた宇宙へ　世界の片隅に生きる者　近代哲学の父　新しい哲学　デカルトの存在論　観念とは　精神と物質　方法的懐疑　透明な知性　神の存在証明

2　心身問題　127
心と身体の関係はどうなるのか　機会原因論　神即自然の哲学　予定調和の哲学　モナド　精神と身体は同等か
3　経験論と超越論的観念論の立場　143
感覚的経験の意義　タブラ・ラサ　観念の分類　存在と知覚　因果的結合の実在性　観念連合　観念のヴェール　独断のまどろみ　アプリオリな総合判断　超越論的観念論　超越論的統覚の働き　理論理性・実践理性・カント後の哲学
第三章　言語の哲学——二〇世紀……179
1　論理学の革命　179
独我論の脅威　言語論的転回　カントへの挑戦　新しい論理学　新しい哲学の創始者パース　思考即記号、人間即記号　パースのプラグマティズム　フレーゲの算術の哲学　「言語哲学」の問題領域へ　フレーゲ後の二〇世紀哲学

2　ケンブリッジから　206
分析哲学の流れ　ラッセルの功績　前期ウィトゲンシュタイン　ラムジーの批判　後期ウィトゲンシュタイン　言語ゲーム論と生の哲学

3　アメリカへ　225
論理実証主義　クワインの論理実証主義批判　翻訳の不確定性　クワイン哲学の影響——デイヴィドソンとパトナム　クーンのパラダイム論　ローティとプラグマティズムの帰結

第四章　生命の哲学——二一世紀へ向けて……244

1　生の哲学　244
カント哲学のもう一つの遺産　ダーウィンのインパクト　ショーペンハウアーのカント理解　物自体としての意志　ペシミズムからの脱却　「アポロン的なもの」と「ディオニュソス的なもの」　生への意志から力への意志へ　強者のニヒリズムとしての世界の肯定

2　ジェイムズとベルクソン　265
ペシミズムやニヒリズムを超えて　ジェイムズのプラグマティズム　意識の流れと純粋経験　意識に直接与えられているもの　時間と自由　進化と創造的エネルギー

3　エコロジカルな心の哲学　282
人間と環境世界　世界内存在としての実存　無としての実存　デカルト主義の残滓　世界内存在としての身体——メルロ＝ポンティ　多様なシステムの重層と交差　差異の哲学——ドゥルーズ　多様体の論理　アフォーダンス　拡張した心の哲学　宇宙の中の人間の位置

注　313
あとがき　315
人名索引　321

物語　哲学の歴史

序章　哲学史のストーリー

物語としての哲学

本書のテーマは哲学の歴史、つまり「哲学史」を一つの物語として語ってみようということである。

哲学の歴史は当然のことながら歴史上のさまざまな思想家や哲学の学派について、古代から現代までの時代を追って記述するものである。とはいえ、世界の歴史上に登場した無数の哲学者の学説や学派の理論を単純に時代順に並べただけでは、「物語」としての哲学史とはいえないであろう。物語としての哲学史は何らかの大きなストーリーを必要とする。歴史を通じて哲学が変化し、展開してきたとすれば、その変化や展開はどのような大きな物語を作っているのか。その点をはっきりとさせた形で、哲学の歴史の展開のあり様を通時的に提示する。それが「物語　哲学の歴史」の役目ともいえる。

本書が考える哲学史の展開のストーリーは、目次からも明らかなように、古代から二一世紀の現代への哲学の流れを、「魂の哲学」から「意識の哲学」、「言語の哲学」を経て、「生命の哲学」への展開として見てみようというものである。

哲学はその古代・中世において「魂」としての人間を自然世界、宇宙のなかに位置づけ、その意義を明らかにしようとした。しかし、この人間観は、西洋の近代において、「意識」としての精神、自我、主観というものにとって代わられた。西洋近代の意識の哲学は、デカルトやカントを中心として、いわゆる今日の「学問としての哲学」の主流あるいは大黒柱を作り上げた、もっとも大きな思想史上のパラダイム（範型）といってもよいものである。

しかし、この哲学のスタイルも一九世紀の後半以降、人間精神についての別の見方のほうへ転換するようになった。それが二〇世紀にもっとも主流となった「言語」としての人間的思考の哲学である。それは、ラッセルのような分析哲学でもフッサールのような現象学でも、共通に認められる人間観、精神観である。人間の精神的営みは、意識作用としてよりも、無数の記号の操作や意味の了解の働きとして理解したほうが、より現実に即した理解となるのではないか。この考え方は、コンピュータや通信技術が驚くほど進歩した現代文明にもぴったりと合致した人間理解であるように思われる。

けれども、二一世紀のこれからの哲学が、二〇世紀の基本的な視点を踏襲して、このままずっと言語を基軸にして展開するという保証はない。本書はむしろ、この言語の哲学は「生命」の哲学への変換の可能性をもっているのではないかと考える。この歴史観はつまり、意識の哲学から言語の哲学への転換を、生命の哲学への変換の途中段階と見る見方である。

魂から意識へ、意識から言語へ、そして生命へ――。これは簡単にいうと、一つのサイクルの物語である。哲学は魂という原理から出発して、意識や言語という近代科学と密接に結びついた考え方を経由して、生命というある意味では古代の魂にも似た原理へと戻ってきた。それは数千年に及ぶ哲学のコースを一つの螺旋状《らせんじょう》の回転に近いイメージで捉えようというストーリーである。

これまでの哲学史

本書ではなぜ、哲学の歴史を螺旋的なターニング・アラウンドの物語で語ろうとするのか。われわれはその点を明らかにするために、これまでに提言されてきたいくつかの有名な哲学史の物語をまず参考にする必要があるだろう。

これまでに考えられた哲学史の物語はどのようなものであったのか――。こう問われたときにまっさきに頭に浮かぶのは、一九世紀初頭にヘーゲルによって提唱された、「歴史を通じた哲学の歩みとは自由の意識の進歩のことである」という哲学史のヴィジョンである。いわゆる哲学史という一つの研究領域がしっかりとした学問の分野として確立されたのは、ヘーゲルのこの考えが提唱されて以来のことであり、哲学史の詳細な記述への関心が高まったのもこの考えが人々にたいして強いアピールをもったからである。人が哲学を学ぶためにはまず哲学史を押さえておく必要があるはずだ。哲学教育の場でのこのような暗黙の了解を確立することにもっとも貢献した思想家は、何といってもヘーゲルをおいてない。

しかし、この考えだけが哲学史の物語を独占してきたわけではない。このヘーゲルの哲学史に対抗するようにして、二〇世紀にはたとえばシュペングラーの「西欧の没落」が語られ、トインビーの「サイクルとしての文明史」が提言され、さらに二〇世紀の末には、アメリカのローティによって有名になった「哲学の終わり」という物語が登場した。これらはいわば、ヘーゲルの見方にできるだけ強く反対しようとして出された物語である。

本書も基本的には二〇世紀の代表的な哲学史の物語であるこれらのストーリーに連なるものであるが、当然のことながら、まったく同じ物語を語ろうというわけではない。むしろ本書のストーリーの特徴は、それぞれ説得力のあるこれらの哲学史の物語を対比することで、見やすいものになるであろうと思われる。そこで、簡単にこれらの「哲学史のストーリー」を概観したうえで、本書が物語ろうとするストーリーについても説明することにしよう。

ヘーゲル『歴史哲学講義』

まず、哲学史の物語としてもっとも有名なだけでなく、直感的にも非常にアピールするところがあるストーリーは、ヘーゲルが『歴史哲学講義』という著作のなかで語った哲学史像である。これは厳密にはヘーゲル自身の手になる著作ではなく、大学での講義録を弟子が編集したものであるが、ヘーゲルはここで、「歴史とは何か」という主題そのものが哲学的探究における非常に重要なテーマであることを論じた。そして、人類全体の歴史のなかで西洋近代という時代がもつ特別な意味というものを反省することによって、歴史一般の意義を考察することと歴史上の西洋哲学の意義を理解することが不即不離のものである、ということを明らかにしうると主張した（ヘーゲルにはこの講義とは別に、『哲学史講義』という作品もあるので少々紛らわしいが、こちらは『歴史哲学講義』で語られる歴史一般についての哲学理論を下敷きにして、実際に哲学史の中身を叙述したものである）。

ゲオルク・ヴィルヘルム・フリードリヒ・ヘーゲル（一七七〇～一八三一）は、カントの後のドイツ観念論の運動を代表する哲学者であり、一九世紀前半、フィヒテの後にベルリン大学の哲学教授となり、『精神現象学』『エンチクロペディ』『法の哲学』などを著した、非常に体系的な性格の強い思想家である。その彼の哲学体系のなかで、藝術や宗教、哲学など人間の高度な理念的活動を動かす原動力の役割を付与されているのが、「絶対精神」と呼ばれるきわめて高い次元にあるとされる精神の働きである。

ヘーゲルによれば、絶対精神とは基本的に自分自身を知る精神のことであり、他者との区別を理解する過程を経たうえで、自分の使命の認識へと戻ってくるような精神である。それが絶対精神と呼ばれるのは、この自己知の運動が、絶対者たる神自身の自己知の働きとも通底しているからである。われわれの高度な理念を用いた活動にはつねにこの精神の働きが関与しているが、特に歴史の歩みは、この絶対精神が「時間において顕現すること」であり、自分自身を知るというその本性がもっとも目に見える形で発揮されるような現象である。たとえば、歴史のなかではナポレオンによるヨーロッパの解放のような、それまでの社会の時間的推移と大きな断絶を示す画期的な出来事が生じるが、こうした歴史的事件の発生そのものは、ナポレオンという個人の精神の次元を超えて、絶対精神における自己認識の在り方を表現しているのである。

そして、精神というものをそれと対比される自然と比較してみると、自然世界は諸々の法則に従った必然の世界であるのに対して、精神の世界は自由という本質をもつことに気づかされる。それゆえ、およそ精神一般の本質は自由という性質にあることになるので、歴史の歩みとは、「自由」という理念がさまざまな障害や対立と闘いながら、その完全な自己実現を目指して進んでいく一つの力強い運動過程のことになる。他方、歴史と対比されるいわゆる自然とは、時間的な運動としての歴史に対置される、空間におけるこの絶対的精神の顕現に他ならない。しかも、世界の歴史の過程はこの意味で、必然的に精神の歴史、哲学の歴史の展開とぴったりと重なる本性をもっている。なぜなら絶対精神の発展的な自己実現という事態と、人間における自由の意味を反省的に考察する哲学的思考の展開の在り方とは、同じことを別の角度から述べたものであるからである。

世界の歴史は大きく四つの段階に分けられる。第一段階は自由という理念がまったく出現していない、未開の段階、歴史以前の段階である。そして次の第二段階は、皇帝や王一人だけが自由の意識を発現しえた東洋・オリエントの世界であり、中国やインドがこの段階にあったとされる。そこでは、自由はそれ以上の発展の契機を見出すことができず、世界は完全に停滞していて、単なる王朝の交代という意味での時間の連続性だけがあるか、あるいは「夢見る精神」の混乱や「無」といった否定的な解脱《げだつ》の希望だけが支配していた。

次の第三段階が人々の半分が自由を享受しえた世界であり、それはギリシア・ローマの世界である。それに先立つエジプトは、オリエントとギリシアの中間段階である。エジプトを象徴するスフィンクスは、「朝は四本足、昼は二本足、夜は三本足の生き物は何か」という謎をもって人々を困らせていた。このスフィンクスの謎に、「それは人間だ」と答えることで、世界史の青年期を創始したのがギリシア人である。そして、地中海世界の文明を遺産としつつ最後に現れたのは、全員が自己の自由を自覚し、自由という理念の下で共同体を構築しようとしている、キリスト教的ゲルマン人の実現した成熟した歴史段階である。世界は未開の段階からキリスト教的自由の世界へと一方向的に進歩する。それは自由という理念がそれ自身を現実において実現しようとする、精神の運動の展開の歴史であり、自由の実現という意味では社会と政治の歴史であるとともに、理念の現実化という意味では哲学の歴史でもあったのである。

ヘーゲルのこの歴史観は、古代文明についての興味深い性格付けを提供してくれるだけでなく、西洋の近代においてなぜデカルトやカントのような偉大な哲学の体系が誕生したのかということを鮮やかに説明してくれる。というのも、デカルトやカントが主張した「自覚」としての「我」、あるいは「考える私」こそは、自由の主体、自律的主体の本体であり、その存在を宣言する近代哲学の誕生は、自由の理念の自己原因的生成そのものであったからである。その意味で、この歴史観、哲学観が「哲学史」という学問の成立に決定的な役割を果たしたことは不思議ではない。ヘーゲルの哲学史の図式はまた、彼自身の哲学理論そのものが哲学の完成でもあることを証言しているのである。

とはいえ、この理論は思想の歴史、哲学の歴史としてあまりにも一直線的であり、世界の思想の運動を極端に単純化したものであることも明白である。この歴史観では、哲学はあくまでも一方向的に発展の途を辿る。そこには退歩や没落、逸脱の可能性は認められない。しかしこの発展のモーメントだけからなる哲学の展開というストーリーは、誰が考えても少々素朴すぎるであろう。あらゆる歴史には浮き沈みがあり、世界史が単線的なプロセスである必要はないし、哲学史もジグザグな蛇行の運命から逃れられないはずである。そこで、ヘーゲル以降の哲学史の考えは、何よりもまず、その一元的、直線的歴史的進歩のイメージを否定するところに重点を置いたものになった。二〇世紀の前半、中葉にもっとも影響力をもった哲学史はシュペングラーやトインビーの歴史観であるが、それらはこうした発想に立った物語の代表的なものである。

シュペングラー『西欧の没落』

ドイツの在野の歴史家・文化哲学者オズヴァルト・シュペングラー（一八八〇～一九三六）の哲学史観は、進歩ではなくて没落を基調としている。彼は『西欧の没落』第一巻を一九一八年に出版したが（第二巻は二二年）、それはちょうど第一次世界大戦直後の時代であり、この歴史書はヨーロッパの精神を端的に象徴する作品として、当時の知識人に圧倒的な影響を及ぼした。たとえば哲学者ではハイデッガーやウィトゲンシュタインなどが強い影響を受けた。反対にマックス・ヴェーバーらはこの本に強い反発を覚えた。

シュペングラーの主張は、ヨーロッパの歴史が全体として進歩よりも没落に向かっているということであるが、その中心となるのは政治史ではなく数学と思想の歴史である。彼は研究者としてのキャリアを数学者として始めた人であり、歴史における理性的な要素と非合理的、本能的な要素の絡み合いということに、特別の関心を抱いた。彼はギリシア・ローマの古代の世界と近代以降のヨーロッパの思想史が同じサイクルを経験し、そのサイクルは春夏秋冬という四つの季節からなっていると考えた。

シュペングラーの考えでは、歴史における春とは神話の時代であり、夏は宗教改革や哲学・数学の形成期である。秋はこの知的成果の啓蒙と発展、体系化の時代であり、冬は反対に科学や数学が衰えて、人生論的な道徳だけが問題とされる時代である。この春夏秋冬のサイクルは、古代ではホメロス、ヘシオドスの春からピタゴラスの夏、ソフィスト、ソクラテスの秋を経て、ストア派やエピクロス派の冬の時代へと衰退していった。同様に、西洋の世界は中世スコラの春、ルターやガリレイ、デカルトの夏を経て、ゲーテ、カント、ヘーゲルの秋を迎え、最後にマルクスやショーペンハウアー、ニーチェの冬に至った。四つの季節が移り変わって、最後はすべてが衰え死に絶えるというプロセスは、誰にも変えることのできない自然の摂理である。同じように思想の歴史も盲目的な摂理に従って、最終的には没落せざるをえないのである。

トインビー『歴史の研究』

シュペングラーの歴史にかんする季節のサイクル説は、ギリシアや近代ヨーロッパだけでなく、バビロニアやアラビア、インドやメキシコなど、西洋とかかわり深い複数の文明にかんしても展開されたが、この円環的歴史観を継承しつつ、さらに拡大したのが、イギリスの歴史家で国際政治学者でもあったアーノルド・トインビー（一八八九〜一九七五）である。彼は、シュペングラーよりももっと広い地域での共通の運命としての歴史のサイクルという考えを押し出すとともに、多元的なサイクルが互いに重なり合って、無数の渦巻からなる世界を形成するというイメージを展開した。

トインビーもシュペングラーと同様に、歴史における運命や摂理という論理に従ったさまざまな文明のサイクルを考えるが、その視野は中国や日本など、シュペングラー以上に東洋のほうに重点をずらしているところが特徴的である。彼の『歴史の研究』（一九三四〜六一）は全一二巻からなる大作であり、そのなかに世界の一切の文化のサイクルが渦巻いている。特に、彼のモデルの特徴は、ギリシア・ローマから西洋中世へと至る文明の盛衰のサイクルを、インドや中国と重ね合わせて見せたところにあり、漢帝国における異民族の侵入とローマ帝国における北方民族の移動、そしてそれに伴った中国における大乗仏教の流入とローマにおけるキリスト教の普及などに、思想の歴史における大きな同型性の現れを認める。シュペングラーでは、アメリカやメキシコなどが非「ヨーロッパ」的世界として光を当てられたのであるが、トインビーの世界の歴史ではまさしく東洋こそが非西洋世界の典型と見なされたのである。

シュペングラーやトインビーの歴史観、思想史観は、その発想の時点を第一次世界大戦という西洋における根本的危機にもっているために、西洋文明とその中心をなした哲学の絶対視にたいして強い異議申し立ての調子をもっていた。それは哲学史にたいする多元主義、相対主義の表明であった。そして、西洋中心主義にたいするこの批判的発想は、彼らの後に弱まることはなく、むしろ二〇世紀を通じてますます強まる傾向にあった。ヘーゲルの進歩史観が一九世紀のヨーロッパの基調をなしていたとすれば、二〇世紀の思想史の多くはそれにたいするアンチテーゼとして提出されてきた。

ローティ「哲学の終わり」

そうした自己懐疑的ないし自己否定的風潮は、フーコーやデリダなど、ニーチェ、ハイデッガーの系譜に属する多くのヨーロッパの現代哲学者によって共有されてきたが、その種の傾向に与《くみ》するもっとも明快な主張の一つが、アメリカの哲学者リチャード・ローティ（一九三一～二〇〇七）によって二〇世紀の後半に『哲学と自然の鏡』（一九七九）で提唱された「哲学の終わり」という考え方である。

ローティの思想的背景にはジェイムズやデューイに代表されるアメリカのプラグマティズムの伝統があるが、彼自身の考えでは、ヨーロッパの二〇世紀の中心的哲学であるウィトゲンシュタインやハイデッガーの思想も、基本的にプラグマティズムの発想と同じ哲学観を共有している。ローティによれば二〇世紀後半の哲学は、カルナップの論理実証主義をプラグマティズムの方向へと変更したクワインや、科学史の論理をパラダイムの転換の歴史と考えたクーンの理論によって代表される。しかし、これらの思想は二〇世紀前半の代表的哲学者デューイやウィトゲンシュタイン、ハイデッガーに共通のプラグマティズムをさらに徹底化し純化したものに他ならない。そして、プラグマティズムの基本的発想とは、人間の知識にかんして確実で疑いのない基礎を哲学的議論によって提供することはできないという、知識にかんする反基礎付け主義である。

ところが、哲学の歴史はプラトン以来デカルト、ロックに代表されるように、人間の知識を根本的に基礎付けるという試みの歴史として展開してきた。それゆえ、二〇世紀の哲学がプラグマティズムの徹底化の運動であったとすれば、それはすなわち、この世紀の哲学が「哲学の終わり」へと向かって進んだ運動であったということを意味する。哲学は二〇〇〇年以上の長い歴史をもつ。しかしながら、ローティの理解によれば、それは二〇世紀の思想的反省の深まりのなかで、ついにその終わりを自覚する局面にまで至ったのである。

哲学はその歴史を終え、われわれは「ポスト哲学的文化の時代」に入った。それは科学的知識の確実な根拠や論理的整合性を求めようとする文化ではなく、互いに異なった文化のパラダイム間での相互理解の糸口を模索しようとする、解釈学的対話の文化であろう――。

ローティのこの主張は、それぞれの研究分野があまりにも専門化し、自己閉鎖的になってしまった現代の講壇哲学の状況にたいして、強い異議を申し立て、抗議の声を上げるためのスローガンとしては魅力的であり、一定の説得力ももっている。とはいえ、哲学史についてのローティのこの診断を文字どおりの真理と認めるためには、プラトン以来の哲学の歴史が知識の基礎付けというデカルト・ロック型の認識論の試みによって一直線に貫かれてきたということ、さらには、この試みは完全な失敗として証明されたことを認めてかかる必要がある。これらはしかし、決して自明な事実ではないし、今日の哲学の共通の認識でもない。哲学は過去の歴史とは相当に異なった姿をとりつつあるというのは事実であろう。しかしそれが「哲学の終わり」を意味するのかどうかは定かではない。というよりも、哲学は二一世紀の今日でも、有力な知的活動としてその活力を広く認められているのである。

哲学の大きい螺旋的なサイクル

さて、単線的な進歩の歴史、あるいは、大規模な没落の歴史や、さまざまなサイクルの交代の歴史、そして、哲学がついに終わりを迎えつつあるという歴史――。われわれはこうした哲学史のストーリーについて簡単に見てみたが、いうまでもなくこれらはいずれも哲学史を物語として語るためのストーリーの「型」である。これらはいずれもカラフルな型であり、多くの示唆に富み、十分にその面白さを堪能できる魅力的なドラマである。しかし、哲学史を包み込む物語の型は、これらだけに限られる必要はないであろう。

本書はこれらとは別の哲学史の物語を語ってみたいと思う。哲学は本当に終わりを迎えつつあるのかもしれない。あるいは、それは別の途を歩み出しているのかもしれない。いずれにしてもしかし、哲学の歴史を語ることは恐らく、その将来への希望を述べることでもあるだろう。本書の物語は古代から現代、そしてこれからの歴史について一つの展望を示そうとする。それはあくまでも一つの可能な展望にすぎない。しかし、私自身はこの展望が単なる希望的観測ではなくて、その将来の「あるべき姿」を示してもいると考えたいのである。

本書が語ろうとする歴史のストーリーの概略はこうである。

ローティのいうように、現代の多くの哲学の思潮は、デカルト流の知識の確実性を基礎付けようという認識論的試みの破産を大筋では認めている。しかしながら、デカルト流の認識論の企ての断念がすなわち哲学の終わりを意味するという判定は、それ自身がデカルト的近代哲学のパラダイム（と、それを継承したフッサールのような哲学観）に対する無反省的な信仰の産物である。そもそも、プラトンとデカルトやカントを同列に扱うような哲学史の解釈では、古代・中世の哲学から近代の西洋哲学の変換を十分に捉えることはできないであろう。こうした無反省は、デカルト、ロック、カント的な基礎付け主義的認識論を促した、自然像、宇宙像の歴史的転換を無視したところに原因がある。

プラトン、アリストテレス、トマス・アクィナスは、宇宙が全体として星々の煌《きら》めく天空によって覆われた、一つの巨大かつ有限な閉鎖世界であると考えた。そして、この閉じた有限世界の中で生きる人間の思考力と生の意味とについて、思い切って大規模な反省を展開した。しかしながら、デカルトやカントは、ガリレイ、ニュートン的な無限宇宙という、まったく新しい自然像を背景にして、もう一度人間の思考力や世界の構造について根本から考え直す必要を感じた。したがって、彼らは同じような認識論的反省を展開しているように見えても、その背景的前提において大きく異なった哲学的企てを遂行したと見なさざるをえないのである。

それでは、二〇世紀、二一世紀の私たちの時代においても、自然はガリレイやニュートンの認めた無限宇宙としてわれわれの前に広がっているのだろうか。決してそうではないだろう。私たちの宇宙は再び無限な自然であることをやめてしまったのではなかったのか。

二〇世紀の前半以来、相対性理論や量子論の発達、宇宙観測技術の発展に促されて徐々に形成されてきた、われわれの宇宙像は、「有限だが無際限」という非常に新しい形式をまとった自然像である。宇宙は空間的サイズから見ても、時間的来歴から見ても、はっきりとした有限の大きさをもっている。ただ、その空間的果て、時間的果てというものにわれわれが辿りつこうとしても、その壁に至ることはないという意味で、宇宙は奇妙にも無際限であり、何かに覆われた世界でもない。

いうまでもなく、われわれにとってここで必要なことは、今日の宇宙像の根本を細かく考えるということではない。問題はただ、世界についての根本的理解が、長い歴史のなかで、有限から無限、無限から別の有限というふうに一周りしたというのであれば、哲学もまた何らかの意味で、一つの大きなサイクルを描いているのではないか、ということである。あるいは、そのサイクルが奇妙にもずれた形で進展したとすれば、哲学のサイクルもまた螺旋的に変化したと考えるべきではないか、ということである。

新しい生の哲学の構築へ

今日の哲学がプラグマティズムを基調としているということと、この哲学史の螺旋的なサイクルということは、次のように結びついている。

プラグマティズムは人間の認識活動をまさしく「活動」と捉えることで、人間の思考を透明で計算的な知性活動と考える近代哲学のパラダイムと決別する。それは無限世界を前にしつつ、そこから絶対的に「超越」する人間の意識を設定することで、世界についての客観的知識の可能性を確保しようとした、デカルト、カント型の哲学と決別する。とはいえ、この決別の要点は、科学的知識の確実性の要求の放棄ということにあるのではなくて、知的活動が埋め込まれた生の次元の重要性の再確認ということにある。宇宙が無限であるとすれば、その片隅しか経験できないはずの人間にとって、いかにして客観的知識が確保されるのかは、最困難、最重要な問題である（デカルトやカントにとっての問題）。しかし、宇宙が人間の棲《すみ》家《か》であり、人間の探究とはその有限世界の内なる生命あるいは精神としての知的活動であるとすれば、その知的活動の性格付けは当然のことながら、デカルト的なスタイルとは非常に異なったものになるであろう。

プラグマティズムとはこの新しい世界意識ならびに人間意識の一つの名前に他ならない。ローティはプラグマティズムが「哲学の終わり」を呼びかけていると考えた。しかし、恐らくそうではないであろう。二〇世紀から始まった現代哲学の進展は、哲学の終焉《しゅうえん》の自覚へと進んだのではなく、別の方向へと舵《かじ》をきったはずだ。それはある意味では、近代によって打ち捨てられた古代の魂の哲学へともう一度立ち返りながら、古代とは異なった生の原理を模索している運動ではないのか。もしも現代の哲学の運動がローティのいうように、プラグマティズムの徹底化の過程であるとするならば、それはプラグマティズムの理論の正否といったローカルな問題を超えて、新しい生の哲学の構築へと向かっているはずなのである。

現代における生の哲学——。それは宇宙船地球号の住人である人間の精神を、生きた自然のなかで、環境と宇宙とに向かい合って認識し、感情をもち、希望と絶望のなかで探究する精神として理解する哲学であるにちがいない。

以下ではこうした見通しのもとで、哲学の歴史を辿ってみることにする。

第一章　魂の哲学――古代・中世

1　「魂」という原理

哲学とは何か

哲学の歴史はいつ始まったのだろうか。

こう問われれば、それは人間の文明の歴史とともに始まったのだ、と答えるのが一つの正しい答えであろう。もしも哲学というものが、人間の一人一人が世界と向き合い、自分の人生を生きるときに直面するような、きわめて根本的な問いを深く考え、その答えを模索しようとする知的努力のことであるとすれば、この知的努力の歴史は人間の歴史とまったく等しいものと見なさなければならない。

この知的努力をここでは「世界と人間との根本的な在り方への反省」という言葉で表現してみよう。この場合の「反省」というのは、何か悪いことをしてしまったゆえに、後悔したり悔悛《かいしゅん》したりする、という普通の意味ではなくて、物事を広く深く考え抜いてみるという意味である。しかし、哲学という探究をこのような反省として特徴づけたうえで、もう少しその意味の焦点をはっきりとさせて考えてみると、このような思考の努力には哲学以外にもさまざまな精神活動が含まれていることが分かる。というのも、人間の文明の歴史のなかでいろいろな形で現れてきた宗教や神話はもちろんのこと、古代世界の各地でそれぞれのスタイルで発展させられるようになった科学的探究もまた、知的探究である限りでは世界や人間についての根本的で一般的な思考という性格をもっているからである。

哲学の歴史はいつ始まったのか――。

本書ではこの問題を、とりあえず世界と人間についての根本的思考が、神話的思考の段階を脱して、「理性的で知的な反省」という性格を強めた時代、として考えたい。また、哲学の歴史の始まりからその発展の歴史へと目を向ける際に、科学的探究との不即不離な思考のスタイルという限定の下での発展の歴史、というもう一つの条件を付け加えてみたい。哲学とは神話や宗教と同じような主題を、知的な探究という自覚の下で考察する活動であり、同時に、科学的探究との密接な連携を保って展開されるようになった反省的行為である。哲学は科学的探究の成果をただ鵜呑《うの》みにするだけではなく、その根拠となっている原理の妥当性を吟味したり、そうした成果や原理を知る能力がなぜ人間には備わっているのかを説明しようとすることで、科学的探究に伴走しつつ、それに拮抗《きっこう》するような知的緊張を保とうとする努力なのである。

神話の時代から哲学の成熟へ

このような見方で、人間の歴史のなかでの哲学史ということを改めて考えてみると、世界の哲学の歴史は、インドや中国、ギリシアなどでほぼ同時期に始まった営みだといえそうである。そして、そのなかでもとりわけてギリシアに発した哲学的反省のスタイルが、その後の哲学史の大きな基礎を提供したというふうに考えられる。

まず、神話の時代を脱皮して、哲学的思考のスタイルが世界においてほぼ同時期に開花したというのは、次のようなことを指している。

人間の文明史を見ると、紀元前四〇〇〇〜五〇〇〇年前から紀元前二〇〇〇年くらいにかけて、メソポタミア地方、エジプト、インド・インダス川流域、中国・黄河流域などで、大規模な文明が花開くとともに、都市文化の初期形態が形成されたということはよく知られている。これらの文化の基本は青銅器文化であったが、それが紀元前一〇〇〇年頃には鉄器文化へと進化した。この古代文明の世界において、人間は宇宙と生命の生成、構造、その変化の原理についてさまざまな説明の物語を構想したが、この説明を担う主たるロジックは、無数の神々の活動や性格にもとづくものが多かった。すなわち、神々の行動や性格、神々同士の争いと、それに巻き込まれた人間の運命やドラマなどが、世界の起源と歴史的進展の背後にある理由であるという考えであり、これがいわゆる神話的思考の代表的なスタイルであったと言えるであろう。

この宇宙と生命についての説明原理は、鉄器文化が成熟して都市文化の規模が大きくなるにつれて、神々を主体とする擬人的な物語から、より理性的な原理や人間の本性をもとにした理解へと徐々に変化していって、それが哲学の誕生と発展へとつながった。鉄器文化は紀元前一〇〇〇年頃にメソポタミアやエーゲ海、ガンディス川流域、中国各地へと拡散したが、紀元前六世紀前半にはギリシアの哲学者の祖とも言われるタレスが活躍し、同じ世紀のほぼ半ばに北インドで釈迦が生まれたと言われ、北中国では孔子が生まれている。つまり、古代文明の蓄積が紀元前六世紀から五世紀にかけて、哲学の成熟という形で結晶することになったわけである。

文明横断的に見られる「魂」

このとき、これらの哲学におけるさまざまな理論的相違とともに、基本的な発想の大きな共通点があるということがまず注目される。その共通点とはまさに、われわれが人間や生命を考えるときの根本的な原理、すなわち「魂」という考え方が、これらの思想において文明横断的に広く共通に見られるということである。

魂という言葉は霊魂という言葉で言い換えてもよいが、古代以来の伝統的な思考において広く世界に共通な形で用いられている概念である。霊魂といえば場合によっては幽霊などの、何やら不可思議なものが連想されるかもしれないが、ここで注目しようとしているのは、古代哲学の基礎的な用語としての魂ということである。魂はギリシア語ではプシューケー、ラテン語ではアニマと呼ばれるが、英語でサイコロジーとかサイコパスなどと言われるときの、心理を表す言葉の語幹 psycho は、このギリシア語の psykhe をもとにして作られている。また、アニマが動物のアニマルや動画のアニメーションにつながっているのは非常に見やすいところであろう。

哲学の用語としての魂は、世界の内なる「生きているもの」すべてがその生命の原理としてもっているものであり、この魂の働きの根幹は生命の維持ということにある。しかし、生命の維持の働きは、生物のさまざまな種類によって、高低さまざまな複雑性をもっており、もっとも高度な人間においては、生命の維持の原理が同時に精神的な機能、思考したり感情をもったりする働きに直結している。つまり、生命の維持と精神の機能とは同じ魂の働きとして一つなのである。

生命の原理であるとともに精神の働きでもあるような、魂、ないしそれに近似した考え方。これが、非常に大雑把にいうと、文明の東西を問わず、古代世界の共通の見方であったと思われる。

たとえば、古代中国の思想では、広い意味での人間などの精神の働きに相当するのは、陽の霊気である「魂《こん》」と陰の霊気である「魄《はく》」である。前者は精神活動を司り、後者は肉体活動を司るとされているが、これは精神活動と生命活動とを、魂魄《こんぱく》という一組の原理によって説明しようとする考えの一例である。この考えは孔子などの儒家が重視した、四書五経のなかでも筆頭に位置する『易経《えききょう》』や、老子などの思想にもとづく道家などで採用されているが、同時に、古代中国の医学思想にも結びついている。魂は肝に宿って成長を司り、心を統制する。魄は肺に宿って骨格を作るとともに、感情の乱れを生み出したりする。

一方、魂魄は「陰陽五行説」のなかの、陰陽の原理を生命活動に当てはめた場合の用語であるが、この陰陽は、「木火土金水」や「春夏土用秋冬」などの五行と同じく、世界の変化と運行の原理を普遍的に司るいわゆる「気」の原理の一部であるとされる（五行とは、陰陽の気がさらに分化して捉えられたときの自然の働き方を指している）。したがって、世界の一切の現象は「気」という、形なきもの、流れでありながらある種の普遍的なエネルギーと見なしうる原理の下で、さまざまな局面から説明されるということになる。

この陰陽五行説は、春秋戦国時代に盛んになった諸子百家《しょしひゃっか》による哲学思想運動のなかで徐々に確立されていった世界像である。老子や荘子や、孔子やその弟子の孟子など、中国の代表的な思想家がこの諸子百家の活動のなかに含まれるのは言うまでもない。気は人間の精神活動のような意識の原理としては魂魄として働き、肉体のさまざまな機能の原理としては、漢方に言ういわゆる「経絡《けいらく》」を流れて体調を支配するものであり、さらには、気象現象としての大気の循環としても現れ、大きくは天体の回転運動をも支配する。その意味で、気は世界の森羅万象に汎通的にまたがって見出される普遍的な変化の原理である。

他方、中国では古くから「気」の原理の他に、「理」という原理も考えられていて、気が目に見える現象、「形而下」の世界の説明原理であるのにたいして、理はその背後の論理的原理、「形而上」の世界の原理であるという考え方もあった。この考えも気と同じように、『易経』などで論じられたが、正確に言えばこうした理気の思想や気の役割は、それぞれの学派でかなり多様な解釈の下で自由に展開されていたために、中国の春秋戦国時代に世界解釈の普遍的道具立てとしての陰陽五行説というものが、しっかりと整った形で成立していたのかと言えば、必ずしもそうではない。理気二元論を含めて、個別的生命から宇宙全体をも含めた形而下的現象の一切を、気の原理の下で理解しようとする体系的な視点が整ったのは、ようやく宋の時代になってからであり、宋学の世界観、特に南宋の朱熹《しゅき》が起こした朱子学によって正統的な中国の世界観が作られたのである。

さて、日本では江戸時代に、この朱子学が中国と同様に正統思想とされたために、哲学としての理気二元論が採用されるなかで、人間の魂をめぐる「魂魄」という概念も広く使われていた。このことは当時の歌舞伎のセリフなどから容易に知ることができる。たとえば、江戸から明治にかけての時代には、『東海道四谷怪談』などのいわゆる怪談と呼ばれるジャンルのドラマが多く作られているが、そこでは深い恨みをもった人物の死後の霊が成仏できずにいることを、「魂魄この世にとどまりて」などというセリフで表現されている。われわれが「成仏」と言うときの霊魂は仏教思想から来た仏であるが、幽霊になってこの世に出てきているのは中国由来の魂である。

このように、近代日本の伝統的精神観も複雑であるが、それ以前の古代から伝えられてきた日本の霊魂観の理論的中核については、土着の思想に加えてインド、中国由来の伝来思想の混入が数次にわたって見られるために、さらに混沌《こんとん》としていて、はっきりとした理解をもつことは困難である。とはいえ、日本の土俗的な魂論が、人間とその他の事物とが生命の原理を共有するという「アニミズム」であったことは間違いがない。アニミズムとはまさしく、先に挙げた魂としてのアニマという言葉からきている概念で、自然界の一切の事物が生きていて、ある種の心をもつという考えである。日本の古くからの魂論では、この土俗的な発想の下で、死者の霊が、死後しばらくは地上の周囲に留まった後に、次第に山のほうに向かっていって「先祖」となり成仏するとされたり、その先祖の霊が盂蘭盆会《うらぼんえ》や正月に帰ってくる、と言われたりする。また、平安時代に盛んになった陰陽道などの考えでは、地上に留まった霊が「怨霊（生霊や死霊）」となって祟《たた》りをなすとされたりもした。いずれにしても、こうした多様で複雑に屈折した魂の理解が、今日まで続く歴史のなかで、日本語の「心」という言葉に独特の豊かな陰影を与えてきたことは間違いないであろう。

古代インドの宗教

他方、古代インドの文明にはこの文明に固有の非常に骨太な魂をめぐる思想の伝統がある。古代インド・アーリア人の宗教はバラモン教であるが、その聖典はヴェーダ聖典と呼ばれていて、その代表である『リグ・ヴェーダ』が整えられたのは紀元前一二世紀頃であった。また、これらの聖典をまとめて祭式宗教としてのバラモン教が整ったのは紀元前一〇世紀頃であり、同時に、この聖典の一部が秘伝的哲学文献として整備されたのは紀元前五世紀頃とされている。この秘伝的文献は「ウパニシャッド」と呼ばれるが、これが文字として記録された哲学文献としては世界最古のものだ、と言われることもある。といってももちろん、同時代にエジプトでもギリシアでも中国でも哲学文献は作られているのであるから、世界最古の哲学文献とは、世界最古の本格的な神秘主義哲学ということである。ウパニシャッドは神秘思想の体系であるが、これはインドの多くの神々が一つの原理へと収斂《しゅうれん》していって、最終的に奥義へと結晶したということであって、まさしくここに、神話から哲学への転換ということの典型を見ることができるのである。

バラモン教は紀元前五世紀頃に盛んになった仏教などの批判を経て、紀元後四世紀頃にヒンドゥー教へと脱皮した。バラモン教からヒンドゥー教へとつながるこの伝統では、人間の肉体は死とともに滅びるが、霊魂は不滅とされる。霊魂は初期にはアス（生気）と呼ばれたりしたが、後にプラーナ（気息）やアートマン（自我）と呼ばれるようになった。このアートマンと対になるのは、世界全体に行きわたる力の源泉であり、一切の存在の究極の原因であるブラフマンであるが、それはまた精神的存在ないし知でもあるとされた。したがって宇宙の一切の有と知の源泉であるブラフマンと、個別的な自我としてのアートマンとは、その本質において元来同一であるというのが、有名な「梵我一如《ぼんがいちにょ》」というインド思想の歴史に一貫して認められる根本の原理である。

また、死後身体を離れた霊魂は、初期の神話時代には、最高天のヤマの国に昇りそこで完全な身体を得るとされたが、後には、霊魂は月、雨、地上の食物、精子と順番に転生していって、最後に母胎に入って再生するか、あるいは、神の道を通って地上に再生する、と考えられるようになった。神の道とは解脱の道のことであり、霊魂の種々の活動の最終的な目標は輪廻転生《りんねてんせい》という運命の下で、そこからの解放、解脱を求めることにある。ウパニシャッドの教えの究極の課題は、この解脱の道を教示することであり、それがこの教えの神秘主義的、思弁的性格を要請したのである。

仏教と同時期に、反ヴェーダの立場を標榜《ひょうぼう》したのはジャイナ教であるが、この哲学では、宇宙は世界と非世界からなり、世界はさらに、霊魂と非霊魂（四種類＝虚空、運動の条件、静止の条件、物質）からなるとされる。霊魂は精神作用を司るが、非霊魂の四種類にも宿るので、物質はすべて生きているといえる。人間の精神には、諸々の活動（いわゆる業）のために微細な物質がつきまとうことになるので、霊魂は地獄の生きものも含めた、動物、人間、神々の状態を輪廻する。ジャイナ教で言う解脱とは、修行によってこの業の束縛を脱することである（これは付け加えであるが、インドにおいても古いバラモン教の伝統では、世界の元素は空気、日、火、水、土の五元素であり、中国での「五行」とされた元素の見方に似ているが、ジャイナ教では魂プラス四元素からなる五実体とされていて、複雑化しているところが興味深い。虚空と物質からなる非霊魂という発想も、以下に見るギリシアの科学思想との一定の類似性を感じさせる）。

このように、同じくバラモン教への反旗を翻した思想運動といっても、ジャイナ教には多分に思弁的傾向が強く、この傾向がヒンドゥー教以降のインド哲学の理論的精緻《せいち》化《か》にも非常に大きな影響を及ぼしたと考えられるが、これと対立する形で釈迦が説いた仏教では、一切の存在が「空」であり「無常」であるとされ、精神についても「無我」が説かれるために、基本的には霊魂の存在は否定されているように見える。とはいえ、意識的精神の奥に末那識《まなしき》や阿頼耶識《あらやしき》などの無意識の働きを認める仏教の魂観が、どのような意味で「無我」の立場を採用しているのかについては、議論の分かれるところである。また、すべての魂が無であるとすると、輪廻のなかで業を担って転生する主体ないし基体とは何なのか、という大きな謎を生むことになる。

無我の問題は仏教が中国に移入されて以来、その理解と解釈においてもっとも困難を極め、論争を呼んだテーマの一つであるが、その事情は仏教を基軸とする日本の宗教思想においても変らない。元来「無」であるはずの魂が、それぞれに固有の業を背負うとはどういうことであるのか。この問題はインドの無着や世親の思想を継承した、中国や日本の法相宗の系譜などで詳しく論じられた難問であり、それが大きな哲学的な謎として、現代日本の文学の底流にまで響き続けているように考えることもできる。

一方、目をエーゲ文明以降のギリシアに転じてみると、この思想伝統における神話の世界から哲学の世界を通じて、魂という原理が大きな役割を果したというのは、次のようなプロセスであったと見ることができる。

ギリシア

先に魂はギリシア語ではプシューケーと呼ばれたと記したが、このプシューケーという言葉は実は、始めから哲学の用語として、人間の精神活動一般を説明する統一的な原理とされていたわけではない。この点では、古代の思想において気や陰陽の原理が哲学と医学の両方の領域にまたがって、いろいろに解釈されていた中国と事情はそれほど変わらない。

たとえば、紀元前八世紀のホメロスの叙事詩『イリアス』などには、この言葉の最古の用例が見られるとされているが、そこではプシューケーは死とともに人間の身体から去ってゆく霊魂であり、冥界において人の影のような形で存在する亡霊的なものとされている。ホメロスにおいては、魂は人間の心の働きとの直接のかかわりはない。他方、紀元前六世紀前後の哲学者ヘラクレイトスの用法では、プシューケーは一種の知的働きを担うものとされ、精神の機能をもつものと見なされている。さらに、エウリピデスなどのギリシア悲劇では、魂としてのプシューケーは意識や感情の座として明確に認められている。

このように、魂に相当するギリシア語においても、時代を通じて相当に意味の揺れがあったのであるが、他方で、ソクラテスとほぼ同時代の偉大な医学者であるヒポクラテスの文献では、この言葉はかなりはっきりとした輪郭で用いられるようになっている。

ヒポクラテス（紀元前四六〇頃〜紀元前三七〇頃）は小アジアのイオニア地方に近いコス島に生まれた、ギリシアを代表する医学者であるが、伝説では彼は、コス島に祀られた医学神アスクレピオスを始祖とする医学者の家系に生まれたと言われている。彼はギリシア各地で医療活動に従事し、医学における入念な観察の重要性を説きながら、『流行病』や『神聖病について』などのきわめて重要な文献を含む、『ヒポクラテス医学文書』と呼ばれるテキスト群を残した。しかし彼は一方では、医学に留まらない自然世界全体についての理論を展開しており、『七について』という著作ではプシューケーを根本原理とする宇宙論を展開し、地上の個々の生命と宇宙全体とは相似た本性をもつこと、魂の根本原理とは熱と冷であることを論じた。さらに『体内風気について』で、すべての疾病の原因は人間の身体内部の風気

（プネウマ）とプシューケーとの複合的関係にあるという、複眼的で高度に洗練された説明方式を展開した。気と魂の複合という発想は、先の中国の思想と重なる部分もあってきわめて興味深いが、それだけではなくて、この後の西洋の哲学史でさまざまな姿の下に登場する「アニマ」と「スピリトゥス」の原型となるギリシア語が、プシューケーとプネウマであることを考えれば、この医学と宇宙論のもつ重要性が理解できるであろう。

たとえば、次の文章は『七について』に見られる死の説明であるが、ここには身体の熱の原理である魂が体中の湿気（血液）を集めすぎて、風気による冷却作用では心臓を冷やしきれなくなったときに、息を引き取るという形での身体の死が訪れる、という説明がなされている。

死とは以下のとおりである。魂（プシューケー）の熱が体中から湿を引き寄せ、胸部の上の方に昇り、心臓に入り、そこの湿、つまり血液に入る。すると体の他の部分が冷え、肺と心臓は湿を消耗し、急所に蒸気がはんらんし、熱の息（プネウマ）を吐き出す。それは、肉質部や頭部の呼吸器を通って、元の大気中に出ていく。『七について』[1]

ところで、ギリシア哲学においてそれ以後の哲学の歴史の確固たる出発点を定めたとされるのは、いうまでもなくアテナイで活躍したソクラテスであるが、彼がその哲学のもっとも重要な課題として掲げたのは、「魂への配慮」ということであった。ソクラテスがこの課題の提示によって言わんとしたのは、物質的自然への探究に先立って人間精神にかんする自覚的反省が優先されなければならない、ということであった。そして、その魂が何であり、それがいかなる仕方で人間の精神の働きについての自己理解をもたらす概念であるのか、ということを詳しく論じる作業を通じて、哲学という知的探究の新次元を切り開いたのが、ソクラテスの弟子のプラトンと、そのまた弟子のアリストテレスであった。したがって、ソクラテス、プラトン、アリストテレスと連なるアテナイの哲学の高峰は、まさしく魂の本性の探究という企てにおいて、他の文明に抜きんでようとするのであるが、まさしくそのソクラテスの時代に、魂を原理とする生命的自然への基本的な理解が、ギリシアにおいてもとりあえず十分に整っていたとは言えるのである。

世界の主要元素への問い

さて、ここまで、古代の東洋やギリシアの魂論をきわめて概括的に見てきたが、これらの例からは何よりも、人間と全生命の存在の原理を魂として理解し、そこに生気の機能や思考の働きを結びつけて考えるという根本的な発想が、広く人類の文明に共通の考え方であったということが確認できるであろう。

他方、これらの代表的な哲学的伝統のなかでも、特に最後に注目したギリシア哲学において、哲学の誕生が神話との断絶とともに、とりわけて科学との密接な対話という形で生じ、それがその後の哲学という独特の知的営みのスタイルをくっきりとした形で決定した、という事情は次のようなことである。

先の中国やインドの世界観の概略からも明らかなように、いわゆる自然（ギリシア語でピュシス）としての世界は何からできているのか、世界の「元素（アルケー）」は何か、という問いは、決してギリシアの文明にのみ特有なものではなかった。それは人間の生きる環境全体としての世界一般ないし宇宙の成り立ちと構造についての反省が、神話から哲学的思考へと徐々に変化し、擬人的な説明から脱皮していく過程で、必然的に問われる問いであった。世界の主要元素への問いは、漠然とした形であれ自然世界全体の根本的素材を特定しようとする試みとして、主要な古代文明に共通して見られる思考のパターンを構成していた。

この点で、ギリシアにおいても、同様の問題意識が発達していったという限りでは、そこに特別の事情があったわけではない。ただし、そうした物質的世界の根本的構成要素への問いかけが、ある種のラディカリズムを伴ってきわめて先鋭化し、漠然とした事物の分類原理の延長上にある「元素論」を超えて、理論的な抽象度の非常に高い「粒子説」ないし「原子論」へと純化されたというところが、何よりもまずギリシアの科学的精神の特異性を示している。

そして、この特異性に対抗するような形で、改めて魂への配慮の重要性が深く認識されたというところに、科学の発展と緊張関係をもって展開される哲学のスタイル、というその後の哲学の歴史の根本的性格を決定するモーメントが、ギリシアにおいて鮮やかに働き出したのである。哲学は人間が保有する科学的知識というものの価値を強く称賛する一方で、その基盤を批判的に問いかけ、なぜそうした知的探究がわれわれには可能なのかを、改めて問おうとする。そういう仕方で、知的認識能力を備えた人間の精神の特徴を浮き彫りにしつつ、この人間の位置が宇宙のなかにどのように据えられるべきかを検討する。哲学とは、こうした根本的な問いの追求という構えを採用することで、科学的探究や科学の知識という知的成果に拮抗し、それと張り合う緊張を求めようとする企てである。この企てがギリシアにおいて見事に花開いた。哲学がギリシアに誕生したと言われる理由の根本はここにある。

自然学者たちの活動

多くの哲学史のテキストでは、世界の哲学の誕生はしばしばイオニア地方という、現在のトルコの沿岸にあった当時のギリシア植民地における、自然学者たちの活動に帰されることがある。これはアリストテレスがその著『形而上学』第一巻において、フィロソフィア（知を愛すること）と呼ばれる哲学の活動の第一の起源を、彼らの活動の内に見出したからであるが、ここにはたしかに、一種の自己正当化の気配がないわけではない。しかし、その点を割り引いたとしても、タレスから始まった自然学的探究がその究極の形態へと深化させられる過程とともに、科学に拮抗する哲学的探究という知の新次元が開かれたということは、やはり事実であると言わざるをえない。

イオニア地方のタレス（活躍期は紀元前六世紀）は、万物の元・アルケーは「水」であると説いた。同じ世紀のアナクシマンドロスは、世界が「ト・アペイロン（無限なもの）」からできていて、一切は無限の始原に始まり無限の将来に消滅するとした。前五〇〇年頃活躍したヘラクレイトスは、世界を作るものは「火」であり、万物は流転すると語った。ヘラクレイトスによれば、対立するものの共存こそ宇宙の本質であり、形あるものはすべて対立競争するものの併存によって作り出されているという。

一方、ギリシア半島をはさんでイオニア地方とは逆方向に当たるイタリア南端の島シチリア地方では、紀元前五世紀頃エンペドクレスが、世界は四元素（土、水、火、空気）からなる、という四元素説を説いた。四元素の結合分離の原因は「愛と憎」である。エンペドクレスによれば、この二原因の増大縮小によって宇宙は四つの状態を周期的に繰り返すというのである。

さて、さまざまな四元素説や五元素説は、世界がいくつかの異種的な実体によって作られていると主張するという意味で、存在論的にいえば多元論の一例である。ところが、この多元論を根底から否定して、自然世界の全体を一種類のみからなる根本的材料によって説明しようというまったく新しい試みが提起された。それが、ギリシアの北部、マケドニアの北方のトラキア地方において、自然学者のデモクリトス（紀元前四六〇年頃の生まれ）が提唱した原子論である。万物は「原子（アトム・分割不可能者）」からできている。世界の自然現象とは、無目的な運動を展開する無数の原子の離合集散が作り出す姿に他ならない。原子は不生不滅であり、不変永久的であり、形と大きさの相違はあっても、色や熱などの人間の感覚に捉えられるような性質はもっていない。無数の原子はまったく何もない「空虚」のなかを浮遊している。

自然の究極の単位を分割不可能な原子という単一の実在によって説明するこの理論が誕生するには、それまでの多元的自然観や流動的な自然観を、その内在的な論理的困難のゆえに否定するようなかなり高度な哲学的反省が前提になる。そうした「動」や「多」を論理的観点から否定する方向へと導いたのは、イタリアの南方の都市国家エレアにおいて政治家・哲学者として活躍した、パルメニデス（活躍期は紀元前五世紀前半）などエレア学派の人々の理論である。しかし、その導入の理論的根拠がいかなるものであったとしても、自然世界が原子という無色無臭の抽象的な粒子の運動からなる全体であるとするこの自然像は、それまでのさまざまな古代的世界観とはっきりとした一線を画する、非常に革新的な理論モデルであることは疑えない（古代の自然像では、わずかにこれに似たものがジャイナ教に見られるだけである）。

それまでの自然像は、気のエネルギーの流れの濃淡や、愛憎の原理にもとづく元素同士の結合分離を原因とした変化という形で自然の在り方を説明していたが、原子論にはこうした質的で比喩的な説明原理を完全に一掃して、純粋に運動論的な観点から世界を厳密な意味で統一的に説明するという、きわめて高い合理性の基準を掲げた科学理論となった。いわば、原子論に至る自然理解の段階的発展において、ギリシア世界はそれまでの他の古代文化において広く展開されていた自然像のレベルを超える、知的高みに達したのである。

哲学は自然科学とその合理的な世界理解の根本性において競い合う知的努力の分野となる。それは神話からの脱皮を目指すと同時に、科学的探究の妥当性を内側から問いかけ、合理性の意味や範囲をつねに再吟味する必要を訴える——。こうした哲学の本性がそれまでの暗黙の了解のレベルを超えて、十分に明確に意識されるようになったのは、まさしく原子論的自然像というこの高度に進化した世界理解と踵《きびす》を接する仕方で、哲学的反省を改めて開始することのできたギリシアにおいて、初めて生じた出来事であった。

自然はすべてが原子からなる無色無臭の粒子の離合集散であるかもしれない。しかしながら、もしもそれこそがもっとも冷静な理性的世界観であるとすれば、それまで長らく信じられてきたわれわれ人間の生命と精神活動の意味は、どこにあるということになるのだろうか。人間の心とは究極のところ、空虚のなかに浮遊する原子の結合の姿に他ならないと考えてよいのだろうか。また、宇宙という空虚のなかに浮かぶ原子の結合において、さまざまな事物や人間の行為について言われる「よしあし」（善悪）ということは、実質的に意味のある、正当な概念なのであろうか。哲学の問いは元来、世界の本性とその中での人間の位置や存在の意味を探究するものであるが、この問いの必要性と緊急性、困難と魅力とがもっともはっきりとした形で露呈したのは、世界が無数の無色無臭の原子からなる偶然と空虚の海へと還元された、ギリシアのラディカルな自然観を背景にしてであった。

2　アテナイの哲学——プラトンとアリストテレス

ソクラテスの「無知の知」

人類の哲学的探究の基本的方向と知的レベルとを根本から決定したのは、紀元前五世紀、ソクラテスとその弟子たちが形成した知的探究の世界である。ソクラテスは哲学の本来の使命が「魂への配慮」にあると言った。彼がそう言い得たのは、ここまで見てきたように、一方では魂についての生理的研究が進歩し、人間への冷静で理論的な理解が可能になっていたからであるが、他方では、原子論という科学の究極的な姿に直面して、もう一度本格的に人間の精神の働きとその意義について、科学と同じような純粋さを維持した仕方で思考してみる必要がある、と考えたからである。知的な反省のレベルにかんする厳密さにおいて科学に匹敵し、それを内側から批判的に吟味し尽くしてみるということはいかにして可能なのか。哲学に固有のきわめて独特なこの問いかけは、ソクラテスの活躍したアテナイにおいて非常に短期間のうちに、しかも驚くべき純粋さをもって、一気に高まることになった。

ソクラテス（紀元前四六九頃〜紀元前三九九）はポリス国家アテナイに生まれた。彼の父は石工あるいは彫刻家で、母は助産婦であったと言われている。当時のアテナイは、明澄な紺碧の空と海が広がる地中海世界の、政治・経済の一大中心を担っていた。アテナイは周辺の諸都市国家とともに、対ペルシア軍事同盟であるデロス同盟という同盟関係を結び、パルテノン神殿の造営などの文化政策とも相まって、「ギリシアの知恵の殿堂」と呼ばれる黄金時代を迎えていた。

このアテナイの繁栄の時代にソクラテスは軍人として活躍するとともに、街頭や体育場などで哲学的な対話を交わす日々を送っていた。彼は一方では、原子論に代表される自然科学の唯物論的傾向に強い疑念を表明するとともに、他方では、「ソフィスト」と呼ばれる弁論家たちによる処世術の授業の流行にも批判的立場をとって、自分自身の姿勢を「無知の知」として特徴づけた。

世にもすぐれた人よ、君はアテナイという、知力においても、武力においても、最も評判の高い、偉大なポリス（市民国家）の一員でありながら、ただ金銭を、できるだけ多く自分のものにしたいというようなことに気をつかっていて、恥ずかしくはないのか。評判や地位のことは気にしても、思慮と真実には気をつかわず、たましい（いのちそのもの）を、できるだけすぐれたよいものにするように、心を用いることもしないというのは。

『ソクラテスの弁明』(2)

ソクラテスの探究の中心は、「魂（プシューケー）をできるだけすぐれたものにする」こと、すなわち「魂への配慮」ということであったが、プロタゴラスを代表とするソフィストたちの通俗的な理念や理想にたいして、徹底的な反省的吟味を展開しようとする批判的な態度が、国家の認める神々を認めないという不敬や社会攪乱《かくらん》の嫌疑を受け、青年たちに害毒を流しているという訴えが出されて、裁判によって有罪が確定した。彼は弟子たちに囲まれながら毒ニンジンの杯を仰いで獄死した。

学問の府アカデメイア

プラトン（紀元前四二七～紀元前三四七）は両親とも名門の出の家庭に生まれ、幼少の頃から年長者たちとともにこのソクラテスの対話・問答に接していたが、二八歳のときに経験した師の刑死の場面に接して、「目もくらむ思い」に襲われた。彼はアテナイを離れて、エジプトやイタリアなど地中海の各地を訪れる遍歴の旅に出た。この遍歴は一二年間に及び、その頃に彼は、『ソクラテスの弁明』『クリトン』など、師ソクラテスの教えをいくつかの対話篇として書きつづるとともに、ピタゴラス派の数学的神秘主義の思想にも触れる機会をもった。

アテナイに帰還したプラトンは、アテナイの郊外にアカデメイアという学園を創設し、哲学の教育を組織化していった。このアカデメイアという名前は、もともと英雄神アカデモスの聖域を意味していたが、プラトンの学園創設以来、学問の府としてのアカデメイア、アカデミーという言葉が定着して、それがヨーロッパの近代ではイギリスのロイヤル・アカデミーやパリの科学アカデミーなど、もっとも正統的な高等学問組織を表す言葉として用いられるようになった。今日でもその残響が、映画の世界でのアカデミー賞などに伝わっていることはよく知られているだろう。

プラトンの学園すなわちアカデメイアが、西洋の長い歴史を通じて学問の府の象徴となったことは、彼の思想がその後の哲学の歴史に及ぼした決定的影響ということを考えれば、何ら不思議なことではない。この学園はプラトンの死後その甥のスペウシッポスによって引き継がれて以降、代々の学頭の下で運営され、その伝統は紀元後六世紀の東ローマ皇帝による学園廃絶に至るまで、きわめて長期にわたる連綿とした生命を保つことになった。そして、その思想的影響が驚くほど継続的に地中海世界の哲学の根幹を決定していった。この点については次節で触れるが、さらに、プラトンの学園に学んだ多数の弟子のなかから、何よりもアリストテレスという、哲学史上のもう一人の代表的な体系的哲学者を生みだしたという事実が、この学園の重要性をまさしくゆるぎないものにしたと言える。

師のソクラテスの哲学的探究に呼応するべく構想され、見事に具体化された、プラトンによる哲学的探究の純化と理論的洗練。それをさらに批判的に吟味し、別の方向へと脱皮させようとして展開された、弟子のアリストテレスの論理的な反省や体系的形而上学の構築の試み——。アテナイを舞台に矢継ぎ早に示された、空前とも言うべき思想的高揚のこのドラマこそが、その後の哲学史の方向を真の意味で確定した、古代世界における最重要の出来事なのである。

『アテナイの学堂』が意味するもの

ここでは以下に、プラトンとアリストテレスの思想を、主として魂をめぐる哲学的省察という視点から順番に見てみることにするが、その前に二人の哲学者の基本的な視点の相違ということを前もってごく簡単に押さえておくことにしよう。

ルネサンスの画家ラファエッロに『アテナイの学堂』という有名な絵があるが、その絵に描かれた古代ギリシアの思想家の群像の中心に、天を指さすプラトンと、地へ向けて手をかざすアリストテレスとが、互いに語りあいつつ画面手前へと歩みよる姿が描かれている（彼らの左側手前で体をかがめながら沈思しているのはヘラクレイトスである）。

プラトンが天を指さしているのは、地上の感覚的世界を離れて、純粋なイデアの世界を志向する哲学を展開したからであるが、それは同時に、彼が知性の純粋な在り方の典型を幾何

「アテナイの学堂」(ラファエッロ作)

学の探究に見出し、その幾何学の世界に見られる美しい調和が宇宙において実現していることを主張しようとしたからである。

これにたいして、アリストテレスが地へと手をかざすのは、彼がこの現実世界の生物界や人間の社会の具体的な在り方にその探究の重心を据えようとしたからである。彼は後に、アラビア世界からラテン西洋の中世後期において、「万学の祖」と呼ばれるようになり、その形而上学から自然学の幅広い分野において最高の知的権威を認められるようになるが、彼の師のプラトンが数学と哲学の密接なつながりを強調したとすれば、彼は実際に広い範囲の自然科学的学問を探究するとともに、学問一般の形式的条件や探究の論理について、師よりもさらに綿密で体系的な理論を展開した。プラトンが数学という天上的、抽象的学問の重要性を強調したとすれば、アリストテレスは地上の自然の探究、特に生命の世界と人間の社会の理解を究めようとした。

数学に重心を置く科学観と生物学に重心を見出す科学観——。プラトンとアリストテレスの相違をこのように一つの軸でまとめてしまうことは、あまりにも乱雑で貧弱な単純化であるが、ここでは、科学的探究に拮抗しようとする哲学といっても、その科学へのまなざしの相違が哲学に大きな影響をもつということを確認しておくことが何よりも重要である。というのも、二人の哲学の相違点や問題関心の方向の違いは、ある意味ではその後の哲学の歴史のなかで何度も繰り返される思想上の対立のもっとも普遍的な原型をなすものであり、この対立のパターンが古代・中世の哲学のみならず、近代の哲学にとっても、そしてある意味では現代の哲学にとっても、無視できない対立の軸を与えてきたからである。

科学に拮抗するような哲学的探究の高度な展開。アテナイのプラトンとアリストテレスの哲学は、この主題をもっとも純度の高い仕方で追求したのであるが、それだけでなく、科学という知的活動の範囲や形式への非常に研ぎ澄まされた意識と反省とを伴っていた。彼らの哲学思想は科学にたいするこのダイナミックな視点の交差のドラマのゆえにこそ、その後の哲学の主題と方法とを絶対的に確定するような結晶力をもったのである。

プラトンのイデア論

それではまず、プラトンのほうから見てみよう。

ソクラテスの悲劇的死に促されるようにして始まった知的遍歴を、一二年の後に終えたプラトンは、アテナイに開いた自らの学園において、それ以前にも行っていた著作活動を継続し、『饗宴』『パイドン』『国家』『ティマイオス』『法律』などの中期・後期の代表的な対話篇を作成するとともに、初期対話篇で再現していた師の教えを発展させて、「イデア論」という独創的な形而上学を構築した。これはソクラテスの「魂への配慮」という思想において守られようとした魂論を、一つの世界像にまで昇華させるために、人間の「知識」がもつべき厳格な条件を明らかにするというモチーフの下で構想された哲学説である。

プラトンのイデア論の基本的な性格は、これまで見てきたギリシア思想の流れの二つの要素によって組み立てられている。その一つは、タレスからデモクリトスに至る自然哲学の趨《すう》勢《せい》が、感覚的な経験をもとにした自然理解から高度に抽象的で知性的あるいは理性的な論理の重視という方向に向けて導かれた道筋であった、という点をよく考えて、感覚的な経験の世界と知性的な世界とを厳しく峻別するという考え方である。そしてもう一つは、この知性重視の探究が最終的には魂への配慮、魂の涵養《かんよう》へと進まなければならないという師ソクラテスの教えである。プラトンのイデア論は、イデアの認識の準備として数学的知識を重視すること、また、数学的知識以上のさらに純粋なイデアからなる超越的世界として、善のイデアの下に統括されるイデア界を考えるという仕方で、これらの要請に答えようとした理論である。

イデアとは何なのか。ソクラテスは人々が一般に人間の徳（アレテー）として称揚するような「勇気」「正義」「善」などの性質について、それらの本当の意味とは何なのか、と問いかけた。人々の行うさまざまな行為はたしかに正義にかなう行為であるとしても、正義そのものではない。個別的な正義の事例ではなく、正義そのもの、正義の本体とは何なのか。プラトンは師のこの問いにたいして、正義そのものとは、感覚的対象ではなく、知性ないし理性によって把握されるような超現実世界的なもの、イデアである、と答えた。あらゆる正義にかなった行為は、このイデアの「模像」であり、イデアはさまざまな正義の「範型」である。個々の正義にかなった行為はこのイデアに与《あずか》っているゆえに、正義の性質をもつと認められるのである。

イデアは勇気や正義のような行為の性質のみならず、あらゆる個物がもつ性質、種類にもかかわる。個々の椅子や個別の机はそれぞれイデアとしての椅子や机に似ていて、それぞれそのイデアを分有しているがゆえに、椅子や机となっている。「個物」と「イデア」とは、規範とそれを分有しつつ不完全に模倣した似姿という関係に立つ。本物はイデアであり、具体的、現実的個物はその模造、コピーである。コピーは本来あるべき姿のイデアを何ほどか実現しているが、完全には本来の姿を体現していない。模造はどこまでいっても模造である。

さらに、似姿としての個物は永続的ではなく、時とともにその姿を変える。それはわれわれの感覚に映ったつかのまの姿である。これにたいして、イデアは永遠の存在であり、感覚のなかで移ろいゆくものではない。イデアは理性によって「思惟されるもの」であり、不純なもの、曖昧《あいまい》なものを何も含まないものである。

イデアが永続的であり、感覚的事物が移ろいゆく不確実なものであるとすれば、本当の意味での実在はイデア界であり、この現実の世界、感性界はその影であるということになる。われわれが周囲の世界を感覚し、そのなかで生活しているとき、自分が諸々の事物を正確に知覚していると思いこんでいるが、それは影の世界を見て、その世界で生きているということである。われわれはあたかも暗い「洞窟」のなかで鎖につながれていて、外の世界から入って来る光を背景にして、目の前に並べられた模型が洞窟の壁に映し出す影を見ているようなものである。本当の世界はこの洞窟の外にあるのであるから、どんなにまぶしくとも、光り輝く光源のほうへ目を向けなければ真理を見ることにならない。つまり、感覚的世界を離れて理性の光のほうへと魂を向け変える必要がある。

一方、「規範」とは「何かのため」のモデルという性格をもつ。したがって、すべてのイデアは目的志向的な性格をもっている。さらに、感覚的なものを見るためには太陽が必要であるように、思惟される世界としてのイデア界においても、それらの全体を照らすことのできる輝かしい太陽に相当するものが必要とされる。そこで、すべてのイデアどうしの間には階層的な関係があるとともに、その階層の頂点に究極的な知の光源としてのイデアがなければならない。このすべてのイデアの頂点に立つのは、善のイデアである。善とは「美しくよきもの」という意味である。もともとイデアという言葉は「イディン（見る）」というギリシア語からきている。「見られた真の姿」としてのイデアの最高の姿は、もっとも美しくよきものなのである。

イデアを把握する能力

とはいえ、われわれが実在の真なる姿であるイデアを把握するためには、魂の働きを感覚的なものから理性的で美的な世界へと、断固として向け変えることが必要である。われわれはそうした魂の変換、魂の浄化を行うことができるであろうか。人間には本来、イデアを把握する能力が備わっているのであろうか。

イデアの認識可能性をめぐるプラトンの議論の中心にあるのは、二つの考えである。その一つは、エロースという恋の情熱に鼓舞された魂の飛翔という議論であり、もう一つには、数学的知識の探究を魂の純化のための訓練とするという議論である。

エロースのもつ力強い精神の喚起力を論じた議論は、プラトンの数多い対話篇のなかでもとりわけ文学的な香りと味わいの深い『饗宴』において、次のように語られる。恋の情熱は美しい人の姿を目にして、その人と一体になりたいと欲する欲望である。この欲望は永遠の世界から追放され、欠乏と充足との循環を繰り返す人間が、もう一度永遠の世界での生を得ようとする原動力である。この原動力の働きは獣のような肉体的欲望から、真に永遠的なものを求める精神的欲望へと質的に上昇する可能性をもっている。この可能性を現実なものにするのは一種の恋愛修行であるが、その修行の「達人」こそがソクラテスである。ソクラテスは哲学的対話の達人として、まさしく恋の奥義の体得とそれを梃子《てこ》にしてイデアの直知へと突き進む、魂の飛翔の行方を指さしているのである。

他方、数学的知識の追求がイデアを直知する思惟を準備するという議論は、彼の主著ともいうべき『国家』において、より厳密な認識論的、知識論的議論を背景にして、次のように説明されている。

感覚的経験がわれわれに与えるのが「臆見、信念（ドクサ）」であるのにたいして、理性が与えるのは「知識（エピステーメー）」である。しかし、同じく不確実で移ろいやすい経験の世界にも、いわゆる現実の経験と、そこにも至らないまったくの夢幻、幻想や空想の区別というものがあるように、永遠的なものに与る世界においても、真正の知識とその近似的なものの区別がある。数学的な認識は、幾何学や算術の対象のように永続的で確実なものを扱うという意味では、真の実在であるイデアの認識としての知識にほぼ等しいが、その真理の仮説的な性格のゆえに、なお本物の知識としては不完全である。数学的推論は、「その前提を仮説的に認めるならば」という条件付きの真理である点において、ある種の夢のような認識であり、真正の無条件的知識ではない。ただ、数学的推論の訓練は、純粋なるもの、永遠なるものの直知がありうるということを知らしめることによって、真の知識の獲得に至るための貴重な前段階を提供するのである。

道徳論と宇宙論の結びつき

さて、以上のように、エロースによって鼓舞され、数学的探究の習慣によって純化されると認められる人間の魂は、肉体の感覚的働きを離れて、永遠の世界に接することのできる、それ自身が不死なるものである。魂はいわば、数学的な思惟の実践において、人が過去世においては知っていたにもかかわらず現世において忘れてしまっていた真理を、「想起」しているとも言える。プラトンはこの魂の不死の理論を、社会道徳説に適用するとともに、形而上学的視点から、宇宙の働きと人間の魂とを直結するようなヴィジョンとしても提出する。魂を基礎にした人間の生き方と世界の存在の同時的な理解という、哲学の基本的議論の構造を定礎した哲学者としてのプラトンの真骨頂が示されるのは、まさしく道徳論と宇宙論とを結びつけた、この理論的企てにおいてである。

まず、『国家』においては、魂の機能にもとづく構造的組成が論じられ、人間の魂には理性と士気と欲求の機能を司る三つの部分があるとされる。魂とは単一の全体ではなく複合的なものである。魂を馬車に譬えるとすれば、理性はその御者であって、士気ないし気概と、欲求あるいは欲望は、人を反対方向へと強くひっぱろうとする馬に相当する。そこで、この内部闘争や混乱へと至りやすい魂の運動を、理性の下に統御することこそが、われわれにとっての「良き生」「あるべき生」の姿であるということになる。しかも、魂のこの三分説は社会全体にも当てはめて考えることができる。社会の人々のなかには、理性に優れた人々の階層も、士気に溢《あふ》れた人々の階層も、欲望のみなぎった人々の階層もある。それらはいわば、政治的管理層と軍人と商人・職人の階層である。これらの三つの階層をうまく管理し、全体として調和ある社会を作るために、社会はその「守護者」を必要とする。哲学的な対話と思索の訓練は、この守護者の教育を目的とするのである。

けれども、魂の働きの本性は個人から社会へと拡大して理解されるだけではない。それは自然全体、宇宙全体の運動の原理にまで拡大されて、初めて十全な仕方で理解されることになる。この点を論じたのが、プラトンの後期の作品である『ティマイオス』や『法律』である。

宇宙とは秩序の世界、コスモスであり、無秩序、カオスに対立する世界である。プラトンによれば、この秩序ある自然世界は、「造物主（デミウルゴス）」によって作られた。世界はカオスとして混沌としていたが、デミウルゴスがイデアを直視することによって、範型に似せた世界を作り、コスモスを現出させた。この場合のイデアとは、本来のイデアではなく、幾何学的な対象のなかの「善美なるもの」である。それは幾何学における正多面体であり、宇宙は、正四面体から正二十面体までの五つの立体図形が交互に内接球と外接球とで接しあっている、入れ子状の複雑かつ美しい構造を作っている。宇宙とは単なる自然的事物の集まりではなく、ピタゴラス的な調和に満ちた「天球の音楽」の世界である（この思想を近代において改めて復活させることで、天文学の真の革命を引き起こすことができたのはケプラーの天才である）。

美しい宇宙はしかし、単に調和に満ちた幾何学的存在に留まるわけではないことは明らかである。静止した立体図形は、いかにその構造が複雑で精緻であるとしても、それだけでは宇宙の抜け殻にすぎない。宇宙とはあくまでも「自分で自分を動かすもの」、「自己自身によって動かされるもの」としての驚異的調和に満ちた運動のシステムでもある。したがって、幾何学的体系というイデア的な形式を実現しつつ自発的な運動を行う宇宙とは、イデアの世界を具現しつつ生きる大きな魂にも等しいものであるということが明らかになってくる。魂とは世界全体に行きわたる霊魂であり、天と地と海に見られるすべての存在者を、その自発的な運動によって動かし導くものに他ならない。プラトンによれば、これこそが、タレスからデモクリトスに至るギリシアの自然哲学の伝統が求め続けたアルケーの真の姿である。プラトンは『法律』において、自然にかんする一種の自然神学的な議論を展開することで、その哲学の体系を最終的に締めくくった。その哲学では魂こそがアルケーであると論じることで、師のソクラテスが提起した課題に答えを与えたのである——。

さて、プラトンの魂論は、以上のように、最終的にはイデア論を梃子にして、魂のもつ宇宙論的な役割を論じるような体系を打ち立てることになった。彼の哲学の根幹は数学的知の純粋性という着想にあったが、彼の死後、アカデメイアの活動を継承したスペウシッポスやクセノクラテスなどのプラトンの代表的な弟子たちは、師が深くかかわった数学的な意味での抽象的な「一と多」の問題と並んで、自然界における自然的本性の多様性、多数性にかんする関心をも深め、動物の生態や植物の種類についての研究を推進していった。

アリストテレスの生涯

そして、このような、天上的なイメージの強い魂をもう一度地上に戻して、宇宙全体よりもむしろ生命現象という具体的で現実的な世界に立ち帰って魂の理論を展開しようとしたプラトンの弟子たちのなかでも、その論理的分析力と形式的体系性、自然学探究の幅広さにおいて特に卓越していたのが、アリストテレスである。

アリストテレス（紀元前三八四〜紀元前三二二）はエーゲ海北西部の都市スタゲイラに生まれた。父は後のアレクサンドロス大王となる人の祖父に当たる、マケドニア王アミュンタスの侍医であり、その家系は先に挙げたヒポクラテスと同様に、コス島の医学神アスクレピオスに連なるものだとも言われている。彼はマケドニア人であって、ソクラテスやプラトンらのギリシア人とは異なった民族の出身であったが、一七歳のときにアテナイに出て、プラトンのアカデメイアに入学し、そこに二〇年間研究生として留まった（ただし彼が在学した期間、プラトンは海外での滞在が多く、彼らが直接交わった時期は長くはない）。

彼はプラトンの死後アテナイを離れ、四〇歳頃にはアレクサンドロスの家庭教師となった。そして五〇歳頃アテナイに戻ってリュケイオンという学園を開いた。しかしマケドニアとアテナイの関係が悪化したために、彼もまた不敬の罪に問われることになってアテナイを離れ、母の郷里で客死した。彼の学園「リュケイオン」の名前は、プラトンの「アカデメイア」ほど後世に強い影響を残してはいないが、それでもフランスの高等学校の「リセ」という名称などに生きている。

アリストテレスの著作はその死後二〇〇年ぐらいして大きな『アリストテレス著作集』として編集されたが、そのほとんどはもともとこの学園での講義用に作られた論考からできている。アリストテレスの著作とプラトンの著作の大きな相違は、プラトンの作品が全体として対話篇という文学作品的な性質を根本的な特徴としているのにたいして、アリストテレスの著作は、講義録という性格からして当然のことであるが、より学術的な体裁をとっていて、論考の書という性格が強い。この相違はしかし、単に彼らの作品の由来だけに帰せられるものではない。というのも、アリストテレスはプラトンよりもずっと明確に、多数の学問どうしの間にある分野や原理の相違について反省的な意識をもっており、学問どうしの関係や、その探究の方法の共通点と相違点について、体系的な整理が必要であるという認識をもっていたからである。そのために、彼の作品の全体は、こうした学問論、推論や探究方法にかんする部門と、哲学の主要理論の部門と、個別的科学理論の部門というふうに、はっきりとした系統的分類を許すような構造をもつものになったのである。

アリストテレスが学問に用いられるべき推論や探究方法を論じた学問論、論理学の代表作は、『カテゴリー論』『命題論』『分析論前書』『分析論後書』『弁論術（トピカ）』『修辞論（レトリカ）』であり、これらは後にまとめて『オルガノン』と呼ばれるようになった。オルガノンとは道具、器官という意味であるから、オルガノンとは学問的探究の道具のことである。『カテゴリー論』から『修辞論』までの六篇は、いわば学問的探究の道具の一式ということになる。

カテゴリー論は諸概念の「範疇《はんちゅう》」の区別を論じたものであるが、範疇とはすなわち、真理を担う命題、文を作る構成要素の種類（実体や性質、関係、動作、時空的位置など）のことである。個々の真理を担う命題は、実体と性質など、複数のカテゴリーの結合によって成立する。命題論はこうした範疇の結合によって成立する個々の命題がもたねばならない（主語—述語などの）全体的な形式や、（肯定と否定、可能と必然などの）判断の種類を論じるものである。そして、分析論の二書は、このような形式をもつ命題どうしの連鎖として理解されるような、種々の推論の演繹《えんえき》的、帰納的形式と、これらの推論を組み込んで組織的に展開されるさまざまな知識の探究の方法論を、網羅的に論じたものである。

一方、弁論術や修辞論は、さまざまな学問的探究において必要となる真理追究の論理というよりも、その真理を求める前になされるべき論点（トポス、トピック）の整理の方法や、真理の提示、伝達において有効な手法について論じている。カテゴリー論から分析論後書までがオルガノンの本編であるとすれば、これらの二篇はいわば付録に当たるものである。

いずれにしても、これらの主題はどのテーマをとっても、後世の認識論や方法論、論理学や哲学的文法論などにきわめて大きな影響を与えたものであり、特にその演繹的推論の解明は、大前提—小前提—結論からなるいわゆる「三段論法」の種々の形式を網羅したものとして、近代末までの哲学において、論理学の根本的なパラダイムを提供するものと見なされた。一八世紀末のカントは『純粋理性批判』において、論理学はアリストテレスの時代以来、まったく不変の姿をとってきたと述べた。これは論理学の歴史の理解としては、事実に照らして必ずしも正確な記述であるとは言えないが、その出発点となる命題論や三段論法の骨格にかんしては十分に妥当な評価であり、その意味で、学問論、論理学の祖としてのアリストテレスの歴史的役割の大きさについては疑えない。

一方、実質的な意味での哲学の領域での彼の主著は、『形而上学』であり、その実践哲学の代表作は『ニコマコス倫理学』『エウデモス倫理学』『政治学』などである。また、彼が著した自然科学の著作には、『自然学』『天体論』『生成消滅論』『気象論』『魂論』『動物誌』など、きわめて幅広い作品がある。彼が後の時代に「万学の祖」と呼ばれたことはすでに触れたが、その呼称はこれらの作品の百科全書的スケールからしても自然なことであった。同時に、この自然科学部門の著作の一冊として『魂論』が含まれていることの意味も大きい。『魂論』は後代の「心理学」という科学分野の先祖であるだけでなく、現代の「心の哲学」という重要な哲学分野の先駆的試みでもある。その重要な魂にかんする分析が、自然科学的探究の一部として扱われてきたところに、プラトン哲学と対比されるアリストテレス哲学の特徴がよく現れている。

『形而上学』

さて、彼の哲学の柱となるのは『形而上学』であるが、この「形而上学（メタピュシカ）」という学問は、言葉としては彼の『著作集』をまとめる際に採用された新造語である。「自然学」は今の言葉で言うフィジックスであり、古代のギリシア語ではピュシカと呼ばれたが、それらの「自然学の後に収められて、それを超えるもの」という意味で、「メターピュシカ」という言葉が著作集の編纂《へんさん》者によって作られた。メタピュシカ、すなわち英語で言うところの metaphysics とは、自然学を超え、その基礎を探究する学問である。そして、この言葉に対応する「形而上学」という漢字表現は、明治時代にこれを日本語に翻訳する際に採用された言葉であるが、「形而上」「形而下」という言葉自体は、すでに触れたように、もともと『易経』に見られる古代中国の用語を転用したのである。

アリストテレスの形而上学は、世界の内なるすべての存在者の本性を探究するものであり、単に世界の内なる事物の形式的な分類や分析を行うだけでなく、そうした事物の系列の究極の原因や、原因の一般的な種類についても考察する。形而上学は「第一哲学」とも呼ばれるが、それは形而上学が他の種々の自然学とは異なって、およそ「存在するもの」「有るもの」一般を、あくまでも一般的観点から考察しつつ、その究極的原因にまで遡《さかのぼ》って論究する学問であるからである。

彼はこの有るもの一般についての学問において、プラトンのイデア論を批判する。彼は実在する世界を構成し、実在の本体をなすものを言い表すために、イデアに代えて「実体」という概念を導入し、存在論上のさまざまな基本的区別を説明しようとした。

たとえば、「ソクラテスは人間である」、「ソクラテスは痩身《そうしん》ではない」という命題を考えてみよう。これらはそれぞれソクラテスという個人について、その性質や種類を述べている。ソクラテスは本当に現実世界に存在する、一個の独立の存在者であるから、疑いもなく実体である。これにたいして、「人間的」とか「痩身」とかの性質は、プラトンによればイデアの一種に数えられるものであり、それぞれソクラテスという個人以上に実在性をもっている、とされるはずである。

しかし、アリストテレスはこの考えは矛盾を含んでいると言う。というのも、ソクラテスは命題の主語になるので、一個の実体である。実体とは命題のなかで主語となり、他の物によって述語づけられるが、他の物の述語とはならないものである。これにたいして、述語として現れる性質のほうは、場合によっては「人間一般」などを表すと考えて、実体に類する「第二実体」と呼ぶこともできるかもしれない。しかし、それらは厳密に言えばさまざまな実体が分けもっている共通の性質、すなわち「普遍」である。そして、普遍は独立自存のものではなく、さまざまな共通の性質を表す単なる便宜的呼称にすぎないのであるから、真の実体とは言えない。それにもかかわらず、それを「人間性そのもの」とか「痩身性」と言い換えて、あたかもそれ自体が独立の存在であるかのように扱うのは、普遍であるものが個物でもあるという、大きな矛盾を犯すことになる。さまざまに存在する事物については、個物や性質、普遍や関係についてのカテゴリー間の相違について、十分に明確であることが何よりも重要である。イデアの実在性を強調するイデア論は、普遍を個物とするという意味で、端的な「カテゴリーの混同」を犯しているのである。

事物の生成変化の説明原理

師のプラトンによって設けられた現象とイデアの間の区別というものを退けるアリストテレスは、このように、自然世界を構成する無数の個物こそが、実在的世界の本体である「実体」の典型であると考えるような存在論を展開した。そして、実体の性質や変化、運動を説明するために、「現実態（エネルゲイア）」と「可能態（デュナミス）」という、存在の「様相」についての独特の区別を利用し、併せて、「形相（エイドス）」と「質料（ヒュレー）」という別の一対の概念を導入する。彼の哲学では、この現象世界の事物がいかなるイデアの模像となっているのか、が問題なのではなく、事物の生成変化はいかに説明されるか、ということが分析の中心的な課題となる。これはアリストテレスの視点から見て包括的な形而上学を整えると同時に、この形而上学の枠組みのなかですべての存在者を生かす魂というものの説明を与えたい、という理論的な企てである。現実態―可能態、形相―質料の二組の概念は、生成変化と魂の作用とを同時に解明しようとする彼の哲学にとって、きわめて重要な道具立てである。

まず、実体が生まれたり変化したりするとき、その生成変化とは、ごく大まかに言えば、変化の「基体」としての特定の素材に、何らかの形が付与されて、具体的で個別的な何かとして確定することである。たとえば、大理石という素材に家の構造や形態が付与されることで、一軒の家が出来上がる。このとき、もともとの石は可能態としては家であったが、それに実際の形が加わって現実態としての家となった。そこで、可能態としての家を受け入れる素材としての石は質料と呼ばれ、現実態である家に付与された形は形相と呼ばれる。家として現実存在する実体の形相はこの形であり、その質料は材料となった大理石である。

ただし、家は人工の作品であるが、自然物においては、形相はつねに特定の素材の内にあらかじめ実現されていて、現実態としてある。われわれがこの世界で出会うのは、すべて素材と形相とからなる個々のものである。われわれが学問として探求するべきなのは、事物の原因（アルケー）・本質（ウシア）であるが、それは事物の形相を問うことを意味する。しかし、事物の素材についての研究も同様に重要である。なぜなら、質料に形が加わることで事物の形相が露わになるのであるから、自然にかんする形相の研究と質料の研究とは相補的であるからである。

われわれは自然のさまざまな分野において、それぞれの領域に固有な実体にかんして「なぜ」「何によって」ということを探究するが、この事物の探求、すなわち科学的知識の追求は、右のような形而上学的枠組みを利用すると、一般に次のような四種類の原因究明のスタイルをとりうることが分かる。すなわち、さまざまな事物に運動や変化、成長や死滅などが生じた場合、その変化の「原因」は、その（1）形相・本質、（2）質料・素材、（3）運動変化の始源、（4）目的、のいずれかを問うことで、究明される。つまり、ある事象はこれらのいずれかが解明されるとき、その原因が特定されたと見なしうる（『自然学』第二巻第三章）。

とはいえ、自然的事物の場合、これらの四つのうち（1）（3）（4）は一致する。なぜなら、ある事物、たとえば生物の一つの種の場合、その生物の形相とは、一定の機能を果たすことであるが、この機能はそれをもったものから生まれ（始源）、その機能を完成させることを目標にして（目的）、生命は成長するからである。

自然物の運動は、すべてこのように、成長の過程を繰り返すことで、同じ機能、同じ形相の実現のサイクルをなしている。すべての種はこの運動のサイクルのなかで、それぞれの目的の完遂に向かって進行している。したがって、世界の事象の変化の原因は四つの角度から分析できるとしても、そのもっとも基礎となる説明の基盤は目的論的な原因である。種子は生長して花を咲かせ実を実らせる目的をもつ。そこで目的として実現された実が再び生長して、花を咲かせ実を実らせる。この運動の永続的サイクルは、地上の自然現象のみならず、天体においても顕著に見られる。というのも、天体はその完全な本性に従って完全な軌道である円を描くことを本性とするからである。

地上から月下界までに含まれる一切の存在者は、すべてが有限のサイクルの下で運動し、冷熱と乾湿という二種類の区別にもとづく四種類の元素（土、水、火、気）によって、その本来の場所へと辿りつき、静止しようとする。これとは反対に、天上界に存在する存在者、太陽と恒星とは、四元素とは別の第五元素、エーテルからなり、無限の円運動を続けている。これは、地上と天上という二層の区別をもちつつ、全体としては天空によって閉じられた有限の世界、という宇宙のモデルである。

世界の始源と魂論

ところで、天上の運動を分析する天文学であれ、地上の事物の運動を分析する力学であれ、個々の存在領域のアルケーを究めようとする自然科学の探究は、目的論的説明の完成を目指して行われていると理解できる。一方、自然科学の「後に（メタ）」来る、形而上学あるいは第一哲学においては、一切の存在者全体の究極の始原についても問いかける。この世界のすべての事物や事象の系列には、その究極の始源としての、世界の始まりというものがあるのだろうか。もしも始まりがあるとすれば、その始まりの「動」を引き起こした存在者そのものは、他のものによって存在を原因づけられたものではありえないはずである。それは自らはそれ以前のものによって動かされることのない、「不動の動者」でなければならないであろう。そうした存在者は存在するのだろうか。

アリストテレスは、世界の始源に位置するこの存在者の存在を容認する。というのも、世界の究極の始まりを認めないような、事象の「無限」の因果連鎖という視点から世界を理解できるとする考えは、無限性という概念と現実存在という概念の両立不可能ということを無視しているために、誤っているからである。アリストテレスの形而上学はこのような議論によって、一切の事物の根本的原因としての一種の「神」を認めることになり、プラトンとは別の意味で、神学的な性格をもつことになっている。

他方、アリストテレスの魂論のほうは、自然学の「後に」来る理論ではなくて、その「なかの」一部門として展開される生物学的理論であり、同時に実践哲学的理論でもある。それは、事物の目的論的性格を根本的原理とし、一切の実在を形相と質料、潜在性と顕在性という概念によって分析するという、以上のような形而上学的議論の枠組みを下敷きにしている。そして、この理論は自然界の生命の原理を解明し、そこから人間の生についての洞察を得ようとした理論である。彼の魂論は、魂というものを生物の形相として見定めつつ、併せて、この有限の宇宙世界が示す階層的な存在構造をも反映するような、生物界の階層的理解をも提供しようとする理論なのである。

「魂（プシューケー）」とは、生命をもつ個々の実体、個別の生物が、その生命を維持し、それぞれの実体に特有の生の目的を果たすことを可能にするような、本質あるいは形相である。それは、『魂論』で使われる学術的な説明では、「可能的に生命をもつ自然的ソーマ（物体）の形相としての実体」「そのようなソーマの第一の現実態」などと言われる。「可能的に生命をもつ自然的物体」「器官をもったソーマの第一の現実態」である。自然的物体とは、自然のなかで生まれている物体、つまり生物の身体であり、「第一の現実態」とは、その機能が実際に発揮されていなくとも、いつでも発揮できる状態にあることである。そして第二の現実態は、それが現に発揮され、発現している状態である。

生物は器官をもつ物体としての身体からできているが、それは見たり、聞いたり、走ったりする「機能」のための器官をもっているということを意味する。さまざまな機能は、生物の種類に応じて、「生きる」という機能の下に分化している。植物のもつ植物的魂は、栄養摂取の機能を司る。動物は植物的魂とともに動物的魂をもつが、後者は知覚と運動とを司る。

そして人間はこれら二種類の魂に加えて人間的魂をもつが、これは思考作用を行い、記憶し、理性的推論を遂行する機能を司っている。

人間の精神、魂は生命のこの階層性においてもっとも高度なところに位置している。それは栄養や運動に限定されない、知的な推論や理性的な判断、高度な記憶と予測の能力を備えている。プラトンは種々の事物の本性ともいうべきイデアを、現象界を超えた世界に実在するものと考えたが、このイデア論を批判するアリストテレスでは、事物の普遍的性質である諸々の形相は、あくまでも生きた人間という個々の実体が、現実世界での具体的な感覚的経験を土台にして、高度な抽象能力の発揮によって把握するものである。それゆえ、彼の認識論にとっては、「あらかじめ感性において存在しなかったものは知性においても存在しない」ということ、そして「普遍的本性は知性の内にのみ存在する」ということが、もっとも重要な原則となるのである。

しかも、人間の精神がもつ知的な機能の意義は、単に抽象的な推論を遂行し、複雑な計算や分析を行い、ひいては科学的な探究をするという、純粋に理性的、学術的な領域に求められるわけではない。人間の本質である理性的な魂の存在の目的は、あくまでも人間らしい生の目的の完遂ということにある。人間の魂の働きもまた、すべての存在者と同じように目的論的本性の下にあり、その究極目的は善の追求にある。たとえば人間は種々の知覚の能力をもつが、そうした能力はすべて、人間らしく生き、人間として善く生きるために備わっている。

「中庸」の実現

それでは、人間らしい生、人間としての善なる生とはどのようなものであろうか。アリストテレスは、人間の生のもっとも本質的な特徴を人間がそれぞれ単独の生活者ではなく、本来的に共同体を形成し、共存的生活を営む社会的存在であることに見る。人間がポリスにおいて政治的な活動を行い、社会の管理運営を担う者であるとすれば、その理性の特質は、その人の行う実践的な推論や判断が寄与しうる社会的、政治的レベルでの貢献によって評価されるであろう。われわれは単に三段論法的な推論によって知的問題についての計算を行うことができるだけでなく、価値判断と欲求とを含む実践的な推論の力を巧みに発揮することができる。言い換えれば、人間は行為のために目的と手段とを組み合わせ、合理的な意思決定を行うことができる。この熟慮的な実践的推論において優れた能力を発揮し、さまざまな行為の場面においてバランスの取れた選択を行い、人々の模範となりうるということこそが、「徳のある人」のあるべき姿である。

したがって、共同体における個人の貢献を可能にするのはその人のもつ「徳」である。徳とは、実践的な熟慮において考慮すべきすべての観点にかんして極端に走らない、中庸を実現するような「習性」を身につけていることであり、そうした熟慮的判断を個人の習慣にまで高めることに成功していることである。人生における善の追求とは、プラトンの言うような宗教的、神秘的な意味での魂の純化であるよりも、人格的な徳という良き習性の地上的、社会的な育成を目指すことである。このアリストテレスの実践哲学では、社会的生活のなかで出会うあらゆる局面での「中庸」の実現こそが、最終的に、人間的な魂のもつ本来の機能を最大限に生かすということになるが、ここには彼の目的論的自然観が十分に発揮されているとともに、生命の核心的原理としての魂が、自然の説明原理でありつつ価値を生み出す実践の原理をも担うという事態を説明するための、きわめて巧みな工夫がなされていると言うべきであろう。

有機的生命の運動は、石のような死んだ物体の運動以上に、善への希求という価値の次元を明確に含んでいる。自然の事物でありながら、同時に価値を求めうる身体と生命にとって、さまざまな条件をバランスよく保つことが何よりも重要であるが、とりわけこのバランスの保持を、知的な推論の下に遂行する人間の精神にとっては、そのバランスの意義を実践上の指針として自覚し、それに従うことが大切である。つまり、生命にとっての健康の維持の根本原理ともいうべきバランスの保持が、自発的な行為を反省的かつ熟慮的に遂行することのできる精神においては、より自覚的な水準にまで高められ、「自分の性格を陶冶《とうや》する努力」へと具体化されなければならないのである。

アリストテレスは理性的な生物としての人間がもつべき実践上の指針として、事実とともに価値にもまたがる幅広い概念である、中庸という指針を掲げた。中庸とは複数の極端な可能性や選択肢を見渡したうえで、さまざまな要素の間の最善のバランスの可能性を選択することである。それは一見したところありきたりの概念で、特別に意義もない行動指針のようにも思われるが、ここには表面的な通俗性にもかかわらず、不確実な事象の推論や価値の判定にかんする論理学においても、非常に先鋭的な分析を体系的に展開しえたアリストテレス哲学ならではの、人間的な「合理性」にかんする十分に深い洞察が含まれている。その実践哲学はイスラム世界、西洋ラテン世界の人間の行為をめぐる根本思想を提供しただけでなく、今日の道徳論、社会的公共性の議論においても重要な理論的源泉と見なされているのである。

3　地中海の哲学

帝国の誕生

アリストテレスはアカデメイアの学園を離れた後に、マケドニアのアレクサンドロスの家庭教師となったが、一〇年近く後には再びアテナイに戻り、リュケイオンの学園を開いて以上のような活発な講義活動を展開した。そのほぼ同じ時期に、弟子のアレクサンドロスのほうは新しい国王として東方遠征を始め、エジプトを制圧の後には有名なアレキサンダー帝国を建設し、地中海全域にまたがって、諸国家を統合する「帝国」という新しい巨大政体を生み出した。エジプトのアレクサンドリアを首都とするこの帝国は、アレクサンドロスの生涯とともにきわめて短命に終わったが、帝国という統治のスタイルそのものは、その後の地中海の歴史において非常に大きな影響を与え、ある意味ではその後のヨーロッパへと連なる西洋世界を形作る決定的なモデルを提供したとも考えられる。なぜなら、ギリシアの後に古代西洋世界に覇をとなえたのは言うまでもなくローマ帝国であり、この帝国の在り方をめぐる複雑な歴史的変転と推移とが、二〇〇〇年近くに及ぶ地中海世界という、一つの「世界文明」の構造を支配したと考えられるからである。

ローマは伝説では紀元前八世紀半ばに建国されたと言われ、紀元前三〇年頃、ユリウス・カエサルからオクタヴィアヌスの時代に、アレキサンダー帝国と同様にエジプトを併合して帝国となった。そして紀元後四世紀末にはキリスト教を国教としたが、その直後に東西ローマ帝国に分裂した。

二つの帝国のうち、イタリア半島を中心とする西ローマ帝国は、その後ゴート族、フン族、ヴァンダル族など北方のゲルマン人の侵攻の下で解体衰微する一方で、コンスタンティノポリス（ビザンティウム）を中心とする東ローマ帝国は、しばらくは地中海文明をリードしたが、この帝国もやがてイスラム勢力の下で衰退し、八世紀のアッバース朝から一一、一二世紀の大セルジューク朝の時代まで、地中海世界はペルシアからアフリカ、イベリア半島にまで及ぶ、きわめて広大なイスラム文明圏の世界となった。しかしながら、一旦は文明世界から離脱した西ローマ帝国由来のラテン・キリスト教世界が、九世紀後半には改めてフランク王国や神聖ローマ帝国へと再編され、再び国家としての体裁を整えると、その後は、当時の地中海世界の覇者であるイスラム勢力との間にきわめて息の長い抗争を展開し、最終的にはイスラム勢力をイベリア半島から追放することで、もう一度西洋世界の主役へと返り咲くことになった。それがいわゆる「レコンキスタ（再征服）」と呼ばれる、キリスト教の側から見たイスラム化された世界の解放運動で、その終結は一四九二年のことである。

プラトン、アリストテレスとのかかわり

二〇〇〇年近くに及ぶ地中海世界のこのような歴史の展開は、それゆえ、アレキサンダー帝国からローマ帝国、ビザンツ文明からイスラム文明、そして最後にラテン・ヨーロッパにおける中世文明の繁栄という形で、かなりめまぐるしく何度も変転することになったが、この変転においてもっとも大きな歴史的駆動力となったのは、言うまでもなく、イスラエルに生まれて三百数十年後にはローマの国教となったキリスト教と、七世紀前半にメッカで誕生したイスラム教という二大唯一神宗教である。したがって、ギリシアの伝統を引き継ぎつつ、その後の理論的発展を担った西洋の哲学の歴史を語る際にも、これらの二大宗教のさまざまな理論的展開や対立の模様と、プラトンやアリストテレスらの伝統との関係を問わずには、

その詳しい歴史を語ることができないのは当然である。

従来、哲学の歴史を語る多くの書物では、西洋の中世哲学については「アリストテレス・スコラ哲学」という呼称が使われることが多かったが、これは西洋の盛期の中世哲学が、アリストテレスの体系的哲学を下敷きにしつつ、キリスト教的な神学や形而上学を構築しようとして、「スコラ（学校）」において研究され教えられた哲学であった、という意味である。

このような理解では、一見したところ、アテナイの哲学運動とその後継者であるヘレニズムの哲学、つまりアレキサンダー帝国とローマ帝国の時代の哲学の次に、スコラ哲学が続いたようにも感じられる。しかし、今日の歴史観からすれば、こうした見方は二〇〇〇年にわたる地中海文明をラテン・キリスト教世界中心の歴史として、極端に単純化、矮小化して捉えた見方であり、この時代の哲学史の正確な記述のためには、ビザンツ世界、イスラム世界、ラテン世界の哲学の趨勢を公平に押さえる必要があるとされている。

ここでは、しかしながら、これらの複雑な文明の運動をそれ自体として追うことはできないので、この間の哲学の歴史の流れのもっとも中心的な筋道を、ここまで多少とも詳しく見てきたプラトンとアリストテレスの思想とのかかわりという観点から、きわめて大づかみに特徴づけるということで、地中海世界の哲学という非常に魅力ある思想の世界の性格の一部を捉えるということに、視点を限定することにしたい。当然のことながら、このような視点の限定はある意味ではかなり乱暴な話であるが、しかし、これらの二つの哲学とのかかわりにおいてこの地域の哲学を大まかに概観できるという事実そのものは、彼らの思想の影響力の大きさを如実に示しているだけでなく、哲学における歴史的展開のロジックの粗型をとりあえず理解できるという点でも、意味があるからである。

地中海文明の歴史をこのような視点から整理してみると、そのメインストリームは、初期の歴史における自然科学的世界観としてのアリストテレスの継承と、哲学的思想としてのプラトンの重視という二元的、複眼的傾向から、徐々にアリストテレスの下で科学と哲学を一元化して考えるという方向への推移、というふうに理解できると思われる。言い換えると、哲学思想に限っていえば、アリストテレスの哲学そのものは当初はプラトン哲学の導入部分のように補助的なものと見なされてきたのであるが、それが歴史的推移の進展の下で段々と中心的世界観、支配的、正統的な哲学としてのステイタスを獲得するようになった、ということである。

ヘレニズム時代の科学的遺産

さて、プラトン、アリストテレス思想の継承、発展というところからこの間の歴史を概括的に整理するためには、まず、ヘレニズム文化におけるアリストテレス的自然像の定着・発展と、その地中海世界における拡大ということを第一に押さえておく必要があるが、これについてはだいたい次のような事実に注目する必要がある。

ヘレニズムとはアテナイの文化的卓越を範とするような、ギリシア人（ヘレネス）の文化を継いだ文化様式のことであり、厳密な歴史的時代区分としては、アレクサンドロスの死（紀元前三二三）からローマによるエジプト併合までの、約三〇〇年間を指している。しかし、ローマ時代においてもその高度な文明の基盤を提供していたのはアレクサンドリアに蓄積されたギリシア伝来の科学や哲学であり、この伝統は東ローマ帝国におけるギリシア語の公用とも相まって、ビザンツ世界にも大きな基盤を提供した。そのためにヘレニズムという言葉は、地中海文明前半の全体を特徴づけるものという広い意味でも捉えることができる。ここではこの広い意味でのギリシア文明の後継者として、この時代を考えることにしよう。

このヘレニズムの時代の科学的遺産として特筆すべきものとしては、地理学におけるエラトステネスの世界地図作成や医学におけるガレノスの体系、あるいは天文学におけるプトレマイオスの地球中心的天体運動論（いわゆる天動説）などがもっとも輝かしい成果として挙げられる。このうち、エラトステネスは紀元前二世紀前後に、アレクサンドリアの図書館を中心とする一大研究施設ムセイオンの館長を務め、世界地図表記の方法を確立したり、地球の大きさの予測を行ったほか、友人のアルキメデスとともに数学の分野でも輝かしい業績を残した。

また、ガレノスはギリシアに学んだ後ローマで活躍した紀元後二世紀の著名な外科医であるが、『自然の機能について』を始めとする彼の医学書は、ヒポクラテス以来のプシューケーを生命原理とした生命論の応用として、その「四体液説」とともに、その後の西洋の医学史に決定的な影響を与えたものである。さらに、プトレマイオスはガレノスとほぼ同時期のギリシア系ローマ人の天文学者であるが、その天動説が中世末までの天文学の探究プログラムにおけるパラダイム（範型）を定めたことは、コペルニクス以来の西洋における地動説の確立が世界観の根本的革命と理解されたことによって、逆照射されることとである。

プトレマイオスの天文学書は通常『アルマゲスト』と呼ばれるが、これはこの書物がイスラム文化に移入されたときのタイトルで、アラビア語で『最も偉大な書』という意味をもっている。この書は本来はギリシア語で『数学集大成』という意味の表題をもっていたが、それが『アルマゲスト』と呼びならわされるようになったところに、この書物の最大級の重みが示されている。

同様に、ガレノスの医学は一〇世紀頃からイスラム世界に移入されたが、その理論をペルシア（現在のイラン）の各地で伝授・指導したイブン・シーナー（ラテン名ではアヴィケンナ）は、一一世紀当時の西半球でのもっとも卓越した学者であるとされている。さらに、一二世紀スペインで活躍したイブン・ルシュド（同じくアヴェロエス）も、そのアリストテレスの思想を百科事典的に紹介、解説した学者である。医学者としての前者の主著は『医学典範』であり、この書はヒポクラテスやガレノスを下敷きにして、ギリシア・アラビア医学の集大成となっている。また、そのラテン語版はヨーロッパで長く使われ、インド語版もさらに長く使われたという。イブン・シーナーやイブン・ルシュドは卓越した医学者であるとともに、体系的な哲学者であり、イスラム世界における彼らの哲学思想がラテン・ヨーロッパに移入されることで、非常に大きなインパクトをもったことは、この間の哲学史のきわめて重要な出来事の一つである。

エピクロス派、ストア派、懐疑主義

他方、ヘレニズム時代の文化の姿を、哲学思想というもう一つの基盤的側面から見てみると、この時代の大きな特徴としてまず目につくこととして、プラトン思想のきわめて長期にわたる継承、深化、発展ということが挙げられる。

哲学思想の展開ということでまず最初に触れるべきなのは、先ほど言及した厳密な狭い時代区分としてのヘレニズム時代（アレクサンドロス没後の時代）の哲学である。この時代には、それまでのポリスを中心とした世界からコスモポリスを基盤とする帝国的文明への転換に対応して、日常的な生の次元における指針をもう一度模索しようとする哲学が興隆し、エピクロス派やストア派、懐疑論などの立場が相次いで登場したが、これらにおいても守られていたのは、プラトンがソクラテスから継承し発展させた、哲学的知の追求という基本的な姿勢であった。

エピクロスによってアテナイで始められた、「庭園」と呼ばれる共同生活でのエピクロス

派の思想活動は、しばしば「快楽主義」として揶揄《やゆ》されることもあるが、その内実はデモクリトス流の原子論を下敷きにしつつ、人間の自然な快楽への欲求を肯定的に捉えることで、運命などへの過剰な不安や恐れを回避しようとする考えであり、その主たる目標は「心の平安（アタラクシア）」の達成ということにあった。また、ゼノンによって創始され、このエピクロス派への激しい批判を展開したストア派においても、その思想の方向にかんしてはまったく同様の視点がとられている。ストア派の主張は、宇宙全体を支配するロゴスと個人の運命とが本質的に連関しているということであるが、この説では運命論の受容と禁欲によって心の平安を目指そうとするのである（「ストア」とは、ゼノンらが語りあったアテナイの広場（アゴラ）の脇の彩色柱廊のこと）。

さらに、われわれが抱くあらゆるタイプの信念について、その確実性を疑うための根拠を挙げることができるという懐疑主義の立場——しばしばその創始者の名前をとって「ピュロン派」ないし「ピュロン主義」と呼ばれる——も、特定の信念や主義主張に固執することで起こりうる失望や悲しみを避けようとする点では、右の二つの立場とまったく同じである。ピュロン主義では、すべての信念や判断にかんして疑いをはさむことが可能であることを論証したうえで、そこから、一切の判断の肯定・否定を停止（エポケー）することを通じて、魂の動揺を防ぐという途を採用する。これらはいずれも、コスモポリス的、帝国的世界における「魂への配慮」ということを目標に掲げた点で、ソクラテスおよびプラトンが目指した哲学的反省の延長上に位置する思想活動であったと理解することができるのである。

プロティノスと新プラトン主義

そして、紀元後三世紀のローマ帝国の時代にはさらに、プロティノスによっていわゆる「新プラトン主義」という哲学の学派が形成された。この思想の流れの出発は、プラトンの時代から言えばほぼ五〇〇年後の時代に当たっており、この流れにたいして一八世紀末から一九世紀にかけてのドイツの哲学史研究において、「新プラトン主義」という名称が与えられるようになったことは、自然なことであったとも言える。とはいえ、この学派の創始者であるプロティノスや、その後継者の代表とされる、さらに約二〇〇年後のプロクロスたちにとっては、自分たちの学派の運動が「新」という名のつく別種のプラトン主義の提示であるという認識はなかった。彼らは自分たちの思想活動をあくまでも、アリストテレス以来行われてきた「プラトン思想にたいする注釈活動」という伝統に連なる、息の長い継承作業であると考えた。彼らは哲学の永遠の源泉であるプラトンの思想の忠実な理解と永続的な深化を意図したのであり、その活動が師の没後数百年に当たることは、何の意味もないことだと考えたのである。

プロティノス（二〇五頃〜二七〇）はエジプトに生まれローマで活躍した哲学者であり、その主著は弟子のポルピュリオスによって主題別にまとめられた『エンネアデス（九篇集）』

という題の、各篇六章九篇からなる論文集である。彼はこの作品において、プラトンのイデアの世界と現象的物質世界との関係を、プラトンよりももう少し具体的に解明する理論モデルを開陳した。

彼はまず、世界を「一者」—「知性」—「魂」—「物質」という四階層からなるものとすると同時に、この階層を通じた魂による一者への帰還という形而上学的運動を想定する思想を構想した。人間の魂は物質的な身体という不定形なものを、自らの下に従えてはいるが、知性へと純化する要素をも内に秘めている。そして知性は魂とは異なって物質的な要素をもたないものの、なおも思考と存在という分裂を残している。一者、すなわち端的に一なる者とは、この分裂を克服した究極の存在であり、魂はこの究極の存在へと自己を超え出て進もうとする。それは自己を脱して自己自身であることを克服する「脱自（エクスタシス）」の作用であり、一切の存在と合一化しようとする「単一化（ハプローシス）」の働きである。

魂の純化はプラトンでは数学的探究やエロース的感情を梃子にして進行すると考えられたが、プロティノスのそれは、魂とは区別される知性自身が、それ自身をも脱して究極の一者と合一する脱自、脱我の過程であると考えられた。これは、恋愛修行において体得されるべき奥義の観取以上に、厳しい宗教的修行のもとで達成されるべき神秘的体験であった。

プロティノスの活動はローマを中心としたが、この学派の活動は、ポルピュリオスの弟子のイアムブリコスやそのまた弟子のアイデシオスらによる、シリアやペルガモンなどでの拠点形成によって拡大するとともに、やがて本家であるアテナイのプラトン・アカデメイアの教育にも引き継がれるようになり、その二四代目の学頭であるプロクロス（四一二〜四八五）によってさらに発展させられることになった。プロクロスの哲学はプロティノスの存在の階層という思想をさらに細かく分析すると同時に、この階層的存在論のなかに宗教的な神概念を組み込んで、より宗教的、神秘的傾向を強める方向に進んだ哲学である。

プロクロスは『プラトン神学』という興味深いタイトルの著作を著したが、この理論では、プロティノスが提唱した「一者」－「知性」－「魂」－「物質」という四階層と、この階層の間における一者からの存在の流出と帰還という運動を認めると同時に、階層間の関係をさらに一層精密化して、一者の下に「神的一者」という、より具体性のある一者の存在を認め、これが伝統的な宗教における神に相当する存在であるとした。また、本来の第二段階にある「知性」についても、それが「存在者・生命・知性」という三つの側面を備えたものであるとした。この知性観にはキリスト教の三位一体と同じような「三一《さんいつ》思想」が含まれているが、こうした思考のスタイルは後のヘーゲルなどに至るまで、大きな影響をもつことになった。

このように、プロティノスやプロクロスらの新プラトン主義は、師のプラトンの思想を、イデア界と感覚的世界の二世界論を下敷きにしつつ、存在の階層を複数化することによって、世界についての見方をさらにダイナミックなものにしようとしたものであるが、それは同時に、第一のイデアである善のイデアを「一者」という無記的なものへと純粋化することで、プラトン以前の唯物論やソクラテスの思想に深い影響を及ぼした、パルメニデスの「一」の思想をもう一度呼び起こそうとした思想であったとも言える。さらに彼らの試みは、プラトン自身の思想的遍歴にも含まれていたピタゴラス主義などの神秘思想的な要素を、より前面に押し出し、ギリシアを超えた地中海世界の宗教的趨勢に呼応したものであることも間違いない。

アウグスティヌスとボエティウス

アテナイのアカデメイアはプロクロスの活躍の後、五二九年に東ローマ帝国皇帝のユスティニアヌス一世によって、異文化追放のスローガンの下で閉鎖されることを余儀なくされた。これはプラトンによるアカデメイア創設から数えて九〇〇年以上後のことになるが、プロティノスやプロクロスなどによって深められたこの知性の神秘主義の哲学そのものは、さらにその後の地中海世界の哲学的発展に引き続き非常に大きな影響を及ぼした。というのも、彼らの思想は東西のローマ帝国の広い地域においてギリシア哲学を用いつつ展開された、初期キリスト教の理論化の作業、すなわち「教父」たちの哲学的議論においても積極的に活用され、正統的教義の確立のための概念的基礎を提供したからである。

こうした影響関係のなかでも、とりわけプロティノス思想の代表的な継承者としては、教父のなかの教父ともいうべき、中世前期最大の思想家であるアウグスティヌスや、「最後のローマ人にして最初のスコラ哲学者」と呼ばれた、六世紀ローマの哲学者ボエティウスの例が挙げられる。

アウグスティヌス（三五四〜四三〇）は『告白』や『神の国』などの著作で知られているが、もともとはマニ教という、善悪二元論的な世界観に立つ北アフリカの弁論術教師であった。その彼がローマに渡り、新プラトン主義の思想に触れることでキリスト教へと改宗した。新プラトン主義がキリスト教思想家を生んだというのは、一切の存在と真理の源泉としての「ロゴス」すなわち「御言葉《みことば》（ウェルブム）」という思想が、伝統を異にする両者に共通の哲学として理解されたからである。彼は『告白』（第七巻第九章）で、新プラトン主義の哲学には、キリスト教と表現は異なっているが、内容的にはまったく同じことが述べられている、と書いている。そのまったく同じ内容とは、「始めに御言があった。御言は神のもとにあった。御言は神であった」というヨハネ福音書の思想である。アウグスティヌスにとっては、「御言は神であった」という考えは、ロゴスないし一者という究極の存在者にもとづく新プラトン主義的世界解釈の、キリスト教神学的な表現法であった。

そこで私は、「プロティノスらの」それらの書物から自分自身にたちかえるようにとすすめられ、あなたにみちびかれながら、心の内奥にはいってゆきました。……私はそこにはいってゆき、何かしら魂の目のようなものによって、まさにその魂の目をこえたところ、す

なわち精神をこえたところに、不変の光を見ました。　　『告白』第七巻第十章[3]

アウグスティヌスによれば、人間は自らの魂の内へと向かい、その内奥の訴えを「魂の目」の次元で経験するとき、それにたいする応答として、魂を超えたロゴスの照明、すなわち神の言葉による光の到来を受け取るのである。

また、ボエティウスは『哲学の慰め』という著作を著して、「哲学（フィロソフィア）」という名の女神が対話を通して主人公を神的真理へと導く様を描写したが、この作品は西洋中世においてもっとも広く影響を及ぼした哲学書の一つとして重要であった。

プロクロスの継承者

一方、プロクロスの思想の継承者の代表としては、擬ディオニュシオス・アレオパギテースの名前が挙げられる。彼は六世紀頃に作られたとされる「ディオニュシオス文書」の作者であり、シリアの修道僧の一人であったと言われる。その文書は一六世紀頃までヨーロッパの代表的なキリスト教神秘思想のテキストとして非常に貴重視されたが、それは長いあいだ新約聖書『使徒言行録』に登場する、パウロによって回心したアテナイの最高法院の議員「アレオパゴスのディオニュシオス」の著作であると思われてきた（文書の作者がこの人物と同一なのかどうかについては、以下に出てくるアベラルドゥスやルネサンス時代のロレンツォ・ヴァラなど、歴史上多くの思想家がいくつかの疑問を呈していたが、文書の作者や作成時期などについての歴史的研究が進んで、その名前に「擬」とか「偽」という文字がはっきりと付されるようになったのは、一九世紀になってからである）。

「ディオニュシオス文書」には『神名論』『神秘神学』などが残されているほか、『象徴神学』などのテキストも含まれていたと伝えられているが、これらはプロクロスの『プラトン神学』の思想的継承であると言える。その内容は、神のさまざまな名前が新プラトン的な「光」「美」「愛」などとして表記できることを論じつつ、「隠れた神」がいかにして顕現しうるのかを論じたものであり、西洋の思想史において大きな意味をもった「肯定神学」「否定神学」という二重の神学の枠組みを創案した点でも重要である。否定神学とは、無限の存在である神を有限な人間の精神が把握することは、神についてのさまざまな否定的判断を通じてのみ可能である、という考えにもとづいている。

さらに、プロクロスや擬ディオニュシオス・アレオパギテースとアウグスティヌスの思想をより大規模に総合した形で継承した、九世紀の特異な神秘思想家である、ヨハネス・スコトゥス・エリウゲナ（八一〇頃～八七七頃）の名前も重要である。エリウゲナはアイルランド出身でカロリング朝西フランク王国の宮廷学校の校長を務め、神学とは独立な自由学藝としての哲学研究という探究方向を打ち出すと同時に、擬ディオニュシオス・アレオパギテースのラテン語訳を作成する一方で、ニュッサのグレゴリオス、マクシモスなど、東ローマ教会の系統に属する代表的教父の文献のラテン語訳も行うという形で、キリスト教思想の総合に努め、当時のヨーロッパの学藝の水準を飛躍的に高めることに貢献した。

彼はその代表作『自然の区分について』（ギリシア語表題は『ペリ・ピュセオン』）において、自然ないし世界についての四つの区別を導入して、プロティノスらとは別の角度から、世界の形而上学的輪郭を描こうとした。その四つの区別とは、「アリストテレスの言う第一原因としての神」、「万物の原型としてのイデア」、「時空的存在としての生成する自然」、「万物の究極目的としての神」という、世界全体の通時的な構造にかんする四重の視点であるが、第一原因、イデア、自然、究極目的という四種類の超越者の組み合わせは、その後の哲学史のなかでたびたび活用されることになる形而上学の議論の基本的な枠組みであり、その意味で、この理論の形成は歴史的に見て非常に重要な形而上学的概念の構築の作業であったと言える。

彼はまた、三位一体の神の相似形としての人間という発想を形成し、「知性（インテレクトゥス、ヌース＝神そのものを観想する）」、「理性（ラティオ、ロゴス＝第一原因を認識する）」、「内的感覚ないし記憶（第一原因の諸々の帰結を認識する）」、という人間の三重の認識能力の図式を整えた。エリウゲナのこうした思弁的図式の構築は、先に見たプロクロスの三位一体的な知性観とも重なっている。そして彼の「区分」にもとづくこうした思考法は、かなり堅苦しい議論の積み重ねの作業であり、その意味で後のスコラ哲学に特有の、極度に込み入った議論のスタイルを先取りしたもののようにも見える。しかし、まさしくその精緻な分析力の徹底という性格のゆえに、この哲学こそが中世前半のヨーロッパの哲学的活動の第一の精華であり、ラテン的西洋の再生（カロリング朝ルネサンスと呼ばれる）の鮮やかな象徴と見ることもできるのである。

「普遍論争」

さて、このように地中海世界の歴史の前半において、特に古代ローマやビザンツ世界においてきわめて豊かで多様な影響を長期にわたって及ぼしたのは、何よりもプラトン哲学の影響下にあるさまざまな思想であったが、この立場はその後の時代の推移とともに、徐々にアリストテレス哲学を基軸とする哲学にとって代わられるようになった。この、地中海の哲学の世界における主役の交代には、ほぼ次のような事情が関与していたように思われる。

まず、アリストテレスの思想の伝承は、その当初は、自然科学的側面での発展を別にすれば、もっぱら論理学部門あるいは学問論の継承に特化したものであり、その『形而上学』や『魂論』の細かい内容についてはほとんど伝えられなかったと言ってよい。これは、アリストテレスの哲学が当時は基本的に、プラトン哲学への準備段階を用意するものであると見られていて、そのために学問論としてのみアリストテレス哲学に習熟する必要があると考えられたからである。

たとえば、プロティノスの弟子で師の伝記を著したポルピュリオスは、『エイサゴーゲー

（入門書）』という書物を著して、アリストテレスの『カテゴリー論』の紹介と理論的整理を行ったが、「最後のローマ人にして最初のスコラ哲学者」であったボエティウスは、この論理学書のラテン語訳と注釈を著しただけでなく、それ以外にも幅広い論理学研究を発表して、アリストテレスの『オルガノン』の威力を内外に示した。このようなアリストテレス哲学の論理学への強い関心は、結果として中世哲学の一つの大きな思想的主題を生み出した。それがいわゆる「普遍論争」と呼ばれる哲学上の議論である。

「普遍（universals）」とは、個人や個物などの「個的なもの」と対立する概念で、多くの個物をまとめた集合、性質のようなもののことを言う。この概念はすでに、アリストテレスのプラトン批判で登場していたが、ポルピュリオスは『エイサゴーゲー』において、普遍をさらに「類」「種」「種差」などの五種類へと分類し、たとえば「人間」という種は「動物」という類に「理性的」という種差が加わったものであるとした。しかし、彼は個人や個物と対比されるこの普遍というもののステイタスについて、必ずしもアリストテレス以上に明快に特定しようとはしなかった。そこで、普遍とはそもそも何を意味するのか、それはそれ自体が実在する物のようなものなのか、それとも単なる言葉、音声にすぎないのか、という問題が生じることになった。

中世哲学の中心的主題として語られることもある普遍論争とは、ポルピュリオスの『エイサゴーゲー』にたいする注釈という論理学的分析の系譜において、普遍的な性質や属性の性格をはっきりさせるという文脈で生じたのである。

普遍をめぐるこの論争は一一世紀から一二世紀にかけて多くの論理学者の参加をみたが、そのなかでも普遍を「音声の流れ」と解釈した代表的な論者としてはロスケリヌスがおり、反対に、普遍を実在物と見なす論者としてはギヨーム・ド・シャンポーなどの名前が挙げられる。書簡集『アベラールとエロイーズ』で有名になったアベラルドゥスは、後者の弟子であったが、師の立場をきわめて鋭利な弁証術によって論破したことで、ヨーロッパ中にその知力を認められた。

普遍とはあくまでも音であり言葉であって、それ自体としての存在者ではない、という前者の立場（「音声派」）は、後の一四世紀にはウィリアム・オッカムによって「唯名論（ノミナリズム）」という立場として、さらに強力に主張されるようになり、それと対比される形で、普遍を実在の存在者とする後者の立場は、「実在論（レアリズム）」と呼ばれるようになった。この普遍論争の文脈でのレアリズムが言う「レアル」とは、何かが「物（res レス）」と等しいような実在性をもつ、あるいは物に等しいような自立的な存在性を主張できる、ということである。しかしながら、実在論という言葉はこれ以降、この普遍論争というもともとの文脈を離れて、実在論対観念論（カントなどの文脈）や、実在論対実証主義（科学哲学などの文脈）など、哲学史の進展の中で非常に多くの意味合いを付与されることになった。絵画や文藝などにおける「リアリズム」という言葉も、言うまでもなくこうした多様で、時として混乱を招きやすい用法の一つである。

このように普遍論争は、言語の形式に即して論理的なカテゴリー（範疇）を考えようとするアリストテレスに特有の思考法から生まれたものであるが、この論争の焦点は単に「言葉か物か」という抽象的な議論に終始していたわけではない。言うまでもなく、普遍の代表的な例としては、プラトンが考えたイデアが相当するのであるから、普遍が実在するのかどうかは、イデアが実在するかどうかというプラトン―アリストテレスの当初からの問題に直結する。また、キリスト教神学における神の「三位一体」という教義を取り上げれば、「父と子に共通の実体があるとすれば神にも身体があることになる」という、ロスケリヌスの批判などを招くことになる。アベラルドゥスが対決しようとした実在論の側の議論は、単なる言語論的問題に留まらず、音声派にもとづく形而上学にたいして浴びせられた神学的批判にあった。

それゆえ、普遍論争という形で熱を帯びることになったアリストテレス論理学への関心は、決して狭い範囲の論理学的論争に留まるものではなかったが、それでも当初はアリストテレスのより広い哲学体系への関心と直ちに結びつくものではなかった。それが、その後の一一、一二世紀以降、西洋の哲学の関心が実体や属性、因果性の理論など、彼の形而上学の中心的主題へと向かうことになったのである。

イスラムの哲学者たちの業績

こうした変化の要因としては、さまざまな要素が考えられるが、中でも先に挙げたイブン・シーナーやイブン・ルシュドなど、イスラムの哲学者の業績による影響ということが大きく関係している。彼らは先に挙げた医学研究と並んでアリストテレスの自然学や形而上学の注釈や、魂論の掘り下げの作業などを進めたが、それらの思想的レベルの高さがやがてラテン・ヨーロッパ世界においても強く印象づけられるようになった。

哲学者としてのイブン・シーナーの主著は『治癒の書』と題されたが、これは医学者と哲学者を兼ねた彼の思想を象徴したものであり、その内容はアリストテレスの思想を百科事典的に紹介、解説したものであった。彼はこのなかで特に、アリストテレスの『魂論』において萌芽的にのみ語られていた、人間の魂の働きにおける「能動的知性」と「可能的知性」の区別を明確化するとともに、外界において複数の事物に共通に属する普遍的性質が、なぜ知性においては一つの個別的普遍として把握されるのかという問題を提起して、人間の知性をめぐる認識論、存在論の議論の幅を大きく前進させた。彼の理論によれば、能動的知性は感覚において受容される感覚可能な性質から、知性的把握が可能な形相を抽象する能力であるのに対して、可能的知性はその結果を受容する能力であり、「受動的知性」と呼んでもよいものである。そして、魂が把握する外界の事物の共通の性質は、知性的把握が可能な形相という意味で「可知的形象」と呼ばれるが、この性質は知性という基体との関係では個物であると同時に、外界の事物との関係では普遍である。つまり、普遍論争でも問題になった事物の性質すなわち形象は、それが認識という場面において有する関係に応じて、個物でも普遍でもありうるのである。

また、イベリア半島で活躍したイブン・ルシュドは、アリストテレスの主要著作のほぼすべてにかんする大部な注釈を著して、その体系的な理解の重要性をキリスト教世界にも教えると同時に、イブン・シーナーが問題提起した事物の普遍的性質と知性との関係について、さらに大胆な結論を導き出した。彼の考えによれば、事物のもつ普遍的な可知的形象については、誰もが知性を用いて共通、同一の認識をもちうるのだとすれば、その同一の認識をもつ知性そのものが同一の存在者でなければならない（知性単一説）。したがって、人間は身体としては各人それぞれが個別存在であるとしても、知性的魂にかんしては単一の実体となるのである。彼のこの知性論は、哲学的議論がアリストテレス以上に高度な発展の余地をもつことをイスラム世界の内外に示したが、同時に、死後の人間の身体の復活を否定したために、キリスト教世界からは強い反発をも招いた。

いずれにしても、ヨーロッパ世界におけるアリストテレス哲学の導入と理解は、波状的な形で何回も起こり、結果的に中世のゴチック教会建築にも譬えられるような、「アリストテレス・スコラ哲学」と呼ばれるきわめて体系的性格の強い哲学の思潮が、中世ラテン・ヨーロッパの盛期における正統的哲学の座を占めるようになった。

この哲学のもっとも充実した時代は一三、一四世紀であるが、特にパリ大学とオックスフォード大学を中心に学問的にきわめて高度な発展を見た。スコラ哲学の大きな主題は、神学に矛盾しないような哲学の構築である。神学は『聖書』という「啓示された真理」の内容や意味を解明しようとするより高次の学問である。これにたいして哲学は、「自然的理性」の推論にもとづく神と自然世界、人間の本性の哲学的分析、ならびにそこから導かれる実践上の原則や指針の探究である。スコラ哲学者たちは『命題集』やその『注解』、あるいは『神学大全』など、共通のスタイルの著書を著して、確固たる学問の範型を担っていった。そうした学風を担った哲学者の伝統には、一二世紀のペトルス・ロンバルドゥスから一三世紀のヘイルズのアレクサンデル、一四世紀のオッカム、果ては一六世紀の宗教改革者ルターまで、実に多くの人々が名を連ねているが、中でも一三世紀の同時期にパリ大学の神学部に属した、ボナヴェントゥーラとトマス・アクィナス、ならびにトマスの師としてケルンで活躍したアルベルトゥス・マグヌスなどが、スコラ哲学最盛期の代表的思想家としてもっとも有名である。

トマス・アクィナスの思想

これらの思想家たちの中でもとりわけトマス・アクィナスの師アルベルトゥスは、ラテン世界の側でアリストテレスの『全集』の体系的な注釈を完成させた最初の神学者・哲学者として、きわめて重要な役割を果たしている。しかし、ここではこの時代のスコラ哲学の代表として、現代に至るまでもっとも論じられ、参照されることの多い、トマスの思想についてのみ簡単に触れておこう。

トマス・アクィナス（一二二五頃〜一二七四）はナポリ王国に生まれ、ナポリ、パリ、ケルンなどで学び、パリとローマで活躍した神学者・哲学者である。彼は『神学大全』や『対異教徒大全』など、非常に大掛かりな体系的著作を著したが、これらの作品はしばしばゴチック建築の壮麗さになぞらえられている。その体系構築の基本的な姿勢は、アリストテレス的な自然主義にもとづく科学的世界像と、キリスト教的な超自然的真理の世界とを、有機的に調和させるような哲学の構築である。

トマスの理論は、「恩寵《おんちょう》が自然を完成させる」という根本原理に導かれており、自然理性による世界の科学的認識と、啓示と恩寵にもとづくキリスト教的信仰の世界が、「存在」という概念を軸に結びつきうることを弁証しようとしたものであった。彼はこのテーマを、アリストテレスの形而上学における質料と形相からなる実体という枠組みを用いながら、そこに神の被造物として、神から「存在」を分かち与えられたものとしての実体、という発想を組み込むことで、事物における存在と形相（ないし本質）との複雑な関係を明らかにしようとした。

彼はまた、このような事物の形相や本質を人間が認識するメカニズムを説明するために、基本的に「前もって感覚に与えられないものは知性にも与えられない」という、アリストテレスの経験主義的認識論の原則を保持したが、同時に現実態と可能態というアリストテレス形而上学のもう一つの柱を巧妙に組み込むことで、人間の認識能力の新たな説明方法を展開しようとした。彼の時代には、先に見たイスラム哲学者たちの大胆な説を受け継いだ、パリ大学学藝学部の「ラテン・アヴェロエス主義者たち」による「知性単一説」が、哲学における前衛とも見なされていた。しかし、彼はイスラム哲学者たちによるアリストテレス説の洗練を超えて、それとも異なる独自の理論を展開したのである。

まず、事物の本質と存在との関係について、トマスは次のように主張した。

さまざまな事物はそれに固有の性質を偶然的にもつと同時に、それが「何であるか」を特定させる本質的な性質をもつ。たとえば、個々の人間はその人に固有な特殊な偶然的な性質――身長、体重、年齢、性格、その他――をもつだけでなく、「人間性」という本質をもっている。前者の特殊性はその存在者の「偶有性」であり、後者の人間性こそその人の「本質」である。個々の人間はとりあえず偶有性と本質をもつことで、存在者の輪郭を確保しているが、それだけでは本当の意味での「実体」とは言えない。なぜなら、本質を特定できても実際に存在する事物とは言えない多くのものが考えられるからである。たとえば、「最大の数」のような理念的存在では、その本質的特徴は確定できても、その現実的な存在を想定することはできない。したがって、事物や生物が真の意味で実在し、世界を構成するものであると認められるためには、本質以外に「存在」を分有する必要がある。

この存在を分け与えるものこそ、あらゆる存在者の存在の源である神である。神はモーゼにたいして、「我は在りて在るものである」と告げたとされる。一切の事物はこの神の存在に類比的な意味で現実存在しているのであり、まさしくその現実存在において神の存在を「分有」している。個々の実体が神から与えられるこの存在こそが、その事物の本質を他ならぬ「実体の本質」たらしめているのである。アリストテレスの形而上学では形相は質料をまって初めて事物の本質となることができるとされた。しかしトマスでは、本質はその前に、神から与えられる存在をまって初めて事物の本質たりえているのである。

また、事物の本質の認識の可能性を確保するために、トマスは次のような認識論を展開した。

アリストテレスが明らかにしようとしたことは、材料としての木材が机という現実態を生み出す質料であり、それは可能態としての存在であるということであった。トマスによればしかし、重要なことは、いかなる可能態もそれが現実態へと移行するためには、すでに現実態にある何らかの存在者の介入がなければならないということである。われわれ人間による外的な世界についての認識活動は、この現実態にある存在者の介入の典型的な事例である。人間が世界にかんする認識において直接に接するのは、感覚的な経験という場面において偶有的性質の下で現れる「可感的事物」である。しかし、その事物にはその本質、形相が、

「可知的形象」として潜在的、可能的に含まれている。人間は感覚という経験を通じて事物のもつ性質、「形象」を受容し、さらに魂の能動的な働きをもって、その可知的な形象から「魂の言葉」つまり「概念」を産出し、認識の対象とすることができる。

人間の認識における魂の働きはこのように、可能態にたいする現実態の働きを証左するものであるが、こうした事態が可能になるのは、そもそも魂が帰属するあらゆる生命体というものが、身体という質料と合体したものである一方で、人間の魂の知性的働きそのものは、神の知性と非常に近しい関係にあるという特別の性質をもつからである。実体における質料と形相の合体とは、別の角度から言えば生命における可能態から現実態への成長である。トマスの考えでは、すでにアリストテレスが明らかにしたように、植物から動物、人間など、すべての生命がもともと身体と魂の合成体としての実体という特徴をもっている。それゆえ、生命は外界の事物の認識という事態に介入する能力をもちうる。しかし、人間はこの実体のなかでももっとも完成された被造物であるために、自己知という特殊な次元を分け与えられている。神は世界の第一原因として自分自身を知性的に認識することができる。人間の知性はその性質を分有することで、個々別々の独立した魂でありつつ、事物の可知的形象を認識する。トマスはこの議論によって、アヴェロエスらの知性単一説を退けるのである。

さて、トマスの哲学はこのように、アリストテレスの自然主義を最大限に重視しつつ、その先にキリスト教の超自然的な次元をも確保しようとした重層的な理論であったが、その体系の射程は、形而上学や認識論のみならず、道徳論から法論、経済理論に至る実践哲学の分野を含むきわめて幅広いものであった。当時の西洋ラテン世界は、アリストテレスの活躍したギリシアの都市国家やアレキサンダー帝国の時代以上に、世俗的世界の権力と宗教的権力とが迷路のように幾重にも絡み合った、政治的にきわめて高い緊張を強いる世界であったが、トマスの哲学はそうした世界においても、理論哲学のみならず実践哲学において、非常に有力な指針を与えるものと認められた。彼は著作のみならずローマ教皇庁宮廷とパリ大学神学部の両方で教育上きわめて大きな貢献をしたが、そうした功績もあって、彼はラテン・キリスト教圏における最高の権威をもつ哲学者・神学者として名声を確立した。その偉大な思想の力は、当時のさまざまな神学、法律、政治の文書においても確認できるが、何よりも中世後期の最大の文学ともいうべきダンテの『神曲』の思想的背景を提供したという事実によって、如実に窺うことができる。

ダンテは『神曲』において、ウェルギリウスに導かれた詩人本人が、地獄、煉獄、天国からなる多層的世界を遍歴する様を詳細に描き出した。その宇宙像・人間像は、スコラ哲学による聖書解釈を基本的に下敷きにしつつ、アルベルトゥス・マグヌスの自然学から、アラビアの天文学、ラテン・アヴェロエス主義の知性論に至るまで、実に多くの哲学・科学的思想を活用した、きわめて総合性の高い交響曲的藝術であった。それは夭折《ようせつ》した恋人ベアトリーチェへの文学的鎮魂という形をとった、ダンテなりの精神の「新生」への祈りの表現であったが、同時に、中世の学藝の非常に高度な総合性を象徴したものでもあった。そして、ダンテに学問のこの包括的、総合的性格を伝えたものこそ、まさしくゴチック建築と等しい壮麗さを備えたトマスの体系的哲学であった。イタリアのコムーネ期という、ボローニア、フィレンツェなどの多くの自治都市（コムーネ）が覇を競い栄えた、ルネサンスの予備時代ともいうべき時代に生きたダンテにとっては、このゴチック藝術とトマスの哲学体系こそが、新しい時代の清新さの息吹をわれわれの目に見える形で表したものと見なされたのである。

とはいえ、ダンテが用意したこのフィレンツェのルネサンスが本当の開花のときを迎えたとき、その哲学の「再生」を先導したのは、皮肉なことに、ダンテの依拠したアリストテレス・トマスの哲学ではなく、むしろマルシリオ・フィツィーノを中心とするフィレンツェ・プラトン主義者たちの新たなプラトン復興の運動であった。

フィツィーノらはラテン世界では初めて、プロティノスらの新プラトン主義の文献ではなく、プラトン本人の著作の本格的な全集をアラビア経由で移入し、そのラテン語訳を完成させた。彼らの運動は直接には理論哲学というよりも美術や文学の世界で華々しい効果を見たが、プラトン復活への気運そのものは、プラトンからアリストテレスへの重心の移動という、私たちがここまで見てきた中世の哲学思想の大きな歴史的趨勢を、もう一度大胆に反転させせる画期的な出来事であった。その意味で、一五、一六世紀のイタリア・ルネサンスの開花こそが、アレキサンダー帝国から二〇〇〇年に及ぶ地中海世界の思想の歴史の流れに、最終的なピリオドを打つものであった。というのも、彼らの提唱したプロティノスらとは別種のプラトン復活の精神が、やがてコペルニクスの太陽中心説（地動説）を促しただけでなく、その後に続くガリレイやケプラー、デカルトの「科学革命」の到来の、前触れの役割を果たすことになったからである。

すでに見たように、プラトンはイデア界への通路としてエロースによる魂の飛翔を説いたが、その思想はフィツィーノやピコ・デ・ラ・ミランドラの哲学やボッティチェッリの絵画を生み出した。プラトンはまた、善のイデアがすべての実在と価値の中心であることを主張したが、コペルニクスに太陽中心説を抱かせた思想的源泉は、プラトンにおいて太陽がイデア界の中心とされた、その太陽の比喩である。そして、数学こそが真なる実在への訓練をもたらすというプラトンの思想は、ガリレイやデカルトの数学的自然観に対する哲学的な基礎の一部を準備した。よく知られているようにガリレイは、「自然は数学という言語によって書かれている」と述べた。ヨーロッパの思想はこの発想に導かれるようにして、アリストテレスからの完全な離脱へと向かったのである。

第二章　意識の哲学——近代

1　科学革命の時代——デカルトの登場

閉じられた世界から開かれた宇宙へ

「科学革命（scientific revolution）」という言葉は、科学の歴史において革命的な大変化が起きたことを意味している。今日の人文学の世界でこの言葉が非常にポピュラーになったのは、科学史家のトマス・クーンが一九六二年に発表した『科学革命の構造』によってであり、この言葉は「パラダイム」という概念とともに、哲学や科学史の分野を超えるいろいろな領域で今日に至るまで盛んに活用されている。

クーンによれば、科学の歴史とは無数の「通常科学」の連続的な交代の歴史である。それぞれの通常科学には、それに固有な基本的世界観や、探究の主題、実験の手法などの一連の要素からなるところの、「パラダイム」というものが帰属している。クーンのいう科学革命とはこのパラダイムの転換と、それに伴う新旧の通常科学の交代のことである。われわれがパラダイムの数や種類を非常に細かく分類し、それぞれを区別するならば、科学の歴史は無数の科学の交代の歴史、つまり無数の科学革命の連鎖ということになる。

クーンのこの考えは科学史の見方に新鮮な多元性を導入したという点ではきわめて重要な洞察である。とはいえ、この理論には弱点もある。もしも科学の歴史が無数の革命の連鎖であるというならば、歴史上の決定的な大断絶という事態はかえって捉えられないことになってしまうであろう。ここでは、クーンのように大小さまざまな革命の無限の連鎖を認めるような見方をとりあえず脇に置くことにして、非常に大きな、はっきりとした断絶としての大文字の科学革命、つまり「ザ・科学革命」というものを考えて、それに連動して起きた西洋の近代哲学の誕生ということを見ることにする。

さて、この「ザ・科学革命」とは、ガリレイやケプラー、デカルトらの代表的な科学者によって開始されニュートンによって完成されたとされる、いわゆる「近代科学」の誕生のことである。それは簡単に言えば、天動説から地動説への天文学的変換のことであると言ってもよい。一八世紀末のカントは『純粋理性批判』の序文で、科学革命に連動した哲学の革命の必要を説くために、形而上学における「コペルニクス的転回」の必要という意味のことを言ったが、ここには天文学の変換を世界観の変換の象徴ととらえる見方がよく示されている。

ただし、カントの言うこの転回の意味は、後でもう一度考えることにして、ここではこの科学革命の意味を、単なる地動説と天動説の区別に限ることなく、もう少し大きな視野で世界全体への世界観の転換と考えることにしたい。そのために「ザ・科学革命」の意味を、ちょうどクーンの理論的な先輩格ともいうべきフランスの哲学者・科学史家アレクサンドル・コイレが用いた表現を使って、西洋一七世紀における「閉じられた世界から開かれた宇宙へ」の転換と理解することにしよう。また、すでに触れたガリレイの考えも重視して、自然を数学によって記述しようとする数学的自然観をも考慮に入れることにしよう。つまり、ザ・科学革命によってもたらされた近代の自然像とは、純粋に数学的な記述によって掬いとられる開かれた宇宙としての自然、ということになる。太陽を中心とする地動説は、この自然像のなかの一つの側面なのである。

世界の片隅に生きる者

すでに見てきたように、古代世界の天文学の完成者と言われるのはプトレマイオスである。彼の天文学では世界は月下界と天上界からなっていて、月下界はアリストテレスの言う四元素からなっており、天上界は第五元素によって作られた恒星のひしめく世界である。この宇宙全体は閉じていて、有限の大きさをもち、中心に地球があり、その上に住むすべての生物には魂が宿っている。そして、そのなかでももっとも高度な魂をもつのが人間である。このような世界の見方は、古代ギリシアやインド、中国で、それぞれの細部の理解においてかなり異なっているが、世界全体が閉じていて、人間はそのなかで特権的な位置を占めていると考えることでは、プトレマイオスに限らずだいたい共通している。人間精神はあらゆる魂をもつものの最上位に位置するだけでなく、世界の中心に存在している。

古代・中世に共通するこの「閉じた世界」において、人間はなぜ宇宙全体にかんして、たとえ大雑把なものであっても客観的な知識をもつことができると考えられたのだろうか。この問題にたいしては容易に答えることができるように思われる。人間は世界のすべての魂の上位にあり、しかも中心において生きているのであるから、その周囲の全体についてもっとも見通しのよい理解をもつことができる。特権的な精神としての人間が、特権的な位置から世界を見渡せることには、格別の不思議はないのである。

それではこれとはまったく逆に、地球が太陽系の一惑星であったとすれば、どうであろうか。そして、太陽系そのものが宇宙の片隅のほんの小さな部分にすぎず、しかも宇宙が無限であったとしたらどうであろうか。科学が世界を「開かれた宇宙」、無限宇宙であると宣言したとき、人間はいかなる存在になるのだろうか。

われわれの住むこの宇宙は空間的に果てしがなく、宇宙の中心という発想には意味がない――この無限宇宙の考えは、ルネサンスの時代の思想家ジョルダーノ・ブルーノやニコラウス・クザーヌスらの思想をきっかけにして徐々に西洋世界に浸透し、ガリレイ、ケプラーの時代になって、より現実味のある世界像となった。新しい科学が教えるように、宇宙が空間的に無限に広がるものであるとすれば、人間は自分の存在をどこに位置づけ、世界のなかで生きる自分の生の意味をどのように理解したらよいのだろうか。

その場合には、言うまでもなく、人間は途方もなく大きな、無限に広がる世界のなかにあって、その片隅の、そのまた片隅に紛れ込んだ、単なる塵のようなものになるはずである。それは存在していてもいなくても何ら問題ないような、卑小で無価値なものになるだろう。しかし、人間がきわめて卑小な、かけらのようなものであるとしたら、その塵のようなほとんど無に等しい存在が、どうやって世界全体の構造について理解したり、その変化の法則や運動の原理を考案したりすることができるのだろうか。はっきり言ってそれは、完全に無理で無謀な企てではないのだろうか。

近代哲学はしばしば、それ以前の古代・中世の哲学と比較して、「認識論的転回(epistemological turn)」というものを行った、と言われることがある。それ以前の哲学の伝統においては、形而上学あるいは「第一哲学」が中心を占めていて、哲学とは、世界を構成する基本的な実在の本性にかんする一般的探究とほぼ同義であった。近代哲学はこれと対照的に、まず人間が世界を客観的に認識できる根拠を示さなければ何も始まらないと考えた。これが、哲学の中心に知識や認識の可能性を据えるという認識論的転回であるが、その転回の動機の核心には、古代・中世の世界では考えられなかったような、こうした知識の可能性への根本的な不安や懸念、あるいは不信感がある。

さらに、人間を身体として見る限り、世界の隅の隅に生きる卑小なものとしか考えられないとしたら、世界を数学的に把握し分析する認識能力は、そうした片隅に生きる身体とはまったく別のところに位置づける必要が生じるように思われる。人間の精神はいわば、世界の「外に」、あるいは世界を「超えた」ところにある、身体とはまったく別個の能力、独立の存在として働いているのではないか。そうとすれば、場合によっては、人間が世界についての客観的で、確実な知識を得る可能性が（少なくとも可能性としては）開けてくるのではないか。

近代哲学の父

哲学の中心に認識論を据えると同時に、人間の精神、特にその数学的知性の働きを身体から絶対的に切り離してしまうこと――。このことを誰よりももっとも大胆に遂行したのは、一七世紀フランスの哲学者デカルトである。デカルトは精神を物質的世界全体から切り離して、それが対象として直接に知覚するのは、物質とは根本的に別の存在である、心の内なる「観念」だと主張した。デカルトの後の近代哲学者は誰もが皆、カントの時代に至るまで、「精神は直接には観念を知覚の対象とし、それによって外的世界を間接的に表象する」という、このデカルト流のモデルを全面的に踏襲した。デカルトは精神－観念－外界という認識モデルの創始者であるという、まさにこの理由からして、「近代哲学の父」と呼ばれるにふさわしい哲学者なのである。

さて、デカルトは自分の哲学が、トマス・アクィナスに代表されるような西洋中世のスコラ哲学と、その背景にあったアリストテレスの存在論や科学観にたいする、きわめてラディカルな断絶の企てであることを非常に強く意識していた。その断絶を宣言したのは『方法序説』（一六三七）であり、それに代わる哲学の理論的な詳細を展開した作品が『省察』（一六四一）である。『方法序説』には、デカルトが科学者として考案した幾何学、気象学、屈折光学が三つの試論として含まれている。これらは彼がアリストテレス・スコラ哲学の伝統に属する目的論的自然観と科学方法論とに決別して、新しい科学理論を実際に創出した科学者であることを立証する部分である。そして、それに付された「序説」は、新しい科学の探究に用いられるべき方法の規則と、それらの規則が編み出されなければならなかった動機や、その将来の目標が示される。

そして『省察』は、『方法序説』では簡単にしか説明されなかった、数学的自然像が依拠するべき認識論と存在論の内容を十分に掘り下げ、厳密に証明するとともに、それに対する当時の代表的哲学者数人からの反論とデカルト自身の答弁を付け加えて、体系的哲学としての万全を期したものである。彼が自分の哲学の革命性を十分に意識しつつ、読者にもそのように理解してもらうことを求めて、周到な用意を施したことがここからも窺われる。

ここでは、『省察』をもとにデカルトの哲学の骨格的議論を多少とも詳しく見てみることにするが、その前に、『方法序説』のなかで彼が自分の哲学的探究の動機をどのように述べているかを少しだけ見ておこう。

私は、私の行動において明らかに見、確信をもってこの世の生を歩むために、真なるものを偽なるものから分かつすべを学びたいという、極度の熱意をつねにもちつづけた。

さて私が他の人々の行動を観察するのみであった間は、私に確信を与えてくれるものをほとんど見いださず、かつて哲学者たちの意見の間に認めたのとほとんど同じ程度の多様性をそこに認めたことは事実である。……私は、われわれの自然の光を曇らせ、理性に耳を傾ける能力を減ずるおそれのある、多くの誤りから、少しずつ解放されていったのである。しかしながら、このように世間という書物を研究し、いくらかの経験を獲得しようとつとめて数年を費やしたのち、ある日私は、自分自身をも研究しよう、そして私のとるべき途を選ぶために私の精神の全力を用いよう、と決心した。

『方法序説』、第一部(4)

新しい哲学

ルネ・デカルト（一五九六〜一六五〇）はフランスのトゥレーヌ地方の法律家の家に生まれ、イエズス会というカトリック内部の近代派が運営する学校で教育を受け、ポワティエ大学で法律を学んだ。その後、ヨーロッパ各地で自然科学の研究に従事し、自分が学校で学んだスコラ哲学の伝統から離脱する途を選んだ。イエズス会はもともとルターらの宗教改革に対抗するために、イグナティウス・ロヨラによって作られた新しい会派であり、当初はガリレイなどの新科学にたいしても積極的に関心を示していた。しかし基本的には旧教としてのカトリックの陣営に属したために、やがて新科学への批判を強める方向に進んだ。デカルトはイエズス会の整備された教育システムの優秀さを認めつつ、それが踏襲するスコラ哲学的自然理解が、「われわれの自然の光を曇らせ、理性に耳を傾ける能力を減ずるおそれのある、多くの誤り」に満ちていると判断したのである。

ガリレイは地動説を説いたためにローマ教皇庁から断罪されたが、デカルトはこのような思想的弾圧を避けるために、カトリックの支配するフランスを離れ、新旧の宗教対立に中立的で、商業国家として栄えていたオランダに移住して、生涯の大半をオランダで過ごした。さらに最後には、スウェーデンのクリスティナ女王からの招聘《しょうへい》に応じ、ストックホルムでの生活を始めたが、北国の寒さのなかで病に倒れ、生涯を終えた。

彼の哲学の著作には『方法序説』、『省察』のほかに、『哲学原理』や『情念論』などもあるが、これらはほとんどすべてオランダ滞在中に書かれたものである。彼の哲学はオランダのいくつかの大学で「新しい哲学」として喧伝《けんでん》される一方、伝統を破壊するものとして激しい攻撃を受けることもあった。生来強健とは言えなかったデカルトが、あえてスウェーデンに赴く決心をしたのは、宗教的に中立とされたオランダでも、思想上の理由によって身の安全が脅かされることを痛感したためと思われる。

さて、デカルトが一七世紀の前半に提唱した哲学が、オランダに限らずヨーロッパの当時のさまざまな大学で「新しい哲学」と呼ばれたのは、その自然哲学と、それに付随する形而上学的な議論ゆえのことである。デカルトはそれまでのスコラ哲学の世界観において踏襲されていた、アリストテレス由来の目的論的自然学を、学問的に見てきわめて曖昧で疑わしいと考えた。彼がこの自然学と決別するために打ち出した理論的主張の核心は、世界が物質的な実体と精神的な実体というまったく異なる二種類の存在によって構成されているという、二元論である。彼はこの議論を提出するために、きわめて独創的な懐疑論と、歴史的にも非常に珍しい神の存在論証、そして何よりも「コギト」という非常に有名な原理の確立という議論を展開した。ここではこれらの議論にも触れるが、その前にまず、彼の哲学の結論ともいうべき存在論上の二元論のほうから確認しておこう。

デカルトの存在論

ところで、「存在論」とは、これまでにもいろいろな形で触れているように、「世界には何が存在するのか」ということを論じる議論、あるいは「世界には何種類のものが存在しているのか」という議論である。また「形而上学」とは、この存在論を中核としつつ、世界の内なる存在者以外の、神やイデア界など、世界を超えた領域についても論じ、世界全体の起源や法則的性格を問題にするような、より根本的で包括的な議論のことである。存在論は世界を構成する存在者の種類を論じるが、この存在者の種類ということが、哲学史のなかでさまざまに変化している。

たとえば、古代ギリシアの哲学では、個物のほかにイデアが存在しているのかということが問われたし、中世のいわゆる普遍論争では、普遍と個物のどちらが実在と言えるのか、という問題が重要であった。しかし、デカルトが存在論を二元論という形で体系化して以来、この存在者の種類ということは、世界が一種類のものからできているのか、それとも二種類か、あるいは多数の異なった種類の存在者からなるのかということを、精神と物質の区別と絡めて議論する分野と理解されるようになった。いうまでもなく、世界には一種類の存在者しかないというのが一元論であり、その一種類を物質と見るか精神と見るかで、一元論はさらに唯物論（たとえばホッブズ）と観念論（たとえばバークリー）とに分かれる。世界が物質と精神からなるというのが二元論であり、反対に質的に異なる多種多様な実体からなるというのが多元論である（たとえばライプニッツ）。

さて、近代の数学的科学観を基礎付けるべく構成されたデカルトの存在論では、世界は物質と精神というまったく別個の二種類の存在者からなり、精神と物質の間には互いに共通な性質が何もない。精神と物質は「本質」において異なる別種の「実体」であり、それらは共通の性質をもたず、本質をまったく異にしているのであるから、互いに因果的に関係しあうことは決してありえない。

二種類の存在者、二つの実体のうち、その一方を構成する精神の本質は、何かを思考することである。精神とは「思考するもの（レス・コギタンス）」である。思考とは、知的な主題について推論的に考えたり計算したりすることだけでなく、感じること、感覚的に知覚すること、意志すること、想起したり予想したりすることなどの一切の精神活動を含む。これらがすべて「思考」と呼ばれるのは、この働きにはつねに「意識」が伴っているからである。思考の働きとは端的に言って意識が働いているということである。感情を抱いたり、感覚したりすることを「考える・思考する」という言葉に含めるのは、日本語としてかなり不自然なことであるが、この事情は当時のデカルトの場合においてもそれほど変わらなかった。彼はその哲学理論のゆえに、「思考する（コギターレ、パンセー）」という用語を刷新した。この理論においては、後のフロイトのような「無意識の思考」の発想は、まったくの矛盾概念であるということになる（この発想は実際には、デカルトの後のスピノザからは有意味な発想であると見なされるようになり、その後の思想史的脈絡を経て、フロイトまで継承されることになったのだが）。

他方、もう一つの実体である物質の本質は、空間的に広がっていること、場所を占めていること、延長していることである。物質とは「延長するもの（レス・エクステンサ）」である。物質のさまざまな特性は、すべてその延長の在り方に還元できる。延長という在り方のもっとも基本的な様相は形と大きさと運動である。形と大きさを扱う学問は数学である。また、運動は形と大きさの変化として記述される。それゆえ、物質の本質は数学という科学によって記述されるものだ、ということになる。

観念とは

精神は思考するものであるが、その思考の直接的な対象、つまり意識作用の向かう直接の対象は、延長的物質そのものではなくて、精神の内なる「観念（idée, idea）」である。精神と、物質や身体とは、実体としての本質を異にしているために、直接には因果関係をもつことがない。それらは互いに別種の実体なので、働きあうことができない。精神が直接に作用を及ぼすのは、精神の内なる観念であり、その作用は「知覚」という仕方で生じる。精神はそれ自身の内なる観念を見る、つまり知覚する。そして、観念は外界の事物を代理的に「表象」する。精神が外的対象を見たり聞いたりするのは、観念という媒介者を知覚することによってであり、外的対象は観念によって表象されるという仕方で、間接的に精神作用の対象となるのである。

ただし、注意すべきことは、観念が表象するものすべてが、外的事物の本質的特徴を捉えた実在の姿であるとは限らないということである。われわれが観念を通して表象する外的な世界には、さまざまな事物が大きさや形とともに、いろいろな色彩や匂い、感触、音色などの性質を備えて現れている。これらの性質は延長的実体が本来もっている数学的特徴ではなく、われわれが主観的な感覚として知覚するものである。つまり、外的な世界のなかに存在する物体がもっているように知覚される性質には二種類ある。

一つは、延長体としての物体のもつ空間的性質（形と大きさ、運動など）であり、それは物がもっている第一性質である。もう一つは物質についてのわれわれが抱く感覚的性質（色、匂い、感触など）であり、それらは感覚する精神の特性に依存して生じている、主観的性質、第二性質である。

第一性質は物がそれ自体としてもつ性質であるが、第二性質は物のなかにはない、単なる現象としての性質である。言い換えれば、物体には本当は色や匂いや感触などは備わっていない。第一性質は物の本当の性質であるが、第二性質は精神の内なる観念のみの存在である。この二種類の性質の区別の考えは、デカルトだけでなく、同時代のガリレイやホッブズにもあり、ボイルやロックなど、イギリスの科学者、哲学者たちにもほぼ同じ形で継承されている。自然が数学という言語で書かれているとすれば、その本当の性質が第一性質のみであることは当然である。色や匂いの「質感」を数学的に記述することはできないのであるから、それらは実在世界のもつ客観的性質ではない。

精神と物質

さらに、精神と物質が完全に区別された実体であるとすると、人間の身体は他の生命の身体と同様に、物質の側に属する存在である。そして、物質が数学的分析の対象として量的な延長体であり、同時にその第一性質の変化のプロセスが、物質の運動を説明する力学的自然法則によってまとめられるものであるとすると、動物の身体は純粋に力学的因果法則に支配されたメカニズム、つまり機械であるということになる。

たしかに、物質の幾何学的性質を認識するのは精神あるいは知性であり、人間には知性が存在するので、人間そのものが機械であるとは言えない。しかしながら、動物には知性は存在しない。したがって、動物は複雑なメカニズムをもった物体そのもの、機械である。動物の量的な特徴（形や大きさ）はすべて数学的に記述することができる。またその運動や変化の理由は、力学によって説明できる。動物の行動は、機械仕掛けの装置、たとえば鳩時計の運動とまったく同種類のものであるということになる。

これにたいして、人間は精神と身体の複合体である。人間のみが知性、精神をもつために、動物とは区別されるが、その身体だけについていえば、動物とまったく区別できない。外にいる人物のように見えるものが、本当の人間であるか自動機械であるかは、直接に交渉してみなければ分からない。直接の交渉によって会話が成立し、相手にも知性が備わっていることが判明すれば、それは人間であるし、そうでなければ外に見える人間そっくりの存在者は自動人形、ロボットである。自然世界は大掛かりな機械仕掛けであり、生物の身体はその小さな一部であるが、同じく機械である。人間だけが、単なる自然的な機械ではなく、知性の側に立って自然を分析し、そこから科学理論を生み出し、さらには理論を応用して技術を発展させることで、「自然の支配者にして所有者」となることができるのである。

さて、物質的自然はこのようにして、数学的自然学による全面的な機械論的透明化という変換を被《こうむ》ることになるが、この作業はいかにも「近代哲学の父」デカルトにふさわしい革命的変換であると考えられる。それはガリレイやケプラーというきわめて独創的な先駆的革新者たちの努力の上に打ち立てられた哲学体系であるとしても、「動物機械論」を含むその徹底性において、他の思想家の革新性を大きく凌駕《りょうが》している。彼の哲学はたしかに、伝統とは相いれない、場合によっては危険思想とも見なしうる「新しい哲学」だったのである。

しかしながら、彼の理論の革新性はこのような存在論上の二元論という結論においてのみ見られるものではない。というよりもむしろ、デカルトの独創性の核心は、こうした二元論という結論を導き出す、哲学的な論証の新しさのほうにこそ認められる。なぜなら、すでに触れたように近代哲学における理論的変革の本質は、認識論的転回ということにあるのであるから、デカルトの革新性はその結論としての二元論にあるよりも、むしろそれを導き出した認識論ないし知識論のほうにこそあるからである。

彼はこの認識論の側面で、ルネサンスの時代に再発見された古代ヘレニズム時代の懐疑主義の伝統を活用するが、そこにきわめて工夫に富んだひねりを加えることで、知識の確実性の保証と二元論の確立の同時的な達成という、非常にアクロバティックな論証の道を提示した。前章の第三節「地中海の哲学」のところで見たように、懐疑主義という学派はピュロンを創始者とする学派としてヘレニズム哲学の一角を担っていた思想運動である。この学派の流れをくむローマ時代のセクストゥス・エンペイリコスは、『ピュロン哲学の概要』という書物を著して、あらゆるタイプの懐疑的議論を網羅的に体系化し、哲学の推論としての懐疑論の強力さを訴えていた。

この著作がルネサンス以降にヨーロッパに移入されて、モンテーニュを始めとする多くの思想家に多大な影響を与えていたが、デカルトはこの学派の諸々の議論を全面的に援用するとともに、それを逆手にとって、知識における「アルキメデス的定点」を発見するという奇手に出た。それは、「コギト」という知識の根本的礎石を据えると同時に、そこを起点にして、私という存在者のみから神の存在を論証しつつ、当初の懐疑論を解消して客観的科学の基礎を確保するという、相当に込み入った議論であった。ここでは、これまで見てきた古代・中世の魂の立場との哲学上の断絶がどのように成し遂げられたのかを見るために、少々細かい議論になるが、デカルトの二元論の確立の道筋としてのこの懐疑論の議論をも押さえておくことにしよう。

方法的懐疑

まず、デカルトの哲学のもっとも基礎的な出発点として、スコラ哲学が継承したギリシア以来の学問観とその内実の全面的廃棄という企てがある。彼は新しい科学の礎を据えるために、それまでの一切の科学を無に等しいものだと宣言する。この企てのために彼が用いるのが、「方法的懐疑」とか「過剰な懐疑」と呼ばれる、懐疑論的論証のテクニックである。

デカルトによれば、天文学であれ力学であれ、あらゆる種類の科学的探究から得られる知識は、それが知識であって推測や臆測、単なる主観的信念でないことを主張するためには、何よりも「確実な認識」という固有の性質をもつものでなければならない。推測や伝聞にもとづく信念は不確実であり、単に信じられているだけの事柄である以上、科学という名前には値しない。科学的知識という特別な認識は、その確実性の根拠が十分に与えられることによって、疑いえない認識という認識論的ステイタスをもたなければならない。

ところが、これまで知識と呼ばれてきたものの全体は、その根拠が薄弱な、推測にも等しいものであることが判明する。なぜなら、トマスに代表されるスコラ哲学の根本原則は、「前もって感覚に与えられないものは知性にも与えられない」という、アリストテレス由来の経験主義にあるが、この原則では知識の絶対的な確実性は保証できないことが知られるからである。私たちのさまざまな感覚器官を通じて得られた経験的証拠は、基本的に不確実なものであり、哲学的懐疑に堪えないものである。われわれが聞いたり見たりする事柄は、その感覚経験のときにわれわれが被っている条件次第で、あやふやで曖昧なものになったり、錯覚を生んだりしがちである。感覚的経験に伴う体調や体質による誤知覚や、頼りにならない主観的判断が確実性をもちえないことは、あまりにも明白である。

しかし、主観的な感覚の相対性にもとづくこうした感覚への懐疑以外にも、強力な懐疑理由が考えられるため、経験主義の認識論的原理はさらに批判できる。まず、われわれが夢と現実の区別をどうやって行うことができるのかは、改めてよく考えてみると不明である。私は今現在の時点で眠って夢を見ているのではなく、覚醒して現実世界を意識していると思っている。しかし、このことをどうやって確実に知ることができるのか。夢のなかでわれわれは通常自分が覚醒していると思いこんでいるのではないのか。今現在の覚醒感も、厳密に言えば錯覚ではないのか。あるいは、わたしが狂気に陥っていないという確かな証拠があるのだろうか（デカルトは「自分が全身カボチャであるとか、粘土の頭をもつと考えている人々がいるだろう」と言う）。夢や狂気の可能性は、たしかにわれわれの感覚的確信を覆すのに十分である。

とはいえ、知識一般についての懐疑の理由はこれで終わりにならず、さらに深刻なものがある。なぜなら、外界の感覚的知覚世界とは独立な、数学的、論理的な思考についても、われわれが疑ってかかるべき十分な理由があるからである。

「2＋2＝4」のような数学的真理はアプリオリな真理であり、われわれの個別的な経験とはまったく無関係な、「永遠の真理」である。それは永遠に真理であるゆえに、疑うことのできない、必然的で確実な知識を構成する。この世の中に確実知というものがあるとすれば、それはまさしく数学をモデルにしたものであろうと思われる。これはかつてのプラトンの議論であり、ガリレイもまた認めた考えである。

ところが、万が一にではあるが、次のような可能性があるようにも考えられる。すなわち、何かしら非常に悪意のある超強力な精神、悪霊あるいは欺く神のような超能力をもった者が存在していて、その神がわれわれにたいして、根拠のない無数の数学的信念を「永遠の真理」だと思いこませている、という可能性である。このことは絶対にありえないのだろうか。悪霊はわれわれに、次々と誤った数学的計算をさせながら、その都度それを真理だと思いこませているのかもしれない。あるいは、誤った計算ではなくても、それを唯一の必然的、永遠の真理であると思いこませることで、別の計算や推論の体系の可能性を排除させているのかもしれない。こうした可能性の想定は、日常的にはほとんど無意味であるが、しかし知識の根拠の確実性を問う認識論の場面では、無視することのできない論理的な可能性である。

悪霊による懐疑とは、現代風に言い換えて表現すれば、映画『マトリックス』の世界のような可能性があるということである。それは「狂った博士」がわれわれを非現実の世界に閉じ込めていて、根本的には整合性の保証できない数学や論理の世界を、あたかも確実な知識の模範となる、整合的体系と思いこませている可能性がある、ということである。こうした悪霊の可能性は、一切の信念への信頼性を破壊する。もちろん悪霊の存在自体はまったく確実ではない。しかし、その可能性がほんの少しでもあるのだとすれば、単なる感覚的信念だけでなく数学を含む一切の知識と呼ばれる認識の世界が、幻にすぎないということになってしまう。この、一切の知識の全面的懐疑というのが、デカルトの言う伝統的学問の全面的廃棄ということに重なるのである。

しかしながら、こうした一切の知識の全面的白紙化は、言うまでもなく新しい知識の建設のための大掛かりな地ならしの作業である。すべてが白紙還元されたときに、どうやって知識の基礎を打ち込むことができるのか。そこでデカルトが提出するのが、「私は考える、ゆえに、私はある（コギト・エルゴ・スム）」という議論である。

透明な知性

デカルトは言う。

私は、世にはまったく何ものもない、天もなく、地もなく、精神もなく、物体もないと、みずからを説得したのである。それならば、私もまたない、と説得したのではなかったか。いな、そうではない。むしろ、私がみずからに何かを説得したのであれば、私は確かに存在したのである。……いま、だれか知らぬが、きわめて有能で、きわめて狡猾《こうかつ》な欺き手がいて、策をこらし、いつも私を欺いている。それでも、彼が私を欺くのなら、疑いもなく、やはり私は存在するのである。欺くならば、力の限り欺くがよい。しかし、私がみずからを何ものかであると考えている間は、けっして彼は私を何ものでもないようにすることはできないであろう。

このようにして、私は、すべてのことを存分に、あますところなく考えつくしたあげく、ついに結論せざるをえない。「私はある、私は存在する」というこの命題は、私がこれをいいあらわすたびごとに、あるいは、精神によってとらえるたびごとに、必然的に真である、と。

『省察』省察二(5)

ここで、過剰な懐疑の可能性を体現する悪霊に対抗して、「考える私」が登場する。「悪霊が欺くのなら、疑いもなく、私は存在する」。これは過剰な懐疑によってすべての知識が白紙状態になることで、かえって新しい科学の出発点としての「考える私」が「アルキメデス的定点」として発見されるという議論である。

「私は考える、ゆえに、私はある」。この命題は「私がこれをいいあらわすたびごとに、あるいは、精神によってとらえるたびごとに、必然的に真である」。これは、西洋近代における、私という「思考するもの」の独立宣言のようなものであるが、注意されるべきはその宣言の中身である。私の存在の宣言と言っても、それは身体と精神とを備えた一人の人間としての私の独立宣言ではない。というのも、私は実は身体ではないからである。なぜなら、私は夢のなかにいて、自分の身体的特徴や属性を誤って理解し、その存在を取り違えているかもしれないとされたからである。一方、わたしは考える精神として現実に存在することは間違いない。なぜなら、悪霊でも無化することができないのは、疑っている私、つまり思考し意識している私であるからである。それゆえ私は純粋な意識的精神として存在する。私は身体性のまったくない透明な知性として、確実に存在する。

神の存在証明

私は自分の現実存在を「明晰《めいせき》判明に」認識する。これは、自分の内なる観念を意識し、同時にそれを意識している自分を把握することである。言い換えると、私の意識の働きは必然的に自己意識でもある。そして、自分の存在を把握するこの認識は、いかなる強力な悪霊によっても覆すことができない確実な認識である。この認識が確実であるのは、それが懐疑する私の精神にとって、明晰判明な観念として把握されているからである。つまり、明晰判明な観念は懐疑の脅威から免れているのである。これは、求めていた確実な知識一般のメルクマール、判定基準として、「明晰判明な観念」という確かな基準が発見されたということを意味する。

そこで、私が明晰判明に認識している事柄を改めて反省してみると、私は神が存在することを明晰判明に知っていることに思い至る。というのも、有限な知識をもつ私は、自分自身の知識の有限性を意識している限りにおいて、それに対置される無限の知識という観念をもっている。そして、無限の知識の持ち主とは神である。ところが、私は自分が有限の知識しかもたないにもかかわらず、無限の知識の存在について知っているのであるから、これを知っている私が自分の作者だというのは不合理である。むしろ、私を作った作者であって、それ自身が無限の知識をもつ者が、私の内にはない無限の知識という観念を私に植え付けたのだと考えるほうが、合理的である。したがって、その作者は存在している。言い換えれば、神は存在している。

さらに、神の現実存在は、その本質が存在を必然的に含むという、中世以来の神概念を活用することで、三段論法を用いても証明できる。神は全知、全能、最善の存在者、つまり最完全者である。現実存在する神と現実存在しない神とでは、前者のほうが完全である。したがって、神は現実存在する——。中世の時代にこのアプリオリな証明の妥当性を主張したのは、一一世紀にイギリスのカンタベリーで大司教を務めたアンセルムスであるが、デカルトは人間の知識の確実性を保証するという認識論的企てのために、この証明をもう一度復活させようとした。

懐疑論とコギトの定礎の後に、知識の判定基準として発見された明晰判明な観念が、それにもかかわらず、外界を客観的に表象していない、単なる幻影ないし夢想であるということは、ここまでの議論を踏まえてもなお想定可能なのであろうか。そうとは考えられない。なぜなら、私は確実知を追求する科学的探究の場面で、自分では夢や幻想のなかにはおらず、現実の世界を明晰判明な観念をもって捉えていると思っているが、その当の私が本当は夢を見ているだけで、外界は実際には存在しないのだとしたら、神はまさしく私を全面的に欺いていることになる。ところが、「欺く神」というのは正確に言えば矛盾概念である。というのも、欺くことと神の最善性とは両立しないからである。

したがって、私の外に世界は実際に存在する。神は全知・全能で、私にたいして無限の知識の観念を植え付け、私を創造し、私を存続させている。それのみならず、神は私が明晰判明に把握する世界の客観性を保証している。それゆえ、悪霊などの過剰な懐疑理由による科学的知識の不可能性の恐れは、最終的には払拭されたことになる。

私は純粋な意識であり知性である。その純粋な意識的知性が明晰かつ判明に把握する、外的世界にかんする数学的理解は、世界についての正しい認識である。世界は数学的対象として延長している――。これが以上のような懐疑論とコギトの議論をもとにして構築された認識論的反省の最終的結論である。この反省によって、精神と物質の二元論という存在論がしっかりと打ち立てられるとともに、ガリレイ、ケプラーによって先鞭《せんべん》をつけられ、デカルトの後のニュートンによって完成されるであろう数学的自然学の認識論的な基礎が、哲学的に確かなものとして固められたのである。

2　心身問題

心と身体の関係はどうなるのか

デカルトの二元論は、それまでの伝統的な「魂」を原理とする人間理解にたいして、きわめて強力な別の考えを、十分に考え抜かれた鋭い議論とともに提案したという意味で、単に西洋中世の伝統からの離脱ということに留まらない、ある意味では世界の哲学の歴史における第一級の変革ともいうべき出来事である。それは人間の精神を物質的世界からまったく独立な場所に位置づけることで、物質的世界にたいする「客観的」理解の在り方を明確にし、自然世界と全面的に対峙《たいじ》する分析的で透視的な視線の可能性を確保したという意味で、それ以降の科学的知性の理解に深い影響をもたらした理論である。

しかしながら、この哲学はもちろんすべての理論的難問を解決したというのではなく、その実質的な価値はあくまでも近代的な科学的精神のスタンスを概略的に確保したという点にある。そこには革命的なヴィジョンの形成という出来事に並行して、この哲学が解決することなく残した問題や、この哲学が新しく生み出してしまった問題など、さまざまな問題群が渦巻いている。クーンの科学革命論の言葉を使って言えば、デカルトはたしかにパラダイムの大転換を成し遂げたが、そのために通常科学や哲学では対処不可能な問題群、アノマリーを生み出したのである。

デカルト哲学の誕生という大きな衝撃から派生した新しい哲学の運動において、まず、まっさきに問題になったのは、伝統的な魂の理論にとっては問題にはならず、この哲学によって新たに生み出された問題、すなわち存在論的二元論において精神と身体という二実体の関係はどう理解されるのかという、いわゆる「心身問題」である。

伝統的な魂の立場に立てば、魂はまず生命の原理であり、その高度なものが認識作用を司る精神であるから、生命体としての身体と精神の間には大きな断絶の溝はない。しかし、これらがまったく別個な存在者であるということになれば、話は別である。心と体はどのように関係していると考えたらよいのか。これが心身問題と呼ばれる問題の核心であるが、この問題にたいする挑戦者としては、マルブランシュ、スピノザ、ライプニッツなど、デカルトの直後に活躍した体系的な哲学者たちの名前が挙げられる。

デカルトの二元論では、私の外に世界が存在するが、この延長する世界を認識する私自身は純粋な知性的精神であり身体ではない。哲学の立場、厳密な学問の立場からいえば、私と物質的世界はまったく別々であり、交流しようがない。とはいえ、私は疑いもなく、日常的な生活において外の物から感覚的な刺激を受け取っているし、そればかりでなく、世界についての自分の認識をもとにして、いろいろな意志的行動を行っている。私は腕や足を動かそうと「意志」して、身体を動かす。それゆえ、私は原因である物質世界から影響を受けるとともに、身体という物質世界に精神を原因にした影響を及ぼしている。

心と身体とは別個の存在であるが、同時に、それらは日常の世界では交流しあっているように見える。このように見えるのは、錯覚なのだろうか。デカルトは一方では、厳密に言えばそうなのだが、しかしそれは「有益な」錯覚であるという。しかし、他方ではさらに、それは単なる有益な錯覚であるばかりでなく、「日常生活」という「特殊な場面」では、本当の意味での心身結合ということがあるということを認める。ただし、そうした例外的局面がなぜあるのかという理由や、そのメカニズムは、神のみが理解していて、われわれには知ることのできない「神秘」である、とデカルトは言う。

彼はとりあえず、心身問題を考えるには、脳のなかにある「松果腺《しょうかせん》」という特殊な器官を通じた交流を想定することで満足するべきだと言う。すなわち、身体のなかの神経伝達は、動物精気という非常に微細な物質によって担われていて、精神はこの精気の脳内での流れを松果腺においてモニターするとともに（精神の受動としての感覚的知覚作用）、その流れに介入することで身体の運動を引き起こす（能動としての意志的行為作用）、と言うのである。哲学史で有名なこの「動物精気（spiritus animalis）」という言葉は、もともと前章で見たガレノスらの生理学に由来していて、三種類の気息（プネウマ、スピリトゥス）、spiritus naturalis（自然的精気）、spiritus vitalis（生命的精気）、spiritus animalis のうちの、脳内の気息を指す言葉であるので、正確には「動物精気」ではなく「精神性精気」とでも訳されるべきものである。

機会原因論

さて、いずれにしても、デカルトはこのように、一方では二元論の絶対的確実性を主張しながら、心身結合をも部分的には容認するという、二面作戦を展開したのであるが、心身の分離と合一の両方を同時に認める立場は、哲学的にはやはり明らかに矛盾した立場である。そこで、心身関係という問題は、近代哲学の祖デカルトの最大の弱点であるという認識から、この問題が彼に続く時代の哲学の中心課題となったわけである。

心身問題が孕《はら》む矛盾の解消については、デカルトと同じような合理主義の哲学、つまり人間の理性の絶対的な卓越性を強調する思想家たちによって、さまざまな方法が提唱された。まず、コルドモア、ゲーリンクス、マルブランシュなど、デカルトの死後のオランダやベルギー、フランスを中心に形成された、当時のいわゆる「デカルト学派」の人々が主として採用したのは、「機会原因論（occasionalism）」という立場である。

機会原因とは、何かが生じる際にその真の作用因ではなく「きっかけ」を与えるようなもののことである。物質的現象の原因の系列と精神的現象の原因の系列とは、本当の意味での実在的な因果関係に立つことはできないが、互いの「機会原因」となることは可能である。つまり、物質世界の変化がきっかけとなって精神的事象が生じたり、その逆が起こるということである。この場合、それぞれの現象の真の原因は何かということが問題であるが、機会原因論に立つ哲学者の多くはそれが神の内にあると考えた。なぜなら、すべての現象の変化は普遍的な法則に従って生じるが、そうした普遍性を保証する場所としては神の知性以外には考えられないと思われたからである。

この立場の代表的な理論家であるニコラ・マルブランシュ（一六三八～一七一五）は、当時のカトリック界ではアウグスティヌス思想の傾向を色濃くもったオラトワール会に属する司祭であり、生涯を思索と執筆に捧げた思想家である。彼はフランス哲学史上で最大の体系的哲学者とも言われる人であり、主著の『真理の探究』（一六七四～七八）の完成に多くのエネルギーを費やしたばかりでなく、『道徳論』（一六八四）『形而上学と宗教についての対話』（一六八八）など、キリスト教思想と科学的理性との調和を論証するための多くの作品を著した。

彼の主張の第一の柱は「すべての事物を神において見る」ということであった。これは、一切の真理の根拠が神のうちなる純粋知性においてのみ存するということであるが、それはまた、人間の認識能力のうちで感覚や想像力のように神の知性と結びつかないものを真理の領域から排除するということであり、デカルトの純粋知性の立場を徹底するという意味ももっていた。

マルブランシュの哲学はまた、物質的延長の本体を神のうちなる「叡智的延長」というものに基礎付けた点にも、独創性がある。物質を構成する延長は現実世界に存在しているが、叡智的延長は神の精神の内なるその原型である。物質的世界が数学的知性の対象となりうるのは原型がもつこの叡智的性格のゆえであり、人間精神の働きが機会原因となって物質的延長と擬似的な因果関係が成立しうるのも、神の次元での両者の実質的な因果的連関が確保されているからである。心身問題へのこのような解決は、デカルトの二元論を純化して、その不純な心身合一という要素を完全に取り除こうとした試みであると理解できる。

神即自然の哲学

機会原因論の次に挙げられるべき心身問題への回答には、心身が別個の因果系列でありつつ厳密に平行して変化する、と主張する「心身平行説（parallelism）」というものがある。この理論の提唱者は、オランダのユダヤ人哲学者バルフ・デ・スピノザ（一六三二〜一六七七）である。

スピノザは、スペインから宗教的迫害のゆえに移住したオランダのユダヤ人、いわゆる「マラーノ」を父祖とするアムステルダムの共同体の裕福な商家の出身である。彼は幼少期よりその知的才能の開花を期待されていたが、二三歳のときに伝統的なユダヤ思想に反対する思想を表明したためにユダヤ人共同体から破門されるという、特異な経歴をもった思想家である。スピノザはしばしば「レンズを磨いて生計を立てた哲学者」と呼ばれてきたが、彼の著作のほとんどが地下出版であったり、死後出版であったりしたために、その生涯の詳しい様子はよく分かっていない。彼は少数の思想的共鳴者の協力の下で哲学書の執筆を続けたが、四四歳で亡くなった。

スピノザの主著は『エティカ』（一六七七）であるが、これには「幾何学的秩序に従って証明された」という副題がついている。エティカとは倫理学のことであるから、スピノザは倫理学の体系を幾何学の秩序に従って構築するというきわめて独創的な企てを行った。彼の倫理学の主題は、人間が至福に至るにはどうしたらよいのかを考究することである。彼はそれを「人間が必然の世界に属しているということを認識することで、自らの隷属状態から脱すること」だと理解した。つまり、われわれの個人個人が決定論的な法則に従う自然世界の一部であることを自覚することで、誤った自由観にもとづく偏見や情念から解放され、解脱に至ることができるということである。『エティカ』はこの主張を、「定義」「公理」から種々の「定理」を導出するという幾何学のスタイルの下で展開している。

スピノザの平行論という心身問題への回答は、この決定論的な自然観を通して展開される議論である。西洋世界のそれまでの主要な哲学や宗教では、神はこの世界の創造者として世界を超越している存在者である。しかしスピノザの世界像では、神とは自然世界全体の別名に他ならず、世界を超越してはいない。言うまでもなく、このような汎神論はユダヤ教、キリスト教、イスラム教、いずれにとってもまったく容認できない異端思想である。

しかし、伝統にとってのこの異端思想によれば、世界とはすなわち「神即自然」の一元的な全体である。そして、神である自然にはその無限という本質のゆえに、無数の属性が帰属している。

デカルトが注目した思考的精神と延長的物質という属性は、われわれ人間がこの自然にかんして理解できるただ二つの属性であるが、神である自然にとっては、属性がそれだけに制限されなければならない理由はない。そうした複数の属性を想定すると、それぞれの属性の具体的な変化の継起は、各々の属性のもつ秩序ないし法則に従うと考えられる。どんな偶然的変化も、その属性の法則的系列という観点から見れば必然的事象であり、自由や自発的な変化は存在しない。とはいえ、それぞれの変化の系列は、もともと同じ実体、同じ自然という全一的実体のもつ複数の属性が展開する継起の具体相であるから、それぞれの出来事どうしは厳密に平行した仕方で生じている。したがって、精神の世界において生じる変化の秩序と、身体、物質の世界で起こる変化の秩序とは独立のものでありながら、パラレルで同時進行的なものである。心と身体とはまったく因果的に影響を及ぼすことがなくても、その変化どうしの間には、あたかもその間に結合があるかのように、互いに対応しあい平行しあう関係を保つのである。

予定調和の哲学

さて、スピノザの平行説は機会原因論とは別の仕方で、デカルトの困難を巧みに回避したものであるが、これをさらに変形して、「予定調和（pre-established harmony）」説という別の議論へと転換したのが、ドイツの哲学者ゴットフリート・ライプニッツ（一六四六〜一七一六）の理論である。ライプニッツはオランダでスピノザに面会し、『エティカ』の原稿に目を通すことを許された結果、彼の哲学体系の優れた知的卓越さを認めたが、その決定論的世界観を容認できないとして、別の途を選んだとされている。

スピノザが在野の一思想家として隠者のような生活を送った哲学者であるとすれば、ライプニッツはハノーファーの宮廷付きの政治家、歴史家として生活しつつ、ヨーロッパという大きな舞台全体で活躍した万能の哲学者、第一級の知性の人である。

ライプニッツはニュートンと並ぶ微分・積分学の創始者であり、ニュートンの代理人であるクラークとの間に長期にわたって書簡を交換し、微分・積分学の創始者の優先をめぐって争った他、時間・空間論、力学の原理など、自然哲学全般にかんする大規模な論争を展開した。また、認識論における感覚と知性の役割などをめぐって、以下に見るロックの経験主義的認識論に反対し、ロックの『人間知性論』（一六九〇）に対して『人間知性新論』（一七〇八）を著した。ライプニッツとニュートン派との時間・空間をめぐる論争は、これも後で見るカントの哲学に決定的な影響を及ぼしたものであり、その意味でも彼の近代哲学史における役割は非常に重要なものがある。

しかも、彼の論理学の発想はカントなどが踏襲していた伝統的な考えを大きく凌駕するもので、ある意味ではラッセルに代表される現代の論理思想への橋渡しをしうるものであった。先に、アリストテレスの論理思想に触れたところで、カントが論理学の歴史にはアリストテレス以来何の変更も発展もないとしたのは、歴史的には不正確であると記したが、その不正確さの一端は、カントがこのライプニッツの論理学の新しさを理解できなかったところにある。彼はまた、パスカルが考案した計算機をさらに高度な機械的演算のシステムへと発展させようとしたが、このアイデアが現代のコンピュータの源泉となったことも注目に値する。

このように、ライプニッツの思想的功績はその全貌を簡単にまとめてすますにはあまりにも大きなものであり、またきわめて時代に先駆けたものでもあって、デカルトとは別の意味で非常に革命的なものであったが、とりあえずここでは、心身問題という文脈で特筆すべき彼の「予定調和」の考えを明らかにする方向で、彼の形而上学の体系である「モナド論」の輪郭を示すことにしよう。

すでに何度か述べたように、デカルトにとっては二種類の実体のうち、物質的実体の本性は延長にあった。しかし、この延長的物体が真に実体と呼べるものなのかどうかについては、かなり微妙な問題がある。というのも、何であれ延長するものはどこまで行っても無限に分割可能なものであるから、そのような物質的実体には究極の単位となる要素が欠けているということになり、したがって、普通に物質の究極の要素とされる「アトム（分割不可能者）」というのは、あくまでもフィクションだということになるからである。真の実体は一なる統一性をもつはずである。それは無際限に分割可能な延長ではないはずである。真のアトムは「モナド」である（モナドとは「一者」の意味）。統一ある一者は延長的なものではなく、心的な統一作用をもつ存在でなければならない。物質は実体ではないのである。

モナド

モナドは、一個の実体として、それぞれの視点から世界全体を統一的に映し出す「宇宙の生きた鏡」である。モナドはそれぞれの「予定」された内的性質の展開の筋書きに沿って、宇宙全体を継時的に映し出す。他方、複数のモナドの間には、その間に性質が行き来したり、エネルギーが交換されたり、因果関係が直接に生じるような通路がない。モナドには「窓がない」。というのも、各モナドはそれだけで充足した統一的独立実体であり、その変化と展開の原理をそれ自身の内に備えているからである。とはいえ、すべてのモナドの変化の系列は、形而上学的な原理に従って対応しているので、無数のモナドからなる世界全体は、結果的には規則に従った「調和」の世界となる。

モナドというそれぞれの実体が、その時間的展開にかんして予め決定されている、性質の系列を内包するのは、それがなければ個体的実体の単一性が形而上学的に厳密な意味で確保できないからである。また、複数の個体的実体が互いに調和するのは、複数のモナドの候補者となる可能的な実体の集合が、互いに「共可能な」(compossible) システムを作り、一つの「可能世界」を構成するからである。神の知性には世界創造に先立って無数の可能世界が考えられている。それぞれの可能世界は、それ自身のうちに無数の共可能な個体的実体の候補を抱えている。しかし、無数の実体の候補を含む無数の可能世界の内から神の創造行為を通じて現実化され、この世界となるのは唯一の可能世界である。創造とは神の善性にもとづいた作用である。それゆえ、創造において可能世界のなかから選ばれるのは、無数の可能世界のなかの「最善世界」である。神の知性における最善の世界が創造を通じて現実化され、この現実世界、現実宇宙となる。

われわれの生きるこの現実世界は、もともと可能世界としてあったという理由からして、無数のモナドが互いに共可能な関係にあり、互いに規則的な変化を現象的に形成しているような、法則的システムの世界である。これが、すべての実体の作用が創造に先立って調和の下にあるという、予定調和の第一の意味である。しかし現実のモナドの世界は、それだけでなく、神の善性のゆえに創造された最善の世界でもある。最善の世界とは、その世界に属する規則性が「もっとも単純な法則のもとでもっとも豊かな多様性を生み出す」ような特性を付与された世界、つまりもっとも美しく規則立った最善世界のことである。それは、デカルト的な機械論的法則とアリストテレス的な目的論的法則とが、矛盾なく両立しうるような世界であり、物質的世界の力学的法則と有機的生命の魂の原理とが互いに補うような仕方で働く世界である。

ライプニッツの考えでは、心と身体の関係という、哲学の迷宮として生じているように見える問題は、この予定調和の世界が作り出す現象の一つの側面である。人間の精神は最高度に発達した心的実体であり、「私は考える」という自己意識をもつような、自覚的なモナドである。また、植物や動物の精神はこれよりも低位のモナドであるが、それ自身の在り方に即した本来の精神性を保持している。モナドは「宇宙の生きた鏡」であるから、あらゆる生命は自己の外なる世界を「表出」し、「表現」している。人間精神はこの表出作用を、自ら意識しているという意味で、反省的な意識であり、自己と世界との関係そのものを考えることのできる意識である。

一方、土や石のような生命をもたないように見える物体も、それ自体としてはやはりモナドであるから精神性をもっている。ただし、それらは通常の生命体とは異なって、その働きが極限まで低下したモナド、「裸のモナド」あるいは「眠れるモナド」である。身体とはデカルト的な意味では物質からなる機械のように見えるが、実際にはこの裸のモナドが無数の階層にわたって有機的に組織化されたシステムに他ならない。生命体は単なる普通の機械ではない。それは有機的な機能をもった器官から構成される複合的な実体である。しかも複数の器官の複合からなる身体は、そのどのレベルで複数の部分へと分割しても、そこに再び下位の有機的組織が存在するような、無限の構造を折り畳みこんだ機械である。それゆえ、身体は通常の機械というよりも、神によって作られた機械、神的機械である。

一方、心とは各階層で下位の機械を「支配する」原理であり、特に、自覚的意識までも有する人間の精神は、この神的機械としての有機的身体全体を支配し、世界の最善性を積極的に実証しようとするモナドである。心はそれが支配する身体の複雑さに応じて、外なる世界を知覚する。この身体を視点として展開される世界の表象こそ、宇宙の鏡である精神の働きである。しかし、人間の精神は身体への理解を反省にして、自己の視点の有限性を自覚し、より客観的な世界の在り方を理解するとともに、より美しい世界の実現を目指すことができる。世界がより客観的に捉えられるということは、それが機械論的本性と目的論的性格の両方を許すものとして理解されるということである。人間精神はこのような理解の進展を通じて、単なる世界の表象を超えて、世界の最善化の過程に参与するのである。

精神が世界を表象するとき、その外的世界と私の精神とはたしかに平行して変化している。しかし、それはスピノザが言ったように、物質的属性の個々の変化と精神としての私の心の個々の変化とが、個別的に厳密に平行しているのではない。ライプニッツによれば、心と身体の平行関係とは、「予定調和」という形而上学的原理を基礎にして、心が身体を有機的な全体として支配し、その身体を視点として世界を把握し、そこにより完全な調和を実現すべき行動の図式を読み取るという仕方で、幾重にも重層的な調和を介して成立する平行関係なのである。

精神と身体は同等か

以上が、機会原因説（マルブランシュ）、平行説（スピノザ）、予定調和説（ライプニッツ）という、デカルトの困難を回避しようとした代表的な試みの例である。ところで、以上の心身問題への取り組みは、基本的に精神と身体にかんして（ほぼ）同等の実在性を認めたうえで、その関係の理解を何とか可能にしようとした試みである。これらの思想家の哲学上の結論は、存在論的には一元論であったり、多元論であったりするが、その問題設定の出発点では、心身の二元性という根本的な仮定を受け入れている。しかし、当然のことながら、これらの二つを始めから同等に実在的なものとは認めないという立場をとることもできる。その場合には心身問題への回答も自ずから異なったものになるであろう。

たとえば、一九世紀に発達してきた脳や神経系の科学的分析に促されて提唱された「精神－物理学」という発想がある（代表的な理論家としてヘルムホルツやフェヒナーなど）。この立場では、精神の働きをも物理学的現象と類比的に捉えようとして、精神の実体としての独立存在を否定しようとする。言い換えると、実在として本当に存在するのは物理的現象だけであり、心的現象は単なる現象、実在性のない幻だと見る。この発想は心身関係に限って言えば、「随伴現象説（**epiphenomenalism**）」と呼ばれる（「随伴現象・エピフェノメノン」とは、本当の実体がもつ諸性質に随伴して、二次的に派生する現象ということで、この説では精神が脳から生まれた二次的、派生的現象だということになる）。

この説は二〇世紀の生理学や脳神経科学の発達によって今日ではさらにその支持を広げる傾向を見せているが、よく考えてみるとこの発想の源は、皮肉なことにデカルトの思想そのものにあったとも考えられる。というのも、デカルトの議論では、人間と異なってすべての動物は機械に等しいという、いわゆる「動物機械論」が唱えられていたが、この議論から人間もまた機械であるという「人間機械論」へと進む途は、それほど遠いものとは思われないからである。

一八世紀フランスの唯物論の一翼を担った医師・哲学者のジュリアン・オフレ・ド・ラ・メトリ（一七〇九〜一七五一）は、その著『人間機械論』（一七四六）において、猿と人間の脳の相違はほとんど無に等しく、その能力において猿のほうが優れている側面も多々認められる、と論じた。ラ・メトリの理論では、もしも猿が機械であるならば人間もまた機械なはずである、ということになる。人間精神の実在性を正面から否定するこの理論は、当時の宗教的教義を完全に否定するものであるために、この作品に至る彼の一連の著作は焚書《ふんしょ》の憂き目に遭った。『人間機械論』は逃亡先のオランダで出版されたが、これもまた、デカルト主義の特異な産物と呼ぶことも可能である。そもそも、デカルトの心身問題の解決を目指したスピノザの「神即自然」も、一面では汎神論であるとともに、他面では一種の唯物論という性格をもっていた。そのためにスピノザの著作は生前には公に出版できず、ヨーロッパの文化の地下水脈において評価され、やがて隠然たる力を発揮するようになったのであった。一八世紀啓蒙思想の象徴とも言うべきラ・メトリの理論も、この思想の流れの傍流として位置づけることができる。

3　経験論と超越論的観念論の立場

感覚的経験の意義

さて、心身問題という非常に大きな問題の次に問われるようになった第二の問題は、デカルトやマルブランシュ、ライプニッツなどが採用していた理性至上主義的な哲学の孕む限界という問題である。デカルトやスピノザなどは、精神の直接の対象たる観念が「明晰判明」であることや「十全」であることを、その観念が真理であることのメルクマールであると主張していた。彼らがこうした真理基準を採用したのは、これらの哲学者たちが何よりも科学的知識をもつ数学的な「確実さ」ということを強調する、合理主義ないし合理論（rational-ism）の立場に立っていたからである。しかし合理論の哲学は、その理性偏重の結果として、実際の科学的探究において実行されている実験や事実の収集整理など、具体的な経験や手続きの意義について十分に評価できていないのではないか、という反省や疑問が生じてきた。そのために、この感覚的経験の意義や価値をどうやってもう一度取り戻すのか、という第二の問題が生じた。

心身問題が心と体の関係にかかわる存在論の問題であるとすれば、知識における事実的経験の役割を再考する必要はないのか、というこの問題意識は、西洋の近代哲学の中心的特徴である認識論的関心という文脈から見て、本来の源泉から発する根本的な問いかけである。この認識論的問題群に連なる哲学者が、イギリスのロック、バークリー、ヒュームなどの経験主義ないし経験論（empiricism）の哲学者と、その後に出てきたドイツのカントの哲学である。

すでに見てきたように、デカルトはその懐疑の過程を通じて感覚的経験を重視する従来のアリストテレス主義的な経験主義を一掃し、感覚が真なる認識にとっては障害以外の何物でもないと主張した。これはデカルトらの合理主義の哲学が、アリストテレスを退けてプラトン流の純粋知性ないし理性の重視の立場を信奉したということを意味するが、知識の確実性を強調するこの立場には、それ自身の弱点ともいうべき問題があった。というのも、たしかに数学的知識は完全に明晰判明な真理であり、一点の疑問も許さないという意味では確実なものであるが、他方ではこの確実性が何に由来するのか、その確実性は知識の進歩に本当に寄与しているのか、という問題を抱えることになるからである。

数学的真理の確実性は、数学的真理がもともと何らの経験的事実を参照することもなしに、命題の主語が含む内容を述語の形で分析的に展開した分析的真理、あるいは主語を繰り返しただけの同語反復、トートロジー（「ＡはＡである」）であることに由来しているのではないか。そして、もしも数学的真理の確実性の根拠が分析的真理ないしトートロジー的同語反復ということにあるのだとすれば、数学を典型とした真理観によって確実性は確保されたとしても、結局のところわれわれの知識の進歩、進展の論理を本当の意味では与えてくれないのではないのか。

ロックを出発点とする近代初期のいわゆるイギリス経験論の展開は、このような批判的視点の下で、デカルト主義的合理主義の行きすぎを避け、科学的な知識の獲得や拡大の原理・源泉を明らかにするということを中心の課題とした。そして、この原理・源泉の探究という作業が行きついたのがヒュームの哲学である。しかし、その哲学はデカルトとは別の意味で、懐疑論的色彩の強い結論を導きかねない、破壊的性格をもつものであることが判明した。そこで、ドイツのカントが登場して、もう一度ヒュームの懐疑論を回避しつつ、トートロジーとは異なった経験的知識の基礎を確保しようとして、「超越論的観念論（transcendental idealism）」という独自の認識論的立場を構築した。

超越論的観念論という複雑な認識論を組み込んだカントの哲学は、しばしば「批判哲学」と呼ばれることもあるが、これは、カント自身が自分の哲学の方法を、人間の理性が自分の能力の範囲と限界を批判的に吟味しようとする哲学、と性格づけたからである。この哲学はまたしばしば、近代のデカルト的伝統の最終的な終点と見なされることもあるが、その理由は、この哲学が経験主義と合理主義のそれぞれの弱点を考慮しつつ、それらの長所を総合し、活かそうとした試みであったからである。

一七世紀後半のロックの時代から一八世紀末のカントの時代に至る哲学の流れは、全体として見ると、人間認識における感覚的経験の位置づけを軸にして、合理主義と経験主義という対立を経たうえで、カントによるその批判的超克に至る流れであると性格づけることができる。とはいえ、この哲学が最終的に合理主義と経験主義の弱点の根本的な克服にまで到達しえたかどうかは、言うまでもなく議論の残るところである。以下に見るように、ロックもヒュームもカントも皆、「観念の知覚」というデカルトが作り出した精神の認識作用の構図そのものを基本的に踏襲したうえで、認識論の個別的な問題に対処しようとしている点ではまったく共通であり、この共通の根が彼らの哲学的企てに果たした功罪両面については、その個々の議論とは別に冷静に評価する必要があるからである。

タブラ・ラサ

心身問題の次に生じた、ロックからカントへと至る認識論的吟味という第二の主題の流れを押さえるために、まず、イギリス経験論の祖ロックの哲学から見てみよう。

さて、ジョン・ロック（一六三二～一七〇四）は認識論者である前に政治哲学者として、イギリスの名誉革命（一六八八）の基礎となる思想を形成するという、政治思想史的にきわめて重要な役割を果たしている。彼は医学研究から出発し、実験科学者のロバート・ボイルの協力者として自然科学の研究に従事する一方で、アシュリー卿（後のシャフツベリー伯爵）の家族の侍医となり顧問として卿の政治活動にも参画し、卿が国王の絶対主義的専制に反対して展開した自由主義運動に理論的正当化を与えるような、『統治二論』（一六八九）を著した。それは人間の不可侵の基本的人権を「自然権」として確立するとともに、自由な個人どうしの信託によって成立する立法、行政、司法の三権の相互独立を論じて、近代社会が採用するべき政治機構の基礎を明らかにしたものであった。イギリスの名誉革命が次の世紀のアメリカ独立戦争やフランス革命へと至る自由主義、民主主義の大きな道筋を用意したものだということを考えれば、その哲学的基盤を与えたロックが、西洋近代の政治思想の歴史における第一級の哲学者であることは疑いをいれない。

彼の認識論の主著は『人間知性論』（一六八九）であるが、この作品はこのようなイギリスの政治革命に連動したより広い文化的な革命、すなわちニュートンに代表される経験や実験を基軸とする自然科学の高度な発達のために、哲学的基礎を与えようとしたものであった。したがってロックは、政治理論における民主主義と科学的知識にかんする経験主義的思想の共通の祖として、哲学史上に大きな足跡を残したことになるが、これらの二つの功績は別々のものではなくて、むしろ深く結びついていたと考えられる。というのも、彼の認識論はデカルト以来の合理論への反論を掲げただけでなく、「思考するもの（レス・コギタンス）」という内面性に留まらない、「人格（パーソン）」としての精神の在り方に焦点を当てることで、思考するとともに行為する人間、推論するとともに信念をもち、経験とともに価値的判断を行う人間という、より立体的な人間像を構想したからである。

ここで付け加えておくと、人間の精神の働きを人格における信念と行為において捉えようとするこの思想は、経験主義と超越論的観念論という認識論上の相違を超えて、後のカントに至る人格の思想の出発点を告げるものでもあった。言い換えれば、ロックからカントへの流れとして語られることの多い認識論の裏面には、ロックが名誉革命の哲学的基礎を与え、カントがアメリカ独立戦争、フランス革命の支柱となった人権思想の哲学的整備を成し遂げたという、実践哲学の歴史が流れているのである。

ロックの認識論の主著『人間知性論』は四巻からなる著作で、そこに彼の独特の「観念の分類」「言語の意味」「知識と信念」の理論が述べられている。第一巻は「生得観念について」と題されているが、これは全体の序文部分に相当し、デカルト以来の合理主義に特有な生得観念の説を批判して、経験主義の原則を高らかに表明する部分である。

生得観念とは人間の精神が生まれながらにしてもっている先天的な観念である。合理主義に立つデカルトやマルブランシュ、ライプニッツは、人間が「三角形」や「等しさ」などの観念を生まれながらにしてもっており、それらについての具体的な事例を実際に経験する以前に、始めからその観念をアプリオリに身につけていると考えた。彼らはまた、数学的観念のみならず、人間の行為にかかわる善悪の判断の原理についても、生得説を主張した。デカルトは『方法序説』の冒頭で、「良識はこの世で最も公平に配分されているものである」と述べたが、これはアプリオリな観念や推論の力とともに、善悪にかんする生得的な判断力をも含めて主張されたことであった。

ロックはこの生得観念の理論を批判して、われわれの精神は、それが何らの具体的経験をもたない最初の状態にあっては「白い書板（タブラ・ラサ）」であると主張した。すべての知識は経験に由来し、それ以前には精神にはいかなる観念も知識もない。この生得観念の否定こそ、イギリス経験論の出発を告げる宣言であった。ロックはこの批判によって、一方ではアリストテレス以来の経験主義を復活させると同時に、他方では、彼以前の近代哲学において深く問われることのなかった、精神の内なる観念や信念の源泉・原理の由来を考察するという、哲学の新しい主題を生み出した。

『人間知性論』の第二巻、第三巻、第四巻はそれぞれ、観念の分類、言語の意味、知識と信念の区別を論じる。これらは、瞬間的な自己意識としてのコギトの主体ではなく、意識の持続を本質とし、記憶や信念の下で行為し、計画する「人格」という、ロックに特有の人間観に即して提起される主題である。たとえば、第三巻の言語の意味の理論において、ロックは「一般名辞（general term）」が意味表示する「一般観念」について詳しく考察しているが、そこでの議論は一面では中世の普遍論争の継続という性格を残しつつ、他方では人間同士の意思の疎通の道具としての言語という、新しい視点を導入している。事物の本質を表示するように見える一般名辞は、事物の実在的本質にかかわるのか、それとも単なる唯名的本質にかかわるのか。彼はこの問題が言語の「意味表示」の問題である以上に、意思の疎通の問題であるという示唆を与えることで、現代の言語哲学へと通じる道を開いたのである。

また、第四巻において論じられる「信念」とは、確実性において知識には劣るものの、判断や行為において利用可能な意義ある認識のことである。ロックの用語では確実性において十全である認識が知識であり、そうではないものが信念（臆見）と呼ばれるが、それはまた「蓋然性（probability）」という用語でも表される。蓋然性とは確率のことであり、不確実性の度合いとしての確率がかかわる領域として、実験的証拠の問題から法律や宗教に付随する証言の問題までの、幅広い精神の領域の関与が認められる。信念の確実性や証拠や証言の蓋然性についての分析も、経験を重視し行動を視野に入れて精神の働きを見ようとする、経験主義哲学の課題を新たに掘り起こしたものである。

観念の分類

とはいえ、ロックの哲学からその後のバークリーやヒュームへと引き継がれることになった最大のものは、第二巻の「観念の分類」というテーマにある。観念は思考の対象であるが、外なる事物、経験における認識対象としての存在者が、認識の主体によって表象されるのは観念という形式においてであるから、観念の分類とは、外的な実在世界における存在者の分類、カテゴリーの区別に等しい作業である。観念は大きく四つに分類される。第一のものは単純観念であり、第二が様相の観念、第三が実体の観念、第四が関係の観念である。単純観念には事物のもつ性質や力が含まれるが、ロックの存在論的カテゴリーでは、これらが最初に扱われる。これにたいして、アリストテレス以来、デカルト、スピノザに至るまで、それ以前の理論では第一のカテゴリーとされた実体がむしろ派生的で、二次的、曖昧な観念であるとされる。これが人間精神の原初形態を「タブラ・ラサ」と見なし、何よりもまず経験から出発するこの理論の特徴である。

われわれが感覚器官を通じて知覚する代表的な観念は、外的対象のもつ性質の観念であり、対象の色や音や味、延長や形、運動などを表す観念である。これらの性質のうち、あるものは一つの斉一的な外見をしていて、それ以上単純な諸観念に分割することができないので、経験の基本的単位を構成するという意味での「単純観念」であるとされる。たとえば、ある純粋に赤い色の観念は単純観念である。人間精神は複数の単純観念を意志の力で結合し、より複雑な観念、たとえば美や自然世界という「複雑観念」を作ることができる。またこれらは反対に、単純なものへと分解することができる。さらに、たとえば「赤色」という観念は、さまざまな赤いものの知覚経験で抱かれた複数の性質に共通した性質を表すものであるが、これは複数の単純観念から「抽象して」できた「抽象観念」である。われわれが日常的にもっている色や形の観念はどれも、厳密な意味での個別的な単純観念ではなく、抽象的な性質、特徴を表す抽象観念である。

事物の性質の間にはしかし、デカルトにおいて認められたような第一性質と第二性質の相違があった。ロックはこの区別を踏襲しつつ、それにボイルに由来する粒子論的物質論を重ね合わせてこの区別を強化する。延長や運動を表す第一性質の観念は、われわれが物質的事物自体から受け取る観念であるのに対して、色や匂いのような第二性質の観念は、事物そのものから受け取ったものではなく、事物の内なる力のゆえに、それを知覚するわれわれの精神の内に形成される観念である。粒子的な構造をもつ物質の力がどのようなメカニズムで、われわれの精神内に第二性質の知覚を生み出すのか。それは科学的知識の現段階の状況では理解できない謎であり、将来においても理解の進展が保証できない難問である。

他方、たとえば金のような「実体」の観念は、以上のような性質の観念をもとにしてわれわれが構成したものである。「金」は一つの複雑観念に付けられた名前、自然の内なる一つの種を表す普通名詞である。この名前が表すのは、黄色く光り、ある重さや展性、溶解性をもつような物理的事物であるが、それ自体はもともと自然の内に存在する「自然種」であるから、決してわれわれが人為的に措定した複合物ではない。ところが、その物のもつ本当の性質、実在的性質をわれわれが理解できるかと言えば、そうはなっていない。金が「黄色く光る、ある重さの金属」という本質的規定を与えられうるとしても、それは唯名的本質によってこの自然の種を定義しただけであって、実在的な本質によって特定される実体としての金を把握したことにはならない。それゆえ、金や銀などあらゆる自然種が属しているはずの、いわゆる「実体」とは何かについて、われわれは本当のところは何も知らないことになる。アリストテレスのカテゴリー論の伝統を継いできた形而上学の伝統では、実体こそがもっとも基礎的な概念とされてきたが、その概念には内実がない、というのがロックの結論である。

金とは特定の色、重さ、特徴をもった観念の複合の別名にすぎず、金に限らず物質的な対象の本質的な性質を、それ自体として把握することはできないのではないか——。これは、物質的対象を実体として見る見方を改めて、現象という感覚的知覚のレベルでの現れの集まりへと還元してはどうか、という考え方の萌芽である。ロックはもともとボイルの実験科学の仮定する粒子仮説を信奉することから出発したのであるが、観念の分類や由来を論じることで、かえって物質の究極の構成や構造に到着できないという、逆説的な結論に至ってしまった。そして、認識論における現象論的な傾きをもったこの議論をさらに先に進めて、それを「観念論（idealism）」というはっきりとした立場に結晶させることで、ロックの理論的不徹底を解消しようとしたのが、彼の後に続いたアイルランドの哲学者ジョージ・バークリーの理論である（ロックはイングランド、バークリーの後のヒュームはスコットランドの哲学者である）。

存在と知覚

さて、バークリー（一六八五〜一七五三）は、ダブリンのカレッジで神学を学びフェローとなった後に、新大陸アメリカでの布教、教育というユニークな計画をもとに大西洋を渡り、ロード・アイランドでアメリカの思想家たちと交流した。しかし、経済的理由による計画の失敗の後に、故郷に戻って聖職者として生涯を過ごすという経歴の持ち主である。彼はボイルやロックなどの新しい科学を下敷きにした当時のイギリスの世界像が、「物質主義」を前提にしており、この哲学が人々を無信仰や無神論に導いているとして糾弾した。

物質主義を表すmaterialismという用語は、普通は、世界の中の物すべてが物質からできていて精神的なものは何も存在しないという、唯物論の思想を指していて、たとえば先に見たラ・メトリのような考えのことを言う場合が多い。しかしバークリーは、この言葉はこうした存在論の立場を表すよりも、物質のもつ粒子的構造が観念という形をとった表象を生み出し、精神は物質の性質を間接的に知覚しているという、認識論における「知覚表象説」を意味するべきだと考えた。知覚表象説はデカルトの意識としての思考という理論モデルで形成され、ロックの観念の分類において大々的に活用された立場である。

バークリーは常識と信仰の擁護という目標の下に、『人知原理論』（一七一〇）や『ハイラスとフィロナスの対話』（一七一三）などの著作を出版したが、これら著作において彼が主張したことは、世界には精神と独立な外的実在は何もなく「実在するとは知覚することか、知覚されることのいずれかである」ということである。世界を知覚する精神そのものはたしかに存在する。しかし、知覚されるものとして存在するのは観念のみであり、それとは別の、いわゆる物質なるものは存在しない。ここから、世界は観念のみからなる、という観念論が導かれるのである。

バークリーの議論の柱の一つは、ロックの言う一般観念なるものは偽りである、という議論である。ロックは実体の本性を確実に知ることはできないとしたが、一般名辞が表す一般観念は客観的に成立すると考えた。たとえば、さまざまな二等辺三角形を一般的に指し示す「二等辺三角形」という言葉に対応する一般観念は、当然ありうるはずだと考えた。バークリーはこれに反対して、真正な観念としてありうるのは個別的で具体的な二等辺三角形のみであり、それ以外にあるのは「記号」としての「二等辺三角形」という言葉だけであるとした。つまり、物質の性質を表す形や量、運動などの第一性質は、そもそも一般者としては存在しないのである。

さらに、バークリーはロックの主張する第一性質と第二性質の区別についても批判した。物体における色や匂いなどのさまざまな第二性質は、言うまでもなくそれを知覚する精神にとってのみ存在する、主観的な現象、現れにすぎない。しかし、形や運動からなる第一性質がそうではないかといえば、これらもまた実際には、知覚者の状態に相対的な主観的現れでしかない。形も運動もすべて個別的かつ主観的な観念である。形や運動はそれを知覚する視線の方向で、いくらでも変化する。それだけではない。そもそも、視覚作用が受け取る情報は事物の奥行きや運動を直接には捉えていない。知覚者からの事物の距離を知覚させるのは、視覚ではなくて触覚である。つまり、デカルトやロックの哲学で言われる第一性質なるものは、決して明晰で確実な数学的性質ではなく、複数の知覚の様相にまたがった複合的で主観的な性質なのである。

バークリーは『ハイラスとフィロナスの対話』の中で、次のような思考実験を提起している。一粒のサクランボを手にして、それを知覚してみよう。そして、そこから柔らかさ、湿り気、赤さ、酸っぱさなどの感覚的性質、つまり第二性質を、順番に除いてみよう。そうすると、サクランボそのものが無くなってしまうのではないか。というのも、われわれの言うサクランボとは、諸々の感覚経験と別のものではありえず、それは諸感覚的印象からなる一つの集合体に他ならないからである。諸性質の「基体」として認められるような客観的な物質的実体はありえない。また、その運動を力学的に記述するとされる、ニュートンやライプニッツの微分や積分の論理も、「無限小」という数学的虚構を用いているがゆえに、物質についての学問という名を借りた欺瞞《ぎまん》にすぎない。したがって、デカルトからボイル、ニュートン、ロックに至る物質概念は根本的に誤っている。物質主義は偽りである。

もちろん、われわれの精神が知覚していないときにも、サクランボなどが存在していることは十分考えられる。しかし厳密にいえば、「私が知覚していない月の裏側の事物」などという観念であっても、それが言葉として語られている以上、知覚されていないと解釈するのは誤りである。「私が今感覚によって知覚していないサクランボ」は、一つの観念としては実際に思念され、知覚されている。さらにまた、事物は私の断続的な感覚的な知覚を超えて、通時的に持続していると考えられるが、それを保証するものも精神の働き以外にはない。そして、何らかの対象が私の感覚的知覚のみならず思念の作用をも超えて、存続していると言えるとすれば、その根拠はそれの存続を意志する神の精神の働きによるはずである。私の感覚的知覚と思念の範囲は有限であり、時間的にも断続的であるが、それを超えた精神の働き、知覚の主体として、神を考えることは自然である。したがって、われわれの常識的な世界の存続と事物の持続の信念は、神の存在を要請する。バークリーの観念論は、最終的には常識と宗教の双方を擁護する形で、世界には「人間ないし神の精神から独立なものは何もない」、という結論に落ち着くのである。

物質主義は懐疑論を導き、宗教を破壊し、われわれの日常的な世界観を混乱させる。それを本来の正統的な世界観へと回復させるのが、観念論という哲学である——。バークリーのこの観念論はたしかに宗教の擁護につながるかもしれない。けれども、この説がわれわれの日常的な常識の擁護にも成功しているのかと言えば、疑問が残る。物質的世界の存在とその本性とを神の精神作用に帰着させるのは、デカルトの後のマルブランシュと同じで、理論的には整合的であっても常識とはあまり両立しそうにない。バークリーの後に現れたヒュームは、その思考実験的な議論のスタイルの鋭さを十分に高く評価したうえで、バークリーの批判的な認識論をもう一歩先に進めることで、常識的な信念のさらなる突き崩しに向かった。

因果的結合の実在性

ヒュームは、バークリーが第一性質と第二性質の区別の否定で終わったのは、批判的な認識論としてまだ不徹底であると考えた。重要なのは物理的世界の本質や実在にかんして疑問を呈することではなく、むしろ物質どうしの間に働くとされる因果関係の実在性のほうを疑うことである。なぜなら、事物の因果関係の客観的実在性を放棄すれば、神の存在については疑わしくなる一方で、常識的な外界の認識のほうは残るはずだからである。というのも、マルブランシュやバークリーの理論では、物質どうしの実在的な因果関係は究極的には神の知性のなかの出来事だとされているが、そもそも因果関係の実在性自体が否定されてしまえば、神の知性という厄介な視点をもち出す必要がなくなるだろうからである。

バークリーの認識論の手法を徹底しつつ、神学的な方向を拒否するヒュームのこのような考え方は、主著の『人間本性論』（一七三九〜四〇）において詳細に展開されている。『人間本性論』（全三巻）は表題が示すように、人間の「本性」を探究する作品であるが、その本性とは人間精神の働きのことであり、精神の働きは知性（第一巻）と情念（第二巻）と道徳（第三巻）にかかわっている。したがって、この本は認識論の主題だけでなく、倫理学にも及ぶ相当に広い主題を論じたものであるが、歴史的に見れば第一巻の認識論が与えた影響がもっとも大きかった。

デヴィッド・ヒューム（一七一一～一七七六）はスコットランドのエディンバラに生まれ育って、アダム・スミスらの友人をもったが、この作品を書いた当時は、フランスのラフレーシに三年間滞在していた。それはデカルトが成年に至るまで学んだ、イエズス会の学校のある土地であり、ヒュームはちょうど『方法序説』が出版された年から数えて一〇〇年目の年に、この作品を書いた。『方法序説』が方法的懐疑の議論を梃子にして「コギト」を宣言し、それをもって近代哲学の誕生を告げた作品であるとすれば、『人間本性論』はその一世紀後に登場して、日常的常識を擁護するという目的を掲げながらも、認識論における懐疑論的議論の活用を別の方向へと推し進めることで、結果的に観念の哲学が巻き込まれかねない深い闇を露呈させてしまった作品である。『人間本性論』第一巻の歴史的な影響というのは、この懐疑論の威力のことである。

バークリーはわれわれの精神の働きを知覚と呼び、その対象を観念と呼んだが、ヒュームは精神の直接対象を「知覚」と呼び、知覚のなかに「印象」と「観念」の二種類を含めて考える。印象はわれわれが世界からの情報を無媒介で直接に受け取っているときに得られる鮮明な知覚であり、観念はこの印象を記憶したり反省したりすることで抱かれる、鮮明さ、判明さにかんして劣った知覚である。印象と観念との間には原因と結果の関係がある。つまり、観念とは印象を原因にして生み出される結果であり、判明さの劣る印象のコピーである。

他方、われわれが世界にかんしてもつ認識を構成するもっとも基礎的な要素は、空間と時間、事物の因果的な連関、事物の持続と自己の持続、などの観念である。したがって、人間の認識の本性を探究するという企ては、こうしたもっとも基礎的な観念がいかなる印象に由来するのかを分析するということに帰着する。われわれは事物間の因果関係や事物の持続という観念などを、印象の知覚という経験の基盤をもとにいかにして形成しているのか。これがヒュームの立てた問いの構造である。もちろん、「事物間の因果関係」という個別的な観念の由来を、「印象と観念の間の因果関係」という認識の成立の図式にもとづいて解明しようとするのは、ある意味では循環的な企てである。しかし、ヒュームはこの事情を十分に了解しつつ、哲学的探究におけるこの種の循環が有害なものではないと考えた。

ところで、われわれは事物の同一性や自己の持続など、存在一般にかんするさまざまな基礎的観念を用いつつ、世界の具体的な感覚的事実を経験し、記憶し、反省し、推論している。しかし、世界の本質や構造を表すこれらの基礎的観念の由来を逐一分析し、吟味してみると、そうした観念を生み出すもとの材料であるはずの印象のなかには、これらの観念の原型は含まれていないことが判明する。これらは本物の印象が判明さを薄めることで観念へと単純に転化したものではなく、むしろ経験の蓄積を通じて後発的に徐々に形成された、「観念連合（association of ideas）」の産物であることが分かってくる。観念連合とは経験の原子的な材料である印象が生み出した、それ自身原子的な存在である観念どうしが、理性的な理由なく互いに結びついて新たな観念を生むことである。観念連合は精神の習慣である。そしてこの習慣を生み出す精神の力は、理性ではなく想像力の働きである。したがって、事物の持続的同一性や時空の構造を想定させる精神の働きの核心には、想像力という非理性的なものの働きがあるということになる。

観念連合

われわれが外界の存在者にかんして想定している事物の同一性や時空構造が、理性の原理ではなくて想像力の産物であるとすれば、われわれの推論の実質的な部分は、われわれ自身の自己理解には反して、きわめて不安定で、気まぐれに満ちたものである可能性がある。人間精神の認識作用の非理性的な性格に光を当てるヒュームのこの理論が、特に破壊的な威力を発揮したのが、いわゆる事物間の因果関係に見られる「必然的結合」という観念の分析である。

事物の間の変化の連鎖は通常、因果的な関係として把握される。たとえば、動いているビリヤードボールAがBにぶつかって、Aのほうが停止すると同時にそれまで止まっていたBが動き出したとすれば、普通には、Aによる衝突が「原因」となってBの運動が「結果」したと見なされる。この場合、この原因と結果の結びつきは必然的結合である。AがBにぶつかれば、特別な理由がない限り、Bは「必ず」動き出す。それでは、この「必ず」の根拠はどこにあるのか。原因と結果の結びつきを表すこの「必ず」そのものは、直接に経験される印象のなかに含まれているのだろうか。そうではないだろう。原因であるAの衝突の印象と、結果であるBの運動の印象は、それぞれを単独に調べれば、必然的な結合の印象を含んではいない。あるのはただ、複数の単独の印象の継起である。

しかしわれわれはその継起のなかに「原因結果の必然的結合」という観念を読み取る。この観念を読み取るのは、人間精神の働きであって、事物の側の働きにもとづくものではない。人間は事物間の因果関係にかんする判断を行うが、それはあくまでも「主観的な」想像力と習慣のゆえにである。

人間の精神は、状況の繰り返しの経験から、暗黙の予測や期待の習性を身につけるという本性をもつ。それは精神のもつ習慣形成という本性である。因果的連鎖を予期し期待する習性は、想像力が行う観念連合の働きを通じて、無意識のうちに形成されている。因果という概念で想定されている事物間の必然的結合とは、実際には、「想像力において認められる、ある対象からその後続の対象への習慣的移行が、われわれの精神のなかで生じていると感じられる、その感じ」にすぎない。ヒュームは『人間本性論』の内容を簡略に述べた『人間知性研究』の第七章でこう述べている。

ヒュームはこの「感じ」こそが因果性という観念ないし概念の内実であると論じる。一つの物Aがもう一つの物Bにおいて何らかの結果をもたらすということは、厳密には言えない。言えるのはただ、われわれがAの知覚を経験すると、必ずBの知覚の生起を予期する、ということだけである。それゆえ因果性の概念が含む必然性というものの正体は、われわれがAのタイプの出来事に直面すると、Bのタイプの出来事の到来を予期せずにはいられないという、精神の側での必然性あるいは強制である。

観念のヴェール

すでに見たように、ロックは物質の微視的構造が人間精神のなかに第二性質を生み出す力の働きを、人間が知ることはできないと考えた。しかしヒュームによれば、われわれは物理的な自然の因果関係一般について、実際には何も把握していないのであるから、そもそも自然のなかの物質の働きの一切について、その真実の姿を把握することはできないということになる。

アダムは、彼のもつすべての知識をもってしても、自然の経過が斉一的に同一であり続けるに違いないことや、未来は過去に合致するに違いないことを、決して論証することができなかったであろうということ、これは明白である。……それどころか、私はさらに進んで主張したいのであるが、彼［アダム］は未来が過去に合致しなければならないということを、なんらかの蓋然的な証明によって立証することさえもできなかったはずである。……それゆえ、人生の案内者であるのは、理性ではなく習慣である。習慣のみが、あらゆる事例において、未来が過去に合致すると想定するようにと、心を決定するのである。この「過去から未来への」一歩がいかに容易に見えようとも、理性は未来永劫にわたってそれを踏み出すことはできないであろう。
『人間本性論摘要』(6)

これはロックの認識論から出発した経験主義の哲学が行きついた、人間の知識にかんするロック以上に悲観的な結論である。

先に指摘したように、経験主義はデカルトやライプニッツの合理主義では、あまりにも経験や実験を軽視しているために、科学的知識の発展の論理を与えることができないと考えたところから考案された立場である。ところが、人間の経験と呼ばれるものの実質が、デカルト流の観念の知覚ということであるとすれば、いかなる経験も自我という境界の内に制限された、観念的、主観的な出来事ということになってしまう危険性をもっている。

バークリーはこの危険性がかえって健全な宗教性の保持のために有意義だと考えたが、ヒュームより少し前に、同じくスコットランドで活躍した哲学者トマス・リードは、この危険性がまさしく重大な哲学上の欠陥だと考えた。彼は合理論であれ経験論であれ、人間の精神活動が「観念のヴェール」に覆われていて、外的世界と隔絶されている限り、懐疑論の脅威は除去できないであろうと考えた。彼はこれに対抗するために、「常識主義」というある種の素朴な実在論の立場を擁護しようとした。観念を基軸とする認識論のモデルに対するリードの批判は、その直後に登場したヒュームの破壊的な結論を見れば、決して誤った批判ではなかったことになる。

とはいえ、直接実在論を採用するということが一つの可能な選択肢であるとしても、科学的知識の確実な基礎を与えるためには、常識の想定する素朴な実在論以上の認識論的な道具立てが必要であるように思われる。常識は懐疑論を回避するが、科学的知識の妥当性の根拠までは与えることはできない。リードのように素朴実在論へと直進せずに、しかもヒュームの悲観的結論を避けることはできないのだろうか。たとえば、ヒュームはバークリーの批判的認識論を徹底することで、懐疑論へと進んだが、同じ作業をさらに方向転換することで、別のルートから実在の世界に到達するような見方はありえないのだろうか——こう考えて、観念や知覚表象という図式を残しつつ、経験主義を乗り越えるための新しい視点を導入しようとしたのが、カントの超越論的観念論の立場である。

独断のまどろみ

イマヌエル・カント（一七二四〜一八〇四）はケーニヒスベルク（現ロシア・カリーニングラード）というドイツでも北東の端に当たる町に生まれ、その地の大学教授として生涯を過ごした哲学者である。ケーニヒスベルクは東側の国境でロシアに接しているとともに、北にはバルト海に面していて、イギリスとの交易も深い地域であった。当時のドイツの大学における正統的な哲学は、ライプニッツの哲学を引き継いだヴォルフなどの合理主義の哲学であったが、ドイツの辺境に生きたカントにとっては、これとはまったく異なるヒュームの経験主義のような思想についても、それに接する機会やその価値を理解する素地があった。ヒュームの哲学はカントの友人のハーマンらによって移入されたが、カントはこれに接することで、それまでのヴォルフ流の合理論の哲学が、彼の精神にたいして魔法のようにかけていた「独断のまどろみから、目覚めることができた」、と『プロレゴメナ』(一七八三)のなかで書いている(『プロレゴメナ』は代表作の『純粋理性批判』(一七八一)の内容をより簡略に語り直したものである)。ここで言う「独断のまどろみ」とは、世界の構成原理や実体の本性を解明する形而上学が、経験的探究をまつまでもなくアプリオリな思弁によって建設できる、という合理主義に特有の考え方である。

カントはもともとその哲学的思索の出発点から、ニュートンやライプニッツの自然哲学における「力」の概念の意味や、時間空間の本性、モナド論の整合性などについて鋭い問題意識をもっていたが、とりわけヒュームの懐疑論的議論に接して、科学的世界認識の本性についてそれまで以上に細かく吟味する必要を痛感するようになった。科学的知識の妥当性とは、個々人の主観的経験とは独立に存在する、自然現象内部の法則的連関の客観性のことである。

その法則的連関は、経験や実験の積み重ねの末に得られる一般化ということ以上に、自然全体についての形而上学的な諸原理に従った体系性と必然性をもたなければならないはずである。われわれが自然のなかの事象間の連関を説明する際に利用する「原因・結果」という概念も、そうした諸原理の一部に属する概念であり、日常的な因果関係の観念は、それを使用しやすいように簡略化したものに他ならない。

経験主義的な枠組みのなかで因果性の概念を説明しようとしたヒュームの説明では、そもそも因果関係とはわれわれが想像力の作用のゆえに保持する主観的な信念でしかないということになる。これは自然の内なる法則的連関が虚構にすぎないということを意味すると同時に、それを把握することは人間には原理的に不可能であるということも意味する。そこで、カントは「独断のまどろみから目覚め」つつも、科学的知識の妥当性を守るために、ヒュームの懐疑論的な結論を回避する別の途を探る必要がある、と考えたのである。

アプリオリな総合判断

さて、ガリレイやニュートンに代表される輝かしい近代科学の成果が、単なる蓋然的な確実さや主観的な習慣以上の確かさをもつためには、科学は経験からの積み重ね以上の、確固たる基礎をもたなければならない。そうした確実性は数学的真理や論理的真理、つまりアプリオリな認識に認められるが、しかし、もしもこれらの真理が主語の概念内容を分析的に展開しただけの、アプリオリで分析的な真理でしかないのだとしたら、知識の拡張はまったく期待できないであろう。確実でありながら徐々に増大し、拡張しうるような認識であるはずの科学的知識――。それを可能にするのは、アプリオリでありながら、分析的ではなく総合的な認識なはずである。

カントはこのように考えて、「いかにしてアプリオリな総合的判断は可能なのか」という問いこそが、合理主義と経験主義双方の欠陥を克服するために答えられなければならない、決定的な問いであると考えた。

カントは、この問いにたいして返答するために、人間の精神の働きについての二種類の区別を用意した。その区別の一つは、直観と知性の区別であり、もう一つは形式と内容という区別である。人間の精神の働きはこの二種類の区別を掛け合わせた四つの側面があり、それらの働きと役割とを厳密に整理して考えれば、因果関係を含む科学的認識の基礎的道具立てが、アプリオリな総合判断にもとづく認識の原則に他ならないことを証明できる。

まず、直観とは認識の対象を外から受け取る能力であり、知性とは直観が受け取った素材を組み合わせて判断へと加工する能力である。直観は外的な世界のなかにある個別的な事物を感覚的に受容する。知性はこれらの事物について、一つの命題の形をとった判断を下すことで、思考を形成する。直観による対象の受容がなければ思考は中身がないので空疎になり、知性による思考がなければ直観は概念的区別を欠いて混沌としたままになる。デカルトからヒュームへと至るカント以前の認識論では、思考され、知覚され、意識されるものはすべて、観念または印象であるとされたが、これらが単一の対象にかかわる場合と命題の構造をもった判断である場合とが、必ずしもはっきりと区別されていなかった。カントは判断という知性の働きを明確化することで、この曖昧さをまず取り除くことにした。

他方、直観についても知性についても、精神の働きには内容と形式という区別を考えることができる。ある対象が直観に与えられるとき、その対象は具体的特徴とともに時間的、空間的規定をもっている。この時空的規定がその対象の（アプリオリな）形式である。同様に、ある思考の判断においても、判断の中身とは別に、判断を言語として表現する命題のもつ（アプリオリな）形式というものがある。この形式は、判断を表す命題や文がもつ形式であるから文法的な範疇といってもよく、また真偽を問いうる文の論理的形式と考えることもできる。カントはこの判断の形式、つまり純粋知性の形式を、「超越論的カテゴリー」と呼ぶが、これはまた「純粋知性概念」とも呼ばれることもある。（「知性（Verstand）」という言葉は、カント哲学に限ってのみ、日本語では「悟性」と訳されることも多いが、そうすると他の哲学者の言う知性との用語上の同一性が見失われてしまうので、ここでは「悟性」という言葉は使用しないことにする）。

判断としての思考の形式がカテゴリーと呼ばれるのは、思考の形成を成り立たしめる根本的な範疇という意味においてであるが、それが超越論的であるというのは、この形式によって、思考が単なる想像ではなく、客観世界の成立にかかわるものであることを主張するためである（なぜ客観世界の成立にかかわることを超越論的と呼ぶのかは、以下の超越論的観念論のところで説明する）。カント以前の認識論では、この形式と内容の区別も曖昧であったために、たとえばヒュームの認識論では、因果関係の必然的結合が印象のうちに見出されないのであれば、それは想像力の産物であるという議論がなされた。しかし、因果関係の必然的結合は、認識の「内容」としては与えられていないとしても、「形式」としては機能しているのではないか、というのがカントの洞察である。

ところで、直観のアプリオリな形式である空間や時間の構造や性質を、それ自体として体系的に展開した学問が数学であり、数学の命題は「アプリオリであるが、総合的」である。なぜなら幾何学の単位である点や線についての言明も、算術の単位である数についての言明も、いずれも主語に内属する性質を分析的に析出したものではなく、主語に含まれない内容を展開した、総合的な判断であるからである。同様にして、「実体と性質」や「原因と結果」などの一二個のカテゴリーを基礎にして、そこから形成される純粋知性の「原理」も、アプリオリな原理でありながら総合的である。たとえば、「すべての変化には原因が伴う」という原理は、経験をまたずに認められるアプリオリな認識の原理であるが、総合的である。なぜなら、「変化」という主語に「原因と結果」という性質は分析的には含まれていないからである。

それゆえ、科学的知識を構成するために必須な、数学上の真理も自然科学的探究の諸原理も、その根本のところにあるのはアプリオリかつ総合的な真理である。したがって、われわれは科学的知識にかんする経験主義的な懐疑の恐れを回避して、その確実性の基礎を確保し、知識の拡大と進展を期待することができるのである。知識はアプリオリな形式にもとづくゆえに確実である。そして知識は総合的な真理であるために拡張的である。

超越論的観念論

ところで、知識の成立のためにアプリオリな道具立てを本質的に必要とするということは、他方ではやはり、われわれの経験する客観的世界というものが、「われわれにとっての客観性」あるいは「人間にとっての客観性」という特別なものであり、決して絶対的な意味での客観性を主張できるものではない、ということも意味する。カントのいう「超越論的観念論」とは、まさしくこのことをはっきりさせるために導入された言葉である。

カントによればわれわれ人間の精神が世界についての客観的な認識を得ることができるのは、この精神が世界に対してアプリオリな認識の形式（直観形式と諸カテゴリー）を「投げ入れる」ことによってである。われわれはこの投げ入れによって「現象」としての客観的世界を、「構成」という仕方で手に入れることができる。とはいえ、それはわれわれの認識の形式を活用して生み出した現象であるから、その形式から絶対的に独立した「事物そのもの」

の世界ではない。現象はあくまでも「精神によって構成された精神に対する現れ」としての世界であり、精神とは相関しない、「物自体」という自存的な世界それ自体の在り方ではない。

われわれが自分の形式を世界へと投げ入れることによって、われわれにとっての客観的な世界――現象――が浮かび上がってくる。カントはこのような近代哲学に特有な事態を、「コペルニクス的転回」という表現で強調しようとした。一五世紀のコペルニクスは地動説(太陽中心説)を唱えたが、それは「回転する地球」という想定を置くことで、星の運行についての整合的で合理的な描像が描けるようになる、ということであった。カントによれば、自然科学におけるこの革命が、世界についての形而上学的な理解においても同様な形で遂行されなければならない。客観的世界の認識は、古代世界の哲学のように、人間を世界の中心に置くことで可能になるのではない。それは、形式の投げ入れという、現象の構成に本質的に関与する人間精神の自発的運動を想定することで、その可能性が確保されるのである。

このようにして確保される現象は、あくまでも認識活動に相関的な現象である。しかしそれはまた、幻や夢のような偶発的で純粋に主観的な思いなしと等しいわけでもない。幻や夢は精神の中にのみ現出して、外なる世界にはまったく対応するもののない、どこまでいっても単なる主観的、断片的な経験の在り方である。ライプニッツはモナドが担う形而上学的次元での実在世界とは別に、機械論的な力学法則に従う自然世界を指して、「よく基礎付けられた現象」と呼んだが、カントの現象世界もまた、ほぼ同じような意味で、形式的な基礎をもち、単なる主観的な偶発性や断片性を脱した客観性のある世界である。

ただし、ライプニッツとカントで「現象」の意味がまったく同じだというわけではない。カントの言う現象は、自己の総合作用を意識する精神にとって「外なる世界」が現れ示す姿、という意味をもっている。精神は、認識の多様なデータをその認識作用のもとで、カテゴリーという形式にもとづいて総合的に統一する。精神がその総合において、統一する自己の働きを意識していることが、とりもなおさず現象を外なる世界の現象として表象するということである。カントは認識のデータを総合して客観的統一へともたらすこの作用を「統覚(Apperzeption)」の働きと呼ぶが、この言葉自体は、ライプニッツがモナドの表象作用のなかでも人間の反省的世界表出を表すために用いた、意識的世界表象としての apperception という言葉と同じである。ただし、カントの言う統覚とは意識的反省を伴った表象という経験的な作用ではなくて、統一作用であると同時に自己意識でもあるような、人間精神に特有な自己－世界関係の構成作用を指す名前である。

超越論的統覚の働き

この複雑な作用を解明しようとした「純粋知性概念の超越論的演繹」という章が、難解な概念が頻出する『純粋理性批判』のなかでも、とりわけて読解の困難な個所であり、カント自身この作品の初版と第二版とで大きく書き換える努力を払ったところでもある。ここで「演繹」とは、何かの権利を立証する作業という法律的な意味で使われていて、「純粋知性概念の演繹」とは、カテゴリーとしての純粋知性概念が客観的認識を成立させる権利をもつことを証明する、という意味を負わされている。

> 「私は考える」ということは、あらゆる私の表象に伴うことができなければならない。なぜなら、そうでなければ、決して考えられえないことが私の内で表象されるであろうからである。このことは、表象が不可能であるか、そうでなければ少なくとも私にとって無であるかのいずれかであろうということにまったく等しいのである。すべての思惟に先立って与えられていることができる表象は直観と呼ばれる。だから、直観のすべての多様は、この多様がそのうちで見出される同一主観における「私は考える」に対する必然的関係をもつ。しかし、この表象は自発性の作用である、すなわち、この表象は感性に属するものとはみなされえない。私は、この表象を、経験的統覚から区別するために、純粋統覚あるいは根源的統覚とも呼ぶ。
>
> 『純粋理性批判』Ｂ１３２[7]

「私は考える」ということをカントは "Ich denke" とドイツ語で表すが、これはデカルトのいう「コギト」と同じことであり、それが別の言葉では「統覚」とも呼ばれるのである。

そして、デカルトはコギトをすべての認識の出発点にある必須の明証的認識としたが、カントはそれを、すべての表象に「伴うことができなければならない」ものという、もっと入り組んだ形式的な存在であると考えた。

統覚はその総合的統一作用によって表象（観念）を認識として成立せしめると同時に、それを自己に外的なものの経験として形成させる力をもった働きである。統覚は経験を表象し、観念的なものとして構成する。しかし同時に、その観念的なものが外の世界の表象、外の世界の認識という資格をもつものであることを保証する。人間精神の働きをこのように複雑なものと考えることで、カントはその認識論をバークリーのようなストレートな観念論ではない、超越論的な観念論としようとした。ここで言う「超越論的」とは、認識主体と外界との関係を、両者を超越し両者をともに見据える視点から考察する、という意味である。カントによれば、統覚の根源的総合作用によって構成される現象世界は、この観点から見て、観念的だが客観的だ、ということになるのである。

カントのこの超越論的観念論の理論は、物自体は知り得ないとする点ではロックからバークリー、ヒュームの伝統をそのまま引き継いでいる。しかし、われわれの認識のさまざまな形式（時空とカテゴリー）のアプリオリ性を、数学という学問の存在や論理学にもとづく判断表の正統性によって保証し、それによって経験主義では得られなかったような科学的知識の確実性を確保している。さらに、デカルトのいうコギトを個別的な私の明証的認識経験ではなく、一種の形式的な「意識一般」ともいうべき超越論的統覚の働きとすることによって、それ以前の観念という主観的働きの内部を突破する途を示唆しているともいえる。

こうした複雑で工夫に富んだカントの超越論的観念論が、バークリーのようなストレートな観念論と決定的に袂《たもと》を分かったのであるかどうかは、カントの同時代にあってもいろいろと解釈の分かれるところであった。またカント自身、「物自体は知りえない」という自分の立場が、細かい点では伝統的観念論と同一ではないことを熱心に強調しているとしても、それが直ちに科学的知識の絶対的な意味での真理性を主張するものではないことは十分に自覚していた。それだけでなく彼は、この人間認識の本質的な限界ということを、何らかの嘆くべき欠陥というよりも、むしろ有意義で歓迎すべきことであると考えた。なぜなら、カント自身が表明する批判哲学という企ての根本的な意図は、科学的な知識のもつ「人間にとっての客観性」をしっかりと確保すると同時に、一方では、「知識に制限を加えることで信仰に場所を空ける」という形で、人間にとって自然世界の認識以上に価値ある精神活動の次元を提示することを目指したものであったからである。

理論理性・実践理性・カント後の哲学

カントにとって本当の意味での物自体の世界とは、ニュートン的な世界を構成する科学的知性あるいは理性（これが純粋理性と呼ばれる）によっては到達されることがなく、実践理性という別種の理性使用の下で目指されるべき世界であった。それは、自律的な自己立法の能力をもつ人間精神が、互いに尊敬をもつことを至上命令とすることで成り立ちうるような、叡智《えいち》的な世界のことであった。つまり、理論理性よりも優位に立つ実践的理性が現出させる、道徳的行為や理性的信仰の世界にこそ、物自体というものに直接に与る可能性が認められるというのである。それは、人間どうしが決して互いを「手段」としてのみ扱ってはならないという、実践理性の命令する道徳原理に支配されるような、「目的の王国」という名の人格的世界の建設であった。

実践理性の働きをめぐるこの理論を展開した著作が『実践理性批判』（一七八八）であるが、そこでカントが展開した道徳論の骨格は、彼独特の厳格な術語を嚙み砕いて言えば、「自由、平等、博愛」を原理とする民主主義的共同体の要請、ということである。したがって、彼の道徳論と法理論とは、近代西洋の社会的基礎理念となったロック以来の人権説と民主主義の原理にまっすぐつながるものである。カントは「目的の王国」という新しい言葉を導入して、現象と物自体という二世界論を展開しつつ、それを経由した形で、自然世界とは独立な市民的社会の理想を描き出そうとしたのである。

さて、カントの後に出てきたドイツの哲学者たちは、カントの「知識に制限を加えることで信仰に場所を空ける」というこの方針を、哲学的に見てかなり不徹底な態度であると批判した。世界の実質を作る物自体は、道徳的世界という、この世界とは別の叡智的世界でのみ経験されるものではなくて、むしろわれわれ自身が身体という次元で直接に経験するような、「非理性的な生への意志」という形で、現象世界と並んですでに与えられているのではないのか（ショーペンハウアー）。あるいは、現象の経験を担うとされる意識一般とは、カントのいうように外的な世界の認識を可能にする純粋に形式的な機能ではなくて、「自由の意識の進歩」という根本の論理に従いつつ、自己を外化し、また自己へと戻ってくるという形で、歴史的世界のなかで具体的に形成されていく理性そのものの発展の運動なのではないのか（ヘーゲルの「絶対的観念論」）。

カントの後のこうした哲学的模索は、デカルト以来二〇〇年にわたって続いてきた意識の哲学の限界の突破へとつながっている。それはカントを新たな出発点とする一九世紀ドイツ哲学の大きな興隆をもたらしたばかりではなく、歴史的世界を作る理性としての言語活動や、非理性的意志をも巻き込んだ生の活動への鋭い着目という意味で、本書の次章と次々章のテーマの前触れとなっている。したがって、カントが合理主義と経験主義の総合を成し遂げたというしばしば語られるストーリーには、必ずしも十分に納得できない点が残るとしても、カント哲学こそが現代哲学の展開を可能にする大きなターニング・ポイントを用意したということについては、疑いがない。デカルトによって始められた近代の哲学は、カントによってその先へと向かう歴史上のモーメントを与えられたのである。

第三章　言語の哲学——二〇世紀

1　論理学の革命

独我論の脅威

デカルトやカントの意識を中心においた哲学の問題には、心身問題という大きな難問が横たわっていた。この心身問題はデカルトのすぐ後のスピノザやライプニッツにとっての問題であったばかりではない。カントのように、心の働きを精神という実体の本性というよりも現象構成の形式的な機構と見なすような視点では、心と身体の二元性の問題はあからさまな仕方では表面化しなかったが、問題そのものが残されていたことには変わりがない。

カントは、超越論的な反省の次元にある統覚すなわち「私は考える」という働きが、人間という具体的な存在者の個別的、偶然的な心の作用ではなくて、形式的な次元での意識一般による経験の成立条件であり、精神と身体とをともに備えた人間は、「経験的自我」として、これとはまったく別のものであると考えた。しかし、彼はこれら二つの自我の間の関係がどうなっているかということについて、十分な説明を与えなかったばかりか、実践の主体としての「物自体としての自我」というものをも導入した。それゆえ、現象界と物自体の世界の二元性の問題は、心身問題と同型の問題として残されたのである。

しかし、デカルトに発してカントへと至る意識としての精神という哲学の枠組みには、こうした心身問題や認識論的基礎付けの問題以外にも、もう一つ非常に大きな問題が横たわっていた。それは、「独我論」の脅威ということである。

独我論（ソリプシズム）とは、文字どおり、世界のなかには「我」一人のみが存在して、それ以外には何も存在しないという考えである。私の見ている世界は私の意識する観念や、私が構成する現象としての世界である。したがって、世界全体は「私の心の中にある」、あるいは「私の心の産物」ということになる。そうであるとすると、私が思考をやめるならば、観念や現象は存在しなくなるのであるから、世界そのものが存在しなくなるように思われる。

独我論はこうした見方を推し進めたところに成立する立場である。この立場はいろいろな仕方で語ることができる。たとえば、私が経験している現実のすべては本当は大きな「夢」にすぎない。あるいは、私は精神としての自己の存在を自己意識という手段を通して確証しているのであるから、外に見える「人間のような姿」は、実際には単なる物質、あるいは人間のように動く精巧な機械、ロボットに他ならない。世界には結局、思考するものとしては唯一「私」だけが存在していて、他の一切は他我であれ事物であれ、私の内なる幻影的な存在ではないのか。

この議論はもともとデカルトの方法的懐疑において当初から提出されてきた思考実験の内実であるが、それがデカルトの言うように神による保証によって全面的に廃棄できるとは限らない、ということになれば、「世界には私しか存在しない」というこのテーゼは有効であるということになる。また、バークリーの観念論を認めたうえで、神による事物の知覚という議論の支えをはずしてしまえば、独我論は必至ということになるだろう。また、カントの哲学でも、私という存在を超越論的自我として現象界の限界ないし外に位置させた以上、独我論はきわめて自然な議論の帰結ということになる。カントの後に登場したフィヒテの自我論やショーペンハウアーの観念論は、カント哲学の独我論的な含意をむしろ積極的に前面に押し出しつつ、人間にとっての意志や行為の意味を考えようとした哲学である。

しかし、独我論は必ずしも歓迎すべき帰結ではない。私は自分が思考するものであることをたしかに知っているが、世界のなかに意識をもった者が自分しかいないとは基本的に考えていない。私は無数の事象や事物について知覚し、考える多くの存在者のなかの一人として、自分自身の思考を展開している、感覚や知覚、推論や意志の主体の一例にすぎない。私は世界の限界や世界の外に立つような、特権的な純粋意識ないし自己意識的主体ではないように思われる。

言語論的転回

近代哲学が含意する恐れのあるこの独我論を脱却して、夢のなかのモノローグ的幻影ではないことをはっきりさせる一つの方向は、思考や推論の本質的特徴を意識作用と見なす発想を捨てて、われわれの思考作用が複数の存在者の間の情報の交換であり、われわれの思考作用は本質的に「言語」という共同体的な基盤の下で成立している、と考えることである。

デカルトに発しカントにおいて非常に精緻な形の哲学となった近代哲学は、すでに見たように、哲学の「認識論的転回」を遂行したものであった。これにたいして、近代哲学に対比される現代哲学の特徴は「言語論的転回（linguistic turn）」の産物であることにある、と言われることが多い。言語論的転回とは、人間の認識の構造や形式的基礎、その特徴を、意識作用として分析するのではなく、言語の交換や伝達、創造の過程として解釈しようとする見方の構想ということである。もしもわれわれが心の働きを分析する際に、その言語的な本質に着目するならば、言語は何よりも共同体に固有の存在であることがはっきりしている以上、独我論を避けることができるのではないのか。

この点はすでに、カントの時代に、カントの後輩に当たるハーマンや、カントの弟子であったヘルダーが指摘していたことであった。ハーマンはカントが哲学の主題を「認識批判」であると主張したことにたいして、むしろ哲学の主題は「言語批判」であるべきだ、と論じた。というのも彼によれば、カント流の批判的啓蒙主義には、さらにメタレベルからの啓蒙的な批判が必要であり、それによって理性の基盤がむしろ言語という原–理性的なものにあることを明らかにしなければならないからである。またヘルダーは、言語が人間精神の本質である「自由」に特有の産物であることを強調するとともに、それが歴史や地域によって固有な仕方で発展しうるものであることを強調した。この多元的言語観によれば、人間の認識における形式的条件もまた、アプリオリではなく歴史的、動的なものと見なされることになる。

そして、このヘルダーの哲学をさらに「精神の現象の学」として深化させるとともに、共同体的な意識の形成と発展をめぐる大規模な存在論を構築しようとしたのが、われわれが「序章」のなかでその哲学史の論理を垣間見た、ヘーゲルの哲学である。ヘーゲルはカントがアプリオリであると考えた知性のカテゴリーが、決して論理学の判断表から演繹されるような普遍的なものではなく、歴史のなかで発展し、その経験的妥当性を自己の力で確保していくような動的な運動であると考えた。そしてこの動的な運動が、孤立した認識主体の道徳的意識の次元を超えて、共同体的な法の精神へと発展することで、真の理性へと具体化すると主張した。

カントにおいては分裂していた経験的主観と超越論的主観、物自体としての自由な精神の問題が、ヘーゲルにおいては理性へと自己発展する精神の運動、すなわち弁証法という論理によって、乗り越えられるように考えられたのである。

カントへの挑戦

しかしながら、哲学における近代から現代への変換が、言語への注目ということを軸にして生じた理由が、ただ単に独我論を回避して、精神の共同体的性格に注目するということだけにあったかと言えば、そうではない。哲学において言語が大々的に問題になるためには、もう一つ大きな理由が必要であった。その積極的な理由とは、論理学の革命ということである。

カントは、ヘーゲルも批判したように、論理学がアリストテレス以来永遠に変わらない思考の形式の体系であると考えて、その体系を下敷きにして知性の形式的な条件を枚挙するカテゴリー表を構想しようとした。論理学についてのこの理解は、歴史的な理解として必ずしも正確ではなかったが、大切なのは論理学の細部にかんする歴史的理解ではなく、彼が依拠したアリストテレス的論理学観の想定する基本的な了解である。カントはアリストテレスの三段論法の体系そのものを文字どおりに踏襲したわけではないが、その基礎にある命題形式を不変のものであると考えた。それは『オルガノン』の『命題論』における命題の形式にかんする理論であるが、カントは命題にかんするこの形式的な理論が固定した永遠なものであると信じたうえで、命題を可能にするカテゴリーについて、独自の工夫をこらそうとした。

そして、こうした論理的道具立ての下で、数学的判断や自然学の形而上学的原理の性質を特定しようと試みたのである。

しかしながら、もしもこの論理学の基礎部分そのものが誤っていた、あるいはこれとは大きく異なる他の可能性もありえたということになれば、カントの認識論的な基礎付けの試みは根底から瓦解するということにもなりかねない。それは個々のカテゴリーがアプリオリであるか歴史的なものかという問題以前の、命題とは何か、判断とは何か、真理とは何かという形式論理的な議論全体にかかわる問題である。

問題の焦点は、カントが立てた「アプリオリな総合判断はいかにして可能か」という基本的な問いに直結する。カントは「2＋2＝4」のような数学的命題について、この命題は述語が主語に内包されていないような拡張的な命題であるので、総合的な判断であると主張した。そして、科学的知識はその基礎にアプリオリな総合判断をもつために、確実でありながら発展可能なものであると主張した。しかしながら、この主張のために依拠した論理学の大前提が普遍性をもたないものであったのであれば、彼のこの主張は成立しないということになるであろう。判断の真理を担う命題は、カントがアリストテレスの論理学以来揺らぐことのない原理と信じたような、主語と述語からできているわけではないかもしれない。そうであるとすれば、分析判断、総合判断という区別そのものについて、根本的な再考が必要となるであろう。

新しい論理学

一九世紀後半に生じた論理学の形式的な研究上の革命は、このことをきわめてはっきりとさせ、カント哲学への大きな挑戦をつきつけた。判断の分析性、総合性という区別を、アリストテレスよりも強力な論理学を前提にして整理すると、数学的真理は総合判断ではなくて分析判断である、ということになるかもしれない。そうであるとすれば、「総合判断を構成する超越論的主観の働き」という認識論的構図そのものが、誤りだというよりもそもそも無意味だ、ということになるだろう。

現代哲学は、この論理学の革命をまって初めて全面的な「言語論的転回」を果たすことができたのであるが、その帰結は単なる独我論の回避以上に、知識の基礎付け作業の全面的な再編ということにならざるをえなかった。独我論は言語論的転回が回避しうる認識論上の一障害であった。しかし、主語－述語論理の普遍性の否定は、それ以上の大きな帰結をもたらし、哲学の再編成を余儀なくさせた。この再編をもたらす論理学の革命の代表的な立役者となったのは、アメリカとドイツの数学者兼哲学者であった二人の思想家、パースとフレーゲである。

パースは一八八三年に大学における弟子たちとともに論文集『論理学研究』を出版し、この形式的論理学の一つの体系を公表した。また、フレーゲはこれに先立つ一八七九年に発表した『概念記法』という著作において、複数の概念を組み合わせるとともに、そこから思考の演繹的推論の妥当性を確保するような、命題形成の規則と命題変換の規則のための別の体系を作り出した。これらはほとんど同時期に発表されたが、二人の間には思想的交流はなかった。しかし、彼らの生み出した体系は実質的に同じ論理学の体系であり、それらが二〇世紀になって広く利用されるようになると、「形式論理学」とか「記号論理学」とかと呼ばれることになったのである。

パースやフレーゲ以前の伝統的な論理学と、彼らが生み出した新しい論理学の違いはこうである。

アリストテレス以来の論理学では、われわれの判断行為の単位である文、つまり命題は、主語と述語からできている。「ソクラテスは人間である」「人間はすべて死ぬ」。われわれはこれらの主語―述語の形式の命題から、「したがって、ソクラテスは死ぬ」という結論を導くことができる。これが大前提、小前提、結論という三つの命題からなる三段論法のもっとも単純な形である。

同様に、「ソクラテスはプラトンの師である」という命題を考えてみると、この命題も右の命題などと同じように、主語―述語形式をとっているように見える。そして、この命題からは当然のことながら、「したがって、ソクラテスには少なくとも一人の弟子がいる」という命題を導くことができるように思われる。ところが、この推論は三段論法によっては導くことができない。というのも、最後の命題を表現するためには、主語の性質を表す述語ではなく、「師弟関係」という関係を表す関数表現が必要となり、しかも、「あらゆる」とか「少なくとも一つの」というような、命題に現れる対象の「量」を表記する記号も必要となるからである。

パースやフレーゲの新しい論理学が導入した命題の考えは、こうした推論を自然に行いうるような強力な命題観である。それは、「命題とは関係を表現する関数が、その定項や変項として個別的な対象を含むものであり、それに加えて、それらの対象についての量的表記を行う「量化子」を加えたものである」、という考えである。つまり、「師弟」という関数が「ソクラテス、プラトン」という値をとったり、「師弟」という関数が「ソクラテス、X」という値をとって、Xに「一個以上の」という量化の作用を加えたりするのが、命題だというのである。

新しい論理学は主語−述語の命題形式を廃棄することで、命題どうしの演繹的な関係の推論の力を飛躍的に増大させた。しかし、論理学の革命の射程はそれだけに留まらない。というのも、主語−述語の命題論は、「実体とその性質、属性、本性」という形而上学の伝統的な図式と密接に結びついていたものであることを考えれば、この変革は必然的に形而上学の大きな変革へと結びつく可能性を秘めているからである。

もちろん、この可能性がはっきりと意識されるようになるのは、哲学における言語論的転回がかなり進んだ後の時代になってからであって、この革命が生じた当時の哲学的議論において、その哲学的意義としてさしあたり意識されていたことは、すでに見たような二つの問題であった。すなわち、一方ではデカルト以来の意識の哲学が孕む独我論的傾向からの脱却ということが求められており、他方では、数学の哲学を中心とする科学哲学的側面でも、カントへの批判と新しい科学哲学の構築ということが焦点となっていた。フレーゲもパースも、自分たちの論理学の成果がもたらすこれらの意義の両方を十分に意識していたが、歴史的に見ると、このうち主として前者の側面を前面に出す功績を担ったのがパースであり、後者の方向の礎を打ち立てたのがフレーゲであると言うことができる。

新しい哲学の創始者パース

チャールズ・サンダース・パース（一八三九〜一九一四）はハーヴァード大学の代表的な数学教授の次男として、若いときから数学者、物理学者、天文学者としての活躍を期待された哲学者である。彼は父の計画していた『数学の新しい綱要』という数学体系を完成させることを目指した。ここで言う「綱要（エレメント）」とは、ユークリッドの『原論（ストイケイア）』が英語では *Elements* と訳されたことから来ていて、ユークリッドの体系にも匹敵するような厳密で包括的な数学体系を目指す、ということを意味していた。

実は、一九世紀の論理学の革命には、数学の世界での大革命が先行していた。哲学の近代を切り開いたデカルトは、古代以来の幾何学とアラビア由来の解析学を総合して、解析幾何学という革新を成し遂げた数学者でもあった。それと同じように、一九世紀の中頃には、ユークリッド幾何学とは異なる公理系が複数考案されたり（ロバチェフスキーやリーマン）、無限の要素を扱う集合論（カントール）などが提唱されたりして、それまでの近代数学の全面的刷新という意識が強まると同時に、数学の諸分野にたいする新しいメタレベルでの総合の気運が高まっていた。

パースの父の企ては、数論から幾何学までの数学一般を、トポロジーのような抽象性の高い構造や形式の理論によって統一化しようという試みであった。パース自身は父親のこの計画を引き継ぐとともに、独自の論理学の研究を若いときから継続し、イギリスの経済学者兼論理学者ジェボンズの「関係の計算」という発想なども取り入れて、推論にかんするもっとも包括的で抽象度の高い形式体系として「関係の論理学」という体系を生み出した。彼はジョンズ・ホプキンス大学の論理学の講師となり、そこでこの成果を公刊したが、ここには父子二代の研究を通じて、数学の革命から論理学の革命へ、というプロセスの実例が見て取れる。

さて、パースによる論理学の構築とは、この関係の論理学の精密化と重層化の過程であるが、その洗練された記号法はドイツのシュレーダーやイギリスのホワイトヘッドなどの採用するところとなり、今日の記号論理学の表記法の根本的スタイルを定めたというところが重要である。彼は同時に、この論理学の革命が含意する哲学的な意義を考えて、形式的論理学の定式化は人間の思考の「記号性」の顕在化につながる、という議論を展開した。論理学の革新者ではなく新しい哲学の創始者としてのパースの業績は、この記号論的認識論の形成と、その延長上での、「プラグマティズム」というアメリカ独自の哲学的立場を提唱したことにある。

パースは論理学の完全な形式化に成功する以前の三〇歳前後に、『思弁哲学雑誌』という雑誌に、「人間に備わっていると主張されてきたいくつかの能力への問いかけ」「四能力の否定の帰結」という二篇の哲学論文を発表していた。この雑誌はアメリカにおけるヘーゲル主義の哲学雑誌というかなり奇妙な性格のものであったが、彼は当時としては先端的な哲学雑誌を舞台に、「観念の知覚」という図式で描写される、デカルト以来の近代哲学の認識モデルを全面的に批判しようとした。パースはもともと哲学者というより論理学者、科学者として活躍が期待されていた経歴から、その後の生涯にわたっても哲学の分野で著作と呼べるようなものは出版していないが、多数の論文の形で多くの独創的な哲学的アイデアを公表した。著作よりも論文というこの発表のスタイルは、パースだけでなくその後の言語分析の哲学者などにおいてもしばしば見られる傾向であり、この点がそれまでの哲学の叙述のスタイルと変わってきた点である。

これらの論文の第一論文で、「人間に備わっていると主張されてきたいくつかの能力」と言われたものは、第二論文のタイトルでは「四能力」と言い換えられているが、「人間に備わっていると主張されてきた能力」とは、要するにデカルト以来カントに至るまでの近代哲学史において共通に想定されてきた認識能力ということであり、この四能力とはすなわち、「内観」「確実な自己認識」「記号なき思考」「物自体の認識」の四つを指す。パースはこれらの認識能力の無批判的な想定を否定して、われわれの認識とは内的な観念の直観（内観）ではなく、記号的に媒介されたものであり、それゆえ物自体の直接的な認識でもないこと、また、認識が直観ではない以上、自我そのものの認識も媒介されたものであり、したがって不確実性を残すものである、ということを主張しようとしたのである。

思考即記号、人間即記号

パースによれば、人間精神の本質は意識作用ではなく、記号的な思考作用である。そして、人間が使用している言葉や記号こそが人間そのものである。なぜなら、すべての思考は記号であるということを認め、かつ、一人の人間とはその思考の歴史、推論の連鎖からなる総体であるということを認めるならば、人間とは一個の記号の世界であるということになるからである。

思考とは記号作用である——。これは、思考を本質的に三つの要素からなる三項関係として見ることで、認識主体と対象の二項関係とする見方を否定しようという考えである（デカルトのコギトが強調した「直観」が、この二項関係の純粋な形態である）。記号（sign）とは、あるものA（物理的な存在としての知覚可能な記号）が、ある他のものB（指示対象）を指し示すことであるが、このAによるBの指し示しは本質的に、記号を解釈する解釈者に何らかの解釈項C（interpretant）を喚起するという仕方で生じる。解釈項Cなしの直接的な二項関係は記号の派生的、二次的な特殊な在り方である。たとえば、「犬」という言葉は、現実のイヌを指示し、その指示作用に付随して「動物」「ペット」「番犬」などの解釈項を心のなかに喚起する。このとき、犬という言葉が現実のイヌを指示するだけで、何らの解釈項を喚起しないというようなことはありえない。精神の活動はつねに後続の思考を喚起し、それゆえに本質的に直観的ではなく推移的で推論的なのである。

人間とは一個の記号である――。これは、認識する自我や精神が閉鎖的な内面ではなく、記号の推論的連鎖の過程に即した流動的で、開放的なものだという考えである。認識の主体は記号を解釈的に使用することで記号の意味を展開させ、変化させていくが、同時に記号のほうの変化によっても影響を受け、その性格を変化させていく。というのも、記号の成立は独我論的なものではありえず、つねに他の解釈者による解釈の自由にさらされており、したがって記号の使用者としての主体も、自己完結的なものではありえない。思考は記号のシステムのなかで意味をもち、システムとして発達する。同様に記号の使用者であり解釈者である思考の主体も、解釈の共同体のなかで自分の存在を確認し、その独自性、主体性を理解する他はない。人々は互いに関係しあい、協働しあい、競争しあい、修正しあう。人間同士の関係はこのように記号同士の関係の複雑になったものである。

「人間が一個の記号である」というこの思想は、「人間が本質的に言語や記号を操る動物だ」という、よく言われる人間論に似ているが、実際にはそれ以上のラディカルな思想を表している。というのもそれは、二一世紀のわれわれにはきわめて馴染《なじ》みのある、人間とコンピュータの共同作業という考えや、脳とコンピュータとの同一視にもつながるような、言語と人間とのインターラクションの地平を開く思想だからである。

そして、思考即記号の考えと人間即記号の考えは、パースの生きた一九世紀後半以降今日に至る歴史のなかで急速に自然な見方となった、大規模に組織化され、つねに改良と変換を期待されている「科学の世界」というものに対応した認識論であるとも言える。諸科学は関係しあい諸理論も関連しあう。そして、真理はガリレイやデカルトの時代のように、一人の探究者の精神の内なる観念として存在するのではなく、知識の追求者の共同体において承認された「暫定的な真理」のネットワークとして存在する。パースの記号論的認識論は、言語と人間との相互作用に光を当てると同時に、科学的探究の世界の今日的なイメージをいち早く哲学的に把握しようとした試みでもあったのである。

他方、パースのプラグマティズムは、これらの人間記号論が発表されたほぼ一〇年後に、「科学の論理の解明」という連続論文の形で発表された哲学理論である。それは科学的探究と、われわれの信念や臆見（絶対的確実さが保障されていない認識）との関係をめぐる議論のなかで発表された。

パースのプラグマティズムの要点は、デカルトのようにわれわれの認識に「絶対的な確実性」を要求する認識のモデルは、現実の探究の文脈のなかでの信念の占める位置にかんする誤った理解にもとづいたものであるということである。また、信念の絶対的確実性を確保するという方向で認識の哲学的基礎付けを行おうとし、そのための手順として方法的懐疑を行おうとするデカルト的な認識論の企ては、探究の文脈において果たす「疑い」「懐疑」の役割の意味について誤解しているだけでなく、心理的にも不可能な要求をしているということである。

これらの二点は当然のことながら密接に結びついている。パースによれば人間の知的探究とは、信念から懐疑へ、懐疑から信念へとジグザグに進行する、連続的でダイナミックなプロセスである。われわれはさまざまな信念をもって生活しているが、その信念のネットワークに何らかの不審な点が生じれば、個々の信念を疑いに付し、それにかんする探究へと赴く。探究が実験や観察を通じて何らかの確固たる信念に至れば、それが絶対的な確実性を保証されていなくとも、とりあえず既存の信念に代わる新しい信念として採用される。この連続的な探究のプロセスは、われわれにとって疑いは不快であり、信念という行動への基盤の確保は快であるという、人間本性の傾向にもとづいている。

人間は行動（プラグマ）を欲する。信念は行為を促す理由という役割を果たす。思考とは行動を計画するための熟慮のことであるから、もしも行動という文脈を離れた単独の心的な過程であったならば、単なる記号の機械的操作と等しいものになってしまう。行動という文脈のなかで疑問も生じ探究も生じる。この行動と探究の文脈のなかで、何もかも疑ってしまい、すべてに判断の保留を付けようとする過剰な懐疑は可能だろうか。そうではない。

> わたしたちは完全な懐疑から出発することは不可能である。わたしたちが哲学の研究にはいるとき、わたしたちは、わたしたちが現にもっているあらゆる偏見から出発せざるをえない。これらの偏見を格率で追い払うことは不可能である。なぜなら、偏見とは、そもそもそれが疑われうるものとは毛頭気づかれないようなしろものだからである。こうして、懐疑から出発する試みはたんなる自己欺瞞となり、けっして本当の懐疑とはならないであろう。そして、デカルトの方法に追随する人はだれでも、自分がかつて一応放棄した信念をもう一度形式的にとりもどすまでは安心し満足しないであろう。
>
> 「四能力の否定の帰結」[8]

パースにとっては、懐疑は生きた「本物の懐疑（a real doubt）」でなければならず、単なる疑いのための疑いであっては意味がない。それが生きているということは、懐疑が探究という文脈のなかに一定の価値のある場所を占め、旧来の信念に代わる新しい信念を求めさせる機能を果たすということである。そして、旧来の信念が疑われている間も、懐疑から免れた他の信念のネットワークがなければならないのは当然である。このネットワークが特定の個別的信念と懐疑とを支える基盤であり、探究を可能にしている土壌であるからである。

一切の信念を全面的に白紙にしてしまう普遍的懐疑は探究の土壌を掘り崩してしまい、懐疑もろとも探究を不可能にする。探究はあくまでも行動の基礎となる信念を提供することに眼目がある。「プラグマ」とはこの探究の動機にして目標でもある行動を意味するギリシア語である。プラグマティズムとは人間の知的探究の目標を行為や行動に見定める哲学のことである。この哲学は、パースの大学時代以来の友人であった、ジェイムズによって、真理や信念をめぐるさらに徹底した反デカルト主義へと拡張された。この反デカルト主義は、ジェイムズのみならず後期のウィトゲンシュタインなど、二〇世紀の多くの哲学者の共通の旗印となった。しかし、ここではその出発点となったパースの記号論的認識論に注意することに留めて、その具体的な内容については、次章のジェイムズ哲学にかんするところでもう一度見ることにしたい。

フレーゲの算術の哲学

他方、パースと並んで論理学の革命の代表的リーダーとなったフレーゲの哲学のほうは、次のように展開した。

ゴットロープ・フレーゲ（一八四八〜一九二五）はドイツのヴィスマールという都市に、私立の高等女学校を経営していた両親の下に生まれた。ヴィスマールはドイツの都市といっても、バルト海に面した港町で、歴史的にはスウェーデンの領地となった時代もある地域である。ドイツの哲学者とはいえ、北方バルト海地域の出身という意味では、フレーゲはカントに似ている。彼はイェーナ大学で数学と哲学を学び、ゲッティンゲン大学で数学の博士の学位を得た。イェーナ大学に戻って数学の私講師となり、生涯の大半をそこで過ごした。

フレーゲの論理学の改革への努力は、数学という学問、特に算術における真理の全体を、論理学の体系の真理へと還元するという、独特の目標の下で成し遂げられた。算術を論理学に還元するというのは、算術のシステムの中に現れる定理や証明の一切を、すべて論理学の体系に現れる定義、推論法則によって書き直し、その妥当性を論理学によって保証するということである。このことが可能であれば、数学とは記号法こそ異なっているように見えても、論理学そのものと実質において異ならないことになる。数学は論理学の一部分である。そして論理学の真理は、一切の経験をまたずにアプリオリに成立する分析的真理である。したがって、数学が論理学に還元されるのであれば、数学上の真理はアプリオリな総合判断ではない、ということになる（ただし、フレーゲは数学といっても算術と幾何学をまったく別の学問と考えて、幾何学についてはカントの説が正しいと見なした）。

数学を論理学と同一視するフレーゲのこうした考え方は、後の一九二〇年代に、数学の基礎にかんするさまざまな哲学上の見方が提唱されたときに、カルナップらによって、数学にかんする「論理主義」と呼ばれるようになった立場である。フレーゲは数学にかんするこの論理主義のプログラムを成功させるために、まず論理学そのものを完備したものにしようと考えた。すなわち、論理学上のすべての推論にかんして、推論上の飛躍や欠落などがまったくない、「隙間のない推論」の体系を作ろうとした。先に触れた『概念記法』の論理学の体系は、このような意図で考案された論理学のシステムである。

『概念記法』は論理主義という独特の数学観を展開するための基礎作業であるが、その立場に立って、実際に算術を論理学へと還元する作業を具体化して見せたのが、『算術の基礎』（一八八四）、『算術の基本法則』（一八九三〜一九〇三）などの著作である。

フレーゲはこれらの著作で算術の論理学への還元というプログラムを詳細に展開しようとしたのであるが、その過程で、数学の哲学において採用されるべき方法論的要請というものを考案し、その遵守ということを重視した。それは、「心理的なものと論理的なもの、主観的なものと客観的なもの、の厳格な区別が必要である」、「概念と対象との明確な区別を立てねばならない」、「語の意味への問いは単独では成立せず、命題という文脈においてのみ成立する」という、論理学や数学を対象としたアプリオリな領域の解明に要請される方法論的条件である。これらは、その後の数理哲学の発展において決定的に重要な役割を果たすことになった条件である。

彼はこれらの要請の下で、たとえば「数1とは何を意味するのか」というような形をとる問いを練り上げていき、「自存的対象としての数」の厳密な数理解が導かれることを明らかにした。彼は数の後続関係を「と等しい」という言葉で表現する特殊な用語法を用いるが、この分析では、「数0」は、「自分自身と等しくない」という概念に帰属するような数のことを意味し、「数1」とは、「0と等しい」という概念に帰属する数を意味し、「数n」とは、「n－1の後続者」を意味するとされる。「概念Fの数」という形式を用いた自然数についてのこの定義こそが、主観的な観念でもなく、対象そのものやその性質でもない、数という独特の存在者の客観的性格を明らかにすることにつながり、そこからたとえば「2＋2＝4」のような、演算や等号を含む文の十全な解明が可能になるとされたのである。

「言語哲学」の問題領域へ

フレーゲの研究は本来、このように算術の基礎を十全な仕方で明らかにするという課題に集中していたのであるが、この分析の手法はその展開の過程で自然に、語や文という言語的存在の「意味（Bedeutung, reference）」や「意義（Sinn, sense）」についての哲学的反省へと途を開いた。というのも彼は、「概念Fの数」というような数の定義の中に現れる表現をさらに厳密に分析しようとするためには、「概念」というものの性質を「関数」というさらに広い発想によって解明する必要があると考えた。そして、関数にはその値との対応という側面と、値を生み出す計算メカニズムという二つの側面が存在することに注目し、この二側面がさまざまな言語表現のもつ「外的指示作用としての意味」と「内的表示作用としての意義」とにぴったりと重なり合うことを見出したからである。ここには、数学という知識の厳密な哲学的基礎付けから出発しながらも、「言語哲学」的な問題領域へと思索を深めていった哲学者フレーゲの軌跡がある。

たとえば、「明けの明星は明けの明星である」という命題と、「明けの明星は宵の明星である」という命題を考えてみる。前の命題は純然たる自己同一的言明、トートロジー、同語反復であるから、何の情報も伝えていない。他方、後の命題は真なる知識を伝えている。ところが、明けの明星と宵の明星とが同一のものであるとしたら、これら二つの命題は同じ命題でなければならないはずである。これは謎めいた事態である。

フレーゲはこうした謎を説明するために、意味と意義の区別を設定した。二つの言語表現「明けの明星」と「宵の明星」は、その「意味」、その指示対象について言えば、まったく同一の金星という星を指している。しかし、その「意義」、その表示内容、指示生成のメカニズムは異なる。それゆえに、同一の意味を結びつけた命題であっても、意義を異にする表現どうしの結合であれば、トートロジーにはならず、情報をもった命題となる。

フレーゲは意味や意義などの言語分析的概念を基礎にして、「明けの明星」のような対象指示の表現だけではなく、「太陽系には八つの惑星がある」のような命題の「真偽」から、「私は太陽系には八つの惑星があると信じている」のような、「命題的態度」(「信じる」「知る」「疑う」「願う」など)を含んだ複合的命題の分析まで、言語一般の有意味性の確保のメカニズムを包括的な視点で明らかにしようとした。

これらの言語哲学的探究は、『算術の基本法則』の出版に前後する時期に、いくつかの雑誌において論文として発表された。そして、その理論は非常に注意深く練り上げられた、厳密かつ精緻な探究であったが、当時の哲学界ではほとんど顧みられることがなかった。というのも、フレーゲは基本的に数学者として研究活動を行っていたからであり、たとえば当時のドイツの主流の哲学思潮であった、新カント派の哲学とは交流する場をまったくもたなかったからである。その意味で、彼の言語哲学的探究は学界からきわめて孤立した、個人的な知的努力と言うべきものであった。

フレーゲが論理学の革命と言語哲学の創設へと向かっていた当時、大学を中心とする講壇的な哲学の世界で、主流となっていたのは新カント派の哲学である。それは一九世紀中葉以降、ヘーゲルの哲学がきわめて大きな影響力をもった後で、もう一度カントの認識論的哲学の問題意識に戻るべきではないのかという意識から生まれ、「カントに帰れ」というスローガンの下に広い支持を得ることになった哲学の運動である。それはヘーゲルのような大規模な歴史観や形而上学的体系よりも、科学や数学の構造分析という作業に哲学の課題を限定するべきだという主張であり、当時のドイツにおいて急速に発展した科学に即した哲学の再構築を目指したものであった。

この運動の影響は当初のドイツ国内の運動を超えて、ヨーロッパの各地やイギリスなどにも飛び火したが、その拡大の過程で、本来のカント対ヘーゲルという対比を超えて、ドイツ哲学の先進性の強調という性格をもつようになった。たとえばイギリスでは、新カント派と新ヘーゲル派とは、ほとんど区別のない、ドイツ風の思弁的な哲学というものを意味するようになった。一九世紀後半のイギリス哲学の中心的舞台はオックスフォード大学とケンブリッジ大学であったが、そこで主導的役割を果たしていたブラッドリーやマクタガートの哲学は、新カント派と新ヘーゲル派の哲学を組み合わせた形而上学的世界観であった。

フレーゲ後の二〇世紀哲学

しかしながら、こうした哲学界の主流とのかかわりや評価とは別に、フレーゲの数学理論や言語哲学への関心を抱く、少数の思想家が徐々に現れるようになった。それらの人々はまさしく数学者兼哲学者でもあった人々であり、彼らはフレーゲの思想がもつ大きな意義を、時代に先駆けて鋭く洞察することができた。そうしたフレーゲ評価の代表の一人が、イギリスのラッセルであり、もう一人がドイツのフッサールである。

バートランド・ラッセル（一八七二～一九七〇）は次節で見るように、イギリスのケンブリッジ大学で哲学、論理学の研究を行い、分析哲学という運動を哲学の主流へと導くことになった哲学者の代表である。彼はその哲学の出発点においてイタリアの数学者ペアノから集合論にもとづく算術の基礎付けという発想を教えられ、論理学と数学の総合という企てがもつ決定的な意義に強い感銘を受けた。彼はフレーゲが抱いた論理主義という数学の哲学の企ての継承発展を目指すとともに、その内在的な困難についてもっとも鋭い意識をもった。そして、彼はこの運動の推進過程で、ウィトゲンシュタインというもう一人の分析哲学の中心的思想家を弟子として迎えたが、オーストリア人のウィトゲンシュタインは、フレーゲの勧めによってラッセルの下で学ぶようになったのである。さらに、一九二〇年代に、ラッセルやウィトゲンシュタインの哲学を「論理実証主義」という固有の思潮へと変換したのは、ウィーンを中心とする科学哲学の研究グループ、ウィーン学団であったが、その中心メンバーの一人カルナップもまた、フレーゲのかつての教え子であった。

他方、エトムント・フッサール（一八五九～一九三八）は、現在のチェコのモラヴィア地方に生まれたユダヤ系オーストリア人である。彼はベルリン大学で数学を、ウィーン大学で哲学を学んだ後、ハレ大学の哲学の私講師となって、『算術の哲学』（一八九一）を出版した。この理論は数の成立ということを、いろいろな事物を「数える」「集める」という人間の心理的な作用によって基礎付けようとする、心理主義の立場に立っていた。これにたいして、自然数の構成のプロセスを心の働きに帰着させるこうした試みが、数という自存的存在の客観性を覆してしまうという批判を、先に挙げた数学の哲学における方法論的要請というものにもとづいて展開したのが、一八九四年のフレーゲによる同書の書評である。

フッサールはこの批判を全面的に受け入れて、数などの理念的存在者についての客観主義的分析の必要を痛感した。そこで彼は、数のような記号的表現の意味や意義を論じる第二の著作『論理学研究』を一九〇〇〜〇一年に発表したが、その第一巻は「純粋論理学序説」、第二巻は「認識の現象学と認識論のための諸研究」と題されている。ここで言う純粋論理学とは心理学的理解を排した、イデア的な理念としての論理的諸概念、諸法則の考究のことである。そして現象学的分析とは、「論理的諸理念、すなわち諸概念と諸法則とを、認識論的に明晰判明なものにするという課題」であるとされている。言い換えれば、フレーゲの批判に応えうる純粋論理学という学問の、認識論的基礎付けということが、フッサールの考案した現象学という哲学的手法の目標とされたのである。

フレーゲ後の二〇世紀哲学の主要な流れを見ると、ラッセルの思想に由来する分析哲学の運動と、フッサールに由来する現象学の運動が、哲学全体の動きのなかでも際立って大きな位置を占めてきたと考えることができる。したがって、こうした歴史的位置づけから言えば、ラッセルとフッサールに決定的な影響を与えたフレーゲこそが、まさしく二〇世紀の哲学の展開の真の源泉であったという見方も可能である。パースは人間記号論の提唱によって、哲学における言語論的転回のもたらす人間精神のイメージを素描した。これにたいしてフレーゲは、言語哲学上の諸概念の精緻な彫琢《ちょうたく》によって、その後に続くアカデミックな哲学が走行するべき太いレールの敷設に成功した。大雑把に言えば、これが現代哲学にたいして彼らの果たした役割である。

とはいえ、こうした見方はあくまでも後の時代から見た限りでの後知恵的な解釈であり、フレーゲの生前には、その独創的な思想の意義や、後代に及ぼすであろう影響を予想することは、まったく不可能なことであった。新しい論理学の創始者であったアメリカのパースも、ドイツのフレーゲも、ともにその知的格闘の時点では、自分たちの業績の意義を周囲からほとんど理解されることがなかった。歴史のなかの現実の彼らは、早すぎた革新的思想を抱いたまま、生涯を深い孤独のうちに過ごすことを余儀なくされたのである。

2 ケンブリッジから

分析哲学の流れ

「分析哲学（analytic philosophy）」と呼ばれる固有の学派の形成は、その誕生の状況だけを考えると、かなり狭い範囲で起きたローカルな出来事であったと言うことができる。それはイギリスのケンブリッジ大学を中心にして、二〇世紀の最初の二〇年間に形成されたと言ってよい。この学派の中心人物は、ラッセルとその友人ムーア、その弟子のウィトゲンシュタインと、そのまた年下の友人ラムジーの四人である。もちろん彼ら以外にも、その周辺の多くの哲学者がこの運動に参加し、かかわりをもっている。

当時のケンブリッジの哲学は、同じイギリスでも、ドイツ哲学のみならずアリストテレス主義の伝統さえ残していたオックスフォード大学の哲学研究のスタイルとは、かなり異なった手法を採用していた。しかし、やがてラッセルやムーア、ウィトゲンシュタインらの著作を通じてこの学派の独創性が広く認知されるようになると、一九四〇〜五〇年代にかけてオックスフォードにも、「日常言語学派」と呼ばれるケンブリッジとは方向の多少異なった分析哲学の運動が興隆するようになった。さらには、一九三〇年以降のアメリカでも、分析哲学が広い支持を得るようになり、それゆえ、結果的には英語圏の哲学界全体において、分析哲学がその主要な思潮としての地位を獲得するようになった。

この場合、二〇世紀初頭のイギリスの哲学の活動が、その後、二〇世紀の中葉以降、アメリカの哲学の中心を占めるようになったことには、英語を共有する文化圏という理由ももちろん関与しているが、それ以外にも、いくつかの歴史的な要素が影響している。というのも、アメリカ哲学の中心を担っていたハーヴァード大学では、先に見たパースとその友人のジェイムズの哲学が創始したプラグマティズムが本来の思想的主軸を担っていたのであって、この哲学はフレーゲと同じような論理学の革命の所産であったとしても、アメリカ独自の思想的基調を伝える面も色濃くもっていたからである。

そのハーヴァード大学を中心にするアメリカ哲学が、イギリス由来の分析哲学へと次第に傾斜する性格をもつに至ったのは、一つにはラッセルやその師のホワイトヘッドが、第一次世界大戦後の時期にはイギリスよりもアメリカを中心に活躍するようになったという事実があるが、何よりも、ナチスによるユダヤ人迫害と思想的統制から逃れるために、カルナップやライヘンバッハなど、ウィーン学団に連なる多くの哲学者たちがアメリカに移住して、分析哲学的手法の普及に貢献したという理由が挙げられる。

彼らはオーストリア（ウィーン）やドイツ（ベルリン）において、イギリスでのラッセル、ウィトゲンシュタインの哲学による決定的洗礼を受けて、この哲学の手法を、当時のヨーロッパ哲学の一部で興隆を見ていたマッハらの「実証主義」に接ぎ木しようと試みた。彼らの哲学的立場は「論理実証主義」と呼ばれたが、この名前はラッセルなどの論理思想とマッハの実証主義とを結合した立場、ということである。そして、ナチスを避けてアメリカに移住した彼らが広めた運動こそ、論理実証主義の哲学運動であった。二〇世紀中葉の英語圏の中心的哲学は、このヨーロッパ由来の論理実証主義とアメリカ本来のプラグマティズムが合体してできた、「分析哲学的手法を重視する哲学」というゆるやかな意味での、「分析哲学」である。

さて、こうした英語圏の哲学の展開を見るために、まず、その出発点になったラッセルとウィトゲンシュタインの、古典的な分析哲学とも言うべき思想から押さえることにしよう。ケンブリッジ大学を舞台にした分析哲学の揺籃期《ようらんき》——そこには、その後のアカデミックな哲学の世界における分析哲学の発展と拡大のなかでは失われることになった、思想家どうしの個人的な感情のドラマも色濃く影を落としている。

ラッセルの功績

ラッセルはすでに見たように、イタリアの数学者ペアノから新しい論理学にもとづく数学の解釈という発想を教えられ、フレーゲに源をもつ論理主義という数学の哲学の立場の継承を自らの使命とするとともに、その内在的な困難にもっとも果敢な挑戦を挑んだ哲学者である。ここで言う論理主義の内在的困難とは、一般に「ラッセルのパラドックス」と呼ばれる集合論上の論理的不整合で、集合論の公理を素朴に適用していると、真偽いずれとも決定できない命題を生み出してしまうという困難である。

ラッセルはフレーゲの論理体系がこの不整合を抱えたままではその論理主義のプログラムを完成することができないことを、この体系の致命的な弱点と考えた。この困難は、ラッセルからパラドックスを伝えられたフレーゲ自身にとってもきわめて深刻な打撃として感じられたが、ラッセルはこの困難を回避するためのさまざまな論理的工夫を考案し、その過程で命題の意味をめぐる分析にかんして、フレーゲとは別の手法を展開していった。分析哲学という哲学の手法あるいは発想は、この言語哲学的研究の過程で徐々に洗練され先鋭化されていったものである。

ラッセルにおける分析哲学の創出は、しかし、論理的なパラドックスとの格闘にのみ由来するわけではない。それはまた、ケンブリッジにおけるラッセルとほぼ同年の友人ジョージ・ムーア（一八七三〜一九五八）が、それまでのイギリス哲学において支配的であった新カント派および新ヘーゲル派の観念論を打破するために提案した、命題を構成する観念や概念についてのプラトン主義的実在論の考えとも密接に結びついていた。ムーアは一九〇三年の「観念論の論駁《ろんばく》」という論文で、世界とは主観や精神から独立した客観的概念が形成する真理からなるものだという、概念の実在論を展開した。ともに三〇歳前後の青年であったラッセルとムーアは、この実在論を武器に、弁証法的なヘーゲル哲学が主張するような、世界の根本的な存在論的特徴としての「矛盾」という考え方を拒否すると同時に、真理の体系である論理学の世界の独立性、客観性を確保しようと努めた。ラッセルの論理学研究はしたがって、一方ではフレーゲの論理主義の企ての完成を目指したものであるとともに、他方では、ムーアとの共同作業としての観念論論駁の企てともつながっていた。

このうち、パラドックスを回避しようとする純粋に形式論理学的な領域でのラッセルの努力は、数学上の師であるホワイトヘッドとの共著として完成した記念碑的な大著、『プリンキピア・マテマティカ』全三巻（一九一〇〜一三）として結実した。彼はここでは「分岐タイプ理論」という、非常に込み入った命題構成のテクニックを提示して、論理学の体系に矛盾が混入することを防ぐ形式的技術を確立した。

われわれがすでにパースとフレーゲのところで見たように、新しい論理学の考え方では、命題とは主語と述語からなる文ではなく、関係を表現する関数がその定項や変項として個別的な対象を含むとともに、それらの対象についての量化を行うものである。ラッセルは、命題形成におけるこの関数と量化の導入の規則を精密化して、関数の項として受け入れられる対象のタイプの区別ということをはっきりさせただけでなく、量化子の多重な適用についても、「オーダー（階層）」というもう一つの区別の軸を導入して、矛盾の侵入を防ぐことにしたのである。

また、命題の意味論的分析を深化させようとした彼の言語哲学上の努力のほうは、「記述の理論（theory of description）」と呼ばれる意味分析の手法に結実した。「記述の理論」とは、ある対象を「指示」しているように見える言語表現が、本当はその対象にかんする「記述」を行う命題の一部分にすぎないような、不完全な記号であるという考えである。たとえば、「現在のフランス国王はハゲている」という命題を考えてみると、この命題は「現代のフランス国王」という人物ないし対象が、「ハゲている」という性質をもっている、と述べているように見える。つまり、「現代のフランス国王」という表現は、一個の対象指示的な言語表現を装っている。しかし、この命題を正しく形式化してみると、擬似的な対象指示的表現は実際には一つの「記述句」であることが判明する。というのも、元の命題は正しい分析によって、「現在の時点でフランス国王が一人存在し、その人物はハゲている」という、存在量化子を含んだ文ともう一つの関数表現文からなる、複合命題の短縮形であることが判明するからである。

言うまでもなく、この文を構成する一方の文「現在の時点でフランス国王が一人存在し」は偽であるから、複合文全体も偽である。このように、命題の本当の形式的構造を分析によって明らかにすることで、概念や言語表現が空無な対象に対応することを防ぎ、命題の実在的な存在論的地位を確保するのが、この言語分析のねらいである。

ラッセルが創出した分岐的タイプ理論と記述の理論とは、そのどちらをとっても、二〇世紀の哲学の根幹を形成する非常に大きな成果であった。そして、彼が一〇年に及ぶ超人的な知的努力の果てにこれらの成果を生み出すことに成功した、まさしくその直後に、ケンブリッジ大学のキャンパスに登場したのが、一五歳以上年下のオーストリアからの留学生、ルートウィヒ・ウィトゲンシュタイン（一八八九～一九五一）である。彼はその容姿から「アテナイに降り立ったアポロンのようだ」とも評されたが、ラッセルはこの弟子の中に自分の後継者の理想的な姿を見出すとともに、その理論を積極的に自分の哲学へと応用することを厭《いと》わなかった。

ラッセルは『プリンキピア・マテマティカ』の完成後、「記述の理論」に代表されるような命題や文の分析方法を活用する、命題と判断とをめぐる彼自身の認識論の研究に向かっていったが、そこに留まらずに、ウィトゲンシュタインがケンブリッジで模索し、やがて『論理哲学論考』（一九二二）へ結実していった理論を自らも採用し、一つの形而上学的思想として提示するような立場へと移行した。それがラッセルが一九二〇年前後にイギリスとアメリカの双方で連続講義や論文の形で発表した、「論理的原子論」という哲学の立場である。

この形而上学では、世界の内なるさまざまな事実とそれを構成する無数の対象とが、ともに論理的原子と呼ばれる最小の単位に分解され、普通の意味での事物や事象はこれらの複合的構成物であると見なされる。彼はこの考えをさらに一般化して、物理的世界や心理的世界を諸基本概念からなる「構成者」へと還元するような、『心の分析』（一九二一）や『物質の分析』（一九二八）などの著作を発表したが、この世界像においてもっとも究極の原子とされたのは、われわれの知覚作用において瞬間的に直知されるいわゆる「感覚与件（センス・データ）」である。後にウィーンとアメリカで活躍したカルナップらは、その論理実証主義の形成において、ラッセルの哲学の一部分を継承することになったが、それは感覚与件を原子として構成される外的世界、ということの考え方のことである。

前期ウィトゲンシュタイン

他方、ラッセルおよびムーアの下で哲学の研究を開始したウィトゲンシュタインのほうは、記述の理論に代表されるようなラッセルの分析的発想を、「言語批判」という方法論へと洗練するとともに、この方法を用いて人間の思考の限界を明確に確定するという、かつてのカントの哲学にも似た批判哲学へと変形した。彼はこの理論を、一七世紀のスピノザの『神学・政治論』のタイトルを模した著作、『論理哲学論考』という作品で発表したが、この表題はムーアが勧めたものであった。この作品は第一次世界大戦に志願兵としてオーストリア軍に従軍したウィトゲンシュタインが、イタリア戦線での捕虜生活の中で執筆したものである。

ウィトゲンシュタインは『論理哲学論考』において、個々の命題がいかにして意味をもつことができるのかという問いを追求したうえで、「言語の意味についての像理論(picture theory of meaning)」というものを主張した。これは簡単にいうと、命題ないし文とは世界のなかで生じる事実の可能性を、一つの像(ピクチャー、絵)として提示するものだという理論である。この理論によれば、命題は像であることを基盤にして意味を獲得し、さらにこの像と現実世界の事実との照合によって、それが真であるか偽であるかを決定されるのである。

たとえば、「ネコがマットの上にいる」という命題を考えてみると、この命題は一匹の猫とマットとの間に成立しうる可能な関係を、単語どうしの空間的な配置などを梃子に描出することで、実際に起きている事実との照合の基盤を形成する。この命題は事実との照合の基盤をもち、意味をもち、真偽が決定可能である。その照合の基盤は、この命題が猫をめぐる事実のモデル、絵、あるいは模型になっていることにある。つまり、この命題は事実の一つの像であるがゆえに、有意味であり、真偽決定可能なのである。

文を一つの可能的事実の提示、ありうる事実の描出と考えるこの理論は、一見したところそれ自体としては、格別の奥行きも陰影もない、些細な発想のように見える。けれども、実際には、この理論は言語の意味ということにかんして相当に強い主張を行っていることが判明するとともに、この立場を採用すると、言語に限定されない哲学の領域全般にかんして、いろいろな意味でかなり特異な立場に立つということが帰結する。というのも、ウィトゲンシュタインがこのような言語の意味の基礎付けを行おうとした主旨は、意味の有無を基準にして、「言語が表現する「思考」の内実の有無を判定しようということにあったからであり、さらには、この判定において無意味、無内容とされた思考のすべてを、一切の哲学的議論の世界から全面的に排除しようという意図をも含んでいたからである。

本書が全体としてもつ意義は、おおむね次のように要約されよう。およそ語られうることは明晰に語られうる。そして、論じえないことについては、ひとは沈黙せねばならない。

かくして、本書は思考に対して限界を引く。いや、むしろ、思考に対してではなく、思考されたことの表現に対してと言うべきだろう。というのも、思考に限界を引くにはわれわれはその限界の両側を思考できねばならない（それゆえ思考不可能なことを思考できるのでなければならない）からである。

『論理哲学論考』「序」[9]

あらゆる言明は世界のなかで生じる事実的な事柄の可能性を描出するものである――。もしもこの理論をストレートかつ厳格に信奉すれば、善や美などの価値にかんする種々の言明や、祈りや希望を表す文など、すべての非事実的な言明や判断、評価が無意味であり、そうしたことを「思考する」ことそのものが許されない、ということになるであろう。それればかりか、世界全体についての形而上学的説明や、認識を成立させている主体や主観にかんする哲学的な反省も、無意味で不合理な思考ということになるであろう。

『論理哲学論考』の言語哲学は、文の有意味性の確保のメカニズムの解明を通じて、命題ないし文とは個別的事実の像でありモデルである、という主張に行きついた。ウィトゲンシュタインはこの立場が、カントの批判哲学におけるアンチノミーの摘出と同じような意味で、思弁的思考の浄化作用をもつと考えた。彼は先の序文にあるように、「論じえないことについては、ひとは沈黙せねばならない」と書いているが、この作品の末尾にも、同じように、「われわれは語りえない事柄については沈黙しなければならない」という有名な結論を書き記した。

この結論は、カントが認識批判の作業を通じて、「認識に制限を加えることで、信仰に場所を空ける」と語ったのと同じような意味で、人間の認識の主たる機能を世界の諸事実についての客観的な描出ということに厳格に限りつつ、その背面で、認識とは別の次元で求められるであろう、価値判断や形而上学的思考がもつ「言語では語りえない」世界の在りかを、間接的に示唆しようとしたものであった。

語りえないものの次元の存在は絶対的な「沈黙」という形で保持される他はない——。彼はこのような禁欲的結論を採用することで、従来の哲学上の諸問題は基本的に消去され、したがって解決されたのだ、と考えた。これは少なくとも表面的にはラッセルの記述の理論や、分岐タイプ理論などと比べると、ずっと単純で透明な理論の表明である。それは分析哲学がその出発点で間接的に採用していた、プラトンのイデア論の世界にも通じるような、精神の純粋さを体現しているような哲学である。ラッセルは弟子のウィトゲンシュタインの哲学のこのような純粋さを高く評価して、自らの哲学をそれに同調させることまでしようとしたのである。

ラムジーの批判

ところが、当のウィトゲンシュタインは、一〇年間ほどの哲学からの離脱の後に、改めて哲学へと復帰した結果、この理論を放棄して別の哲学へと移行することになった。彼はその後期の哲学では、『論理哲学論考』の言語の意味にかんする像理論を捨てて、「意味についての使用説（use theory of meaning）」という違う立場に移行した。つまり、彼は言語の意味にかんしてその分析方法の見方を大きく変更した。前期から後期へとダイナミックに転換したこのウィトゲンシュタインの思想の展開は、ケンブリッジを舞台にして繰り広げられた、ラッセルとの次のような生涯の交差と重なっている。

ラッセルはもともと、イギリス社会における名門の出自のみならず、ケンブリッジ大学における圧倒的な知的業績のゆえに、大学を代表する知性と目されていた。しかし彼は、第一次世界大戦の始まりとともに激しい反戦活動を行い、そのことが理由でケンブリッジの共同体から永久追放されることになった。彼はそれ以後九七歳での死に至るまで、長期にわたる定職をもつことはなく、世界各地での教育活動や社会的な思想活動、執筆活動などに専念した。

これとは反対に、弟子のウィトゲンシュタインは第一次世界大戦後に、ラッセルの序文を付した『論理哲学論考』を出版した後に、一旦は哲学の世界から離れてオーストリア国内でさまざまな職に就いたが、一〇年ほどの間を置いた四〇歳頃、もう一度ケンブリッジに復帰した。彼は『論理哲学論考』にラッセルの序文を付けたが、それは彼が師であるラッセルの理解を是としたからではない。ウィトゲンシュタインはラッセルが自説の要点を大きく捕まえ損ねていると考えた。しかし、当時無名であったウィトゲンシュタインは、ラッセルの序文を付けるという条件でのみ、出版社を見つけることができたのである。

ケンブリッジに戻った彼は、『論理哲学論考』によって学位を得た後、哲学の教職に就き、当時教授の職にあったムーアの後を継ぐ形で五〇歳から五八歳頃まで哲学教授の職に就いた。彼はこの間に『論理哲学論考』の言語観を乗り越える理論の形成に努め、それを最終的に『哲学探究』という作品にまとめ上げた。『哲学探究』が出版されたのは彼の死後二年たった一九五三年であるが、原稿そのものは生前に完成しており、彼はこの作品が『論理哲学論考』への自己批判として理解されることを望んだ。

ウィトゲンシュタインが一旦は離れた哲学をもう一度自己批判的に再開することにした理由はいくつかあるが、その主たる理由として、ウィーンにおける論理実証主義への反発ということと、ケンブリッジ出身の若い友人ラムジーからの影響ということが挙げられる。彼はカルナップなどの実証主義的な哲学が、科学的認識の価値を過大に評価する「科学主義」に陥っていると同時に、倫理的信念や宗教的信仰など、「言語では語りえない」世界の問題の重要性をまったく無視していることに非常に激しい反発を感じた。しかしながら、同時に、この「言語では語りえない」世界を「沈黙」というある種の神秘的禁欲に帰着させようとする立場についても、哲学的に言えばかなり単純すぎる発想であることを徐々に意識するようになった。

ウィトゲンシュタインの沈黙の哲学を内在的に批判したのは、ドイツ語原文の『論理哲学論考』の英訳の作業を言語学者のオグデンとともに担った、フランク・ラムジー（一九〇三〜三〇）である。ラムジーはこの翻訳の作業のとき、まだ二〇歳前の青年であったが、数学と哲学の才能をケンブリッジで高く評価されていた。彼はオーストリアで小学校の教師などの職にあったウィトゲンシュタインの許に赴き、翻訳の細部についてつっこんだ検討を行うとともに、ラッセルの『プリンキピア・マテマティカ』における分岐タイプ理論などの評価も含めて、多くの哲学的な議論を重ねた。

そのラムジーは、先輩のオグデンなどの影響もあって、ラッセルやウィトゲンシュタインが基本的に信奉していたフレーゲの論理主義よりも、パースのプラグマティズムに沿った真理観、認識論を採用していた。そのために彼は、『論理哲学論考』の基本的前提に向けて鋭い疑義を呈した。たとえば、彼は言語における有意味な領域と無意味な領域の画然たる区別の可能性、という根本的な前提に疑問を加えた。言語とはさまざまな有意味性の論理をその内に蔵している柔軟な体系であって、一つの観点からは無意味とされる表現も、別の角度からは意味をもちうるのではないか。言語を用いたコミュニケーションは、まさしく「沈黙」をも含めて、われわれのさまざまな生の局面での多元的な行動規範と密接に絡み合ったものであり、一元的な分析は不可能ではないのか。また、知識が本来目指しているとされる真理とは、その確実性にかんして必ずしも全面的な保証をもつものではなく、行動において有力な指針となるという条件を満たすだけの信念であり、さらなる探究の下でその真理性はつねに再評価され、改訂されることになるのではないか。

ラムジーはこうした鋭利な哲学的議論を論文の形で矢継ぎ早に発表し、多くの人々から将来を期待されていたが、ケンブリッジでの病気治療中に二六歳の若さで急死した。その成果は死後出版の『哲学論文集』にまとめられた。

後期ウィトゲンシュタイン

さて、ウィトゲンシュタインがケンブリッジに復帰したとき、もっとも親密な哲学的議論を行っていた相手はこのラムジーである。そして、彼の後期の言語哲学にはラムジー由来のプラグマティズムの思想が色濃く刻印されることになった。それは、年下の友人の萌芽的な発想を受け継ぐ形で、「意味についての使用説」や「言語ゲーム理論」として練り上げられ、「私的言語批判」、「概念の家族的類似性」などの理論として花開いたのである。

私的言語の批判とは、デカルト流の精神の内部での独我論的な発話、スピーチが本質的に不可能であるという議論である。デカルト流の観念の知覚説では、精神は自己の内なる観念を知覚し、それについて意識し、思念する。しかしすでにパースが強く批判したように、観念を内観するこの思考のモデルは、思考というわれわれの心的現象の記述としては著しく偏った、不自然な理解である。

ウィトゲンシュタインはこのパースの発想に、さらに次のような考察を加える。もしもわれわれが自分の内なる言語的表現を私的に使用し、その意味を内観のみによって把握しようとしたら、われわれはその思考の内容を自分自身でさえ理解できないということになるであろう。というのも、言語には意味を確保するための使用の規則が不可欠であるが、原理的に自分だけで使用するという言語においては、そうした規則の適用の適否を判断すること自体が不可能なことになり、そのために個々の思考の中身そのものが、自分自身にも特定できなくなるであろうからである。

> われわれが「ある規則に従う」と呼んでいることは、たった一人の人間が生涯でたった一度だけ行うことができるようなことなのか。――これはもちろん「規則に従う」という表現の文法に関する注釈である。
>
> たった一度だけ、たった一人の人間がある規則に従っていた、などということはありえない。たった一度だけ、たった一つの報告がなされ、一つの命令が与えられ、あるいは理解されていた、などといったことはありえない。――ある規則に従い、ある報告をなし、ある命令を与え、チェスを一勝負するのは、慣習（慣用、制度）なのである。
>
> ある文章を理解するということは、ある言語を理解するということ。ある言語を理解するということは、ある技術に通暁するということ。
>
> 『哲学探究』１９９節[10]

言語の有意味性を確保しているのは、それを使用する場面での表現の適用の適切性如何《いかん》を決定する、言語使用の規則である。言語表現は複数の発話者の間で、複数の文脈の下で、複数の目的に沿って交換され、展開され、変形され、伝播《でんぱ》されている。言語が意味をもつのは、さまざまな「言語ゲーム」という慣習的行為の場面においてであり、その意味を決めているのは表現を使用するゲームの規則である。言語使用の規則は、規則と言っても命令文のような言語化されたルールではない。規則は記号としての言語表現そのものに帰属しているのではなく、言語の交換を含むゲームとしての行為の文脈に属している暗黙の規範である。

言語ゲーム論と生の哲学

命令する、祈念する、証言する、主張する、抗議する、疑義をはさむ、希望する、失望を表す、怒りを伝える、等々の言語ゲーム。これらは身振りと言語とが織り合わさってできる無数の言語表現の交換ゲームのなかの一部であり、言語とはこうした無数のゲームが作り出す生の世界である。そして、慣習的規則はこの生を律するルール、規範であるから、命令文のような文章の形をとるものではない。慣習的規則は「生の形式」「生のスタイル」を共有する人間どうしの共同体、社会のなかで暗黙の仕方で機能している。

言語の意味にかんする「使用説」というのは、したがって、『論理哲学論考』の「像理論」と鋭く対立する立場である。『論理哲学論考』の像理論においては、言語表現は諸事実からなる外的世界との間で鏡像関係を作っている。これにたいして、『哲学探究』の意味の使用説においては、言語表現はまず何よりも話者や聴者の行為の文脈にうまく適合しているかどうかで、その有意味・無意味を判定される。言語がフィットするのは外的世界ではなくて人間どうしの行為の文脈である。行為のなかで使用可能であれば言語は意味をもつ。そうでなければ、その言語表現は無意味である。行為の意味の有無を決めるのも、表現の適切性を制限したり、可能にするのも、すべては行為の文脈であり、生の形式である。

人間どうしの行為の文脈が無数にあるということは、言語ゲームが無数にあるということである。そしてそれはまた、「ゲーム」という概念そのものが固定したものではなく、相互につながりあった意味の領野であることを意味する。「ゲーム」は一つの概念であり、一つの言葉、一つの単語であるが、それが表す意味の内部には、固定した中心や本質的規定があるわけではなくて、さまざまな形で類似しあい、重なり合い、つながりあったメンバーとしての無数のゲームが、一つの社会の中にあるように属している。同様に、「鳥」という概念にも「数」という概念にも、互いに家族のように類似しあったメンバーが帰属している。言語は無数のゲームからなり、そのゲームの遂行の場面のなかでまた、家族的類似性をもった無数の概念が交換され、使用されている。言語にはいわば、閉じた限界がなく、次々と開かれると同時に、畳みこまれるような意味生産の可能性が属している。それは、言語が埋め込まれた人間の生と精神のもつ無限の可塑性《かそせい》そのものであり、奥行きの重なり合いである。

像としての言語からゲームとしての言語へ——ウィトゲンシュタインの言語哲学の軌跡はこのようにして、形式言語や記号としての精神という初期理論の確固たるイメージを脱ぎ捨てて、行為としての精神と生という世界へと向かったことになる。それは、人間の思考のもつ形式的条件、言語的制約についてのアプリオリな条件から出発しながら、最後には「意味」と「生」との不可避的な絡まり合いへと視点を向け変えた言語哲学の軌跡である。この向け変えは、ラムジーの影響の下での、彼のプラグマティズムへの転換であると同時に、まさしく本書の次章のテーマでもある、生としての心のヴィジョンへの脱皮であったと言うことができる。

3　アメリカへ

論理実証主義

ラッセルや『論理哲学論考』のウィトゲンシュタインの哲学は、ウィーンやベルリンで哲学の新学派を形成しようとしていた論理実証主義の哲学者たちに、強い共感をもって受け入れられた。そして、論理実証主義の運動は、カルナップやライヘンバッハなど、この学派の代表的な哲学者たちのアメリカ移住に伴って、シカゴやロサンジェルスなどの大学へとその根拠地を移動させた。

カルナップらは、パースやジェイムズの提唱したプラグマティズムを継承していたデューイらと手を結んで、『統一科学の国際百科全書』という著作シリーズを刊行していったが、この出版活動は彼らの渡米以前に、三四年頃からポーランドの論理学者やアメリカのプラグマティストたちも交えて、パリやプラハで設立されつつあった「統一科学のための国際会議」の理念を具体的に展開しようとした活動であった。アメリカにおける分析哲学の流布《るふ》に非常に大きな役割を果たしたのは、こうした出版や学会形成などの運動である。

論理実証主義のアメリカ上陸によって大きなインパクトを受けた二〇世紀中葉からのアメリカ哲学は、このように、従来からのアメリカ在来の哲学とヨーロッパ由来の哲学が合体したものであった。そして、こうした思想の展開は、それと並行して生じていた政治、経済、文化におけるアメリカの世界的な覇権、いわゆる「パックス・アメリカーナ」の時代の到来も相まって、哲学の国際的な舞台においてもかなり突出した主導的地位をもつようになった。二度の世界大戦を潜り抜けたアメリカ文化の興隆は、世界の哲学の潮流における分析哲学の地位を、二〇世紀末までの間に大きく押し上げたのである。

さて、このかなり長期にわたるアメリカ哲学の興隆において、もっとも中心的な役割を果たした理論は、ハーヴァード大学を拠点とするクワインの哲学と、その系譜に属する哲学者たち（たとえばパトナムやデイヴィドソン）の理論であり、さらにはウィトゲンシュタインの後期の思想を発展させた科学史家クーンの思想である。この哲学史の最初の「序文」で触れたローティは、今から三〇年ほど前の二〇世紀末の時点で、「ポスト哲学的文化の時代」を宣言したが、彼はまさにクワインからクーンまでに至るアメリカ哲学の世界的な展開を目の当たりにして、哲学におけるプラグマティズムの時代の到来を強く確信するとともに、その論理的帰結として「哲学の終わり」が近いことを予見したのである。

クワインの論理実証主義批判

ウィラード・ヴァン・オーマン・クワイン（一九〇八～二〇〇〇）は、ハーヴァード大学の大学院出身で、この大学の指導的な哲学教授となった。彼はアメリカに渡ったホワイトヘッドやポーランドの論理学者タルスキからも大きな影響を受けたが、とりわけラッセルの分析哲学の手法に決定的な影響を受けるとともに、カルナップとの議論の応酬を通じて、アメリカ的なプラグマティズムの要素を分析哲学の中に再注入するという形で、アメリカ型の分析哲学という独特な思潮の形成に大きく貢献した。その代表的な著作は『論理的観点から』（一九五三）と『ことばと対象』（一九六〇）である。

『論理的観点から』は数理論理学から認識論まで、幅広い分野でクワインの鋭利な分析力が発揮された論文集であるが、特にこの作品で展開された次の二つのテーゼがアメリカに留まらず世界の哲学界に大きなインパクトを与えた。その一つは、さまざまな理論における「存在論的なコミットメント」を明示するという発想から生まれた、存在論にかんするメタ的視点という考えであり、もう一つは「経験主義の二つのドグマ」という表現で提起された論理実証主義的な認識論への内在的な批判の姿勢である。

クワインによれば、フレーゲ以来の論理学では量化の対象となる「もの」の領域が、単純な一階のレベルから、性質やクラスにも適用される二階のレベル、あるいはそれ以上の高階のレベルなど、区別なく認められてきたが、こうした素朴な態度はラッセルのパラドックスのような混乱を引き起こす。それゆえ、さまざまな信念や知識の体系的領域にかんして、その領域が認める諸命題の論理的特徴をはっきりとさせるためには、性質や集合などにも量化子、特に「存在量化子」を適用するのかどうか、どのような範囲でそれを許しているのか、という「存在論的なコミットメント」を明示的にしておくことが重要である。われわれの知的探究や日常的信念の世界は、個別の諸科学から神話や民話まで、それぞれの存在者の許容範囲を暗黙のうちに前提していて、その想定の下で存在量化子の対象となるものどうしの連関を議論しているが、この前提を論理的なコミットメントとして明示化するならば、それぞれの議論の性格がはっきりするだけでなく、哲学史に見られるような無用な存在論上の論争も消滅するであろう。すなわち、中世哲学の時代に争われた唯名論や実在論などの間の普遍論争は、存在論的コミットメントという視点で改めて形式的な観点から整理することができるのであり、その意味で、論理学をめぐる分析的反省は哲学の伝統的議論の整理に資するのである。

さらに、個別の諸科学や神話などが、それぞれ相対的に独立な「談話の宇宙」を作っており、そのなかの対象や真理は、理論全体という背景によって初めて意味と真理の基準を確保しているのであるとすると、カントからカルナップまで続いてきた次のような根本的想定は、誤りだということになる。その想定とは、個々の命題や判断が、それぞれにおいて個別的に意味をもち、その形式によって分析的・総合的という区別を判定できる、という想定である。ある主張が分析的であるかどうかは、個々の言明が理論全体との関係の下で判定されることであり、理論の全体なくして個別の言明の形式的特徴は判定できない。命題はそれ自身において分析的であったり総合的であったりするのではなく、談話の宇宙においてそれがどのような位置を占めるかによって、分析的とも総合的とも見なしうるのである。（厳密に言うと、クワインがここでカルナップの「分析性」として理解しているものは、主語と述語の関係ではなく、経験と判断の真理との関係にかんするものであるので、カントではむしろ「アプリオリ性」と言われたもののほうに近い。しかしすでに見たように、カントの言う「アプリオリな総合判断」の可能性は、フレーゲ、ラッセルによって否定されているので、二種類の区別が混同されているように見える点は、あまり問題にはならない）。

しかも、カルナップなどの実証主義では、一個の命題ないし個別の言明にたいして、その構成要素に対応するセンス・データ、感覚与件が存在することが、その命題や判断の有意味の根拠であるとされていた。しかし、この個別的な判断がもちうる有意味性の根拠としての、検証可能な感覚的所与という発想も誤りである。ラッセルの論理的原子論や、それを発展させたカルナップらの「プロトコル文」などにもとづく「意味の検証理論」は、信念や検証が前提にしなければならないはずの全体論的背景というものを無視して、経験における直接の所与というものを想定しているために、間違っている。分析性・総合性の区別が個別的に可能であるという考えと同様に、判断の直接的な検証が可能であるという意味の理論は、論理実証主義が素朴に前提にしてしまったドグマである。つまり、これらは「経験論の二つのドグマ」なのである。

クワインの哲学の特徴は、このように、われわれの認識の個別的で直接的な把握の可能性に疑問を呈し、それぞれの信念の領域の全体論的性格に由来する間接的な検証を強調するものであるが、このことを「意味の検証」という場面をめぐるさらに厳密な哲学的吟味によって掘り下げ、理論に相対的にのみ定まる存在者や真理の世界という、多元論的な存在論の発想を強化した作品が、もう一つの主著である『ことばと対象』である。

翻訳の不確定性

この作品の柱となる主要なテーゼは「翻訳の不確定性」という考えであるが、この考えを採用すると、世界の諸事象についてなされる諸々の記述の意味や真偽は、それを外側から解釈する「翻訳マニュアル」の在り方に根本的に依存することになり、翻訳マニュアルを通さない、なまの文の意味や、なまの言明や判断の真理というものはありえない、ということになる。

クワインは意味と真理をめぐるこの不確定性を立証するために、「根底的翻訳」という言語解釈の舞台を想定する。根底的（ラディカル）な翻訳とは、ある言語について翻訳しようとする者が、対象となる言語についてまったく何も知識を持ち合わせておらず、あくまでもその言語を発話する人の発声と、その発声がなされる周囲の状況のみを頼りに、その発話の意味を特定し、自分の言語へと翻訳しようとする行為である。それはフランス語とイタリア語のように類似の語彙や文法を基礎にした翻訳とはまったく逆に、歴史的にも地理的にも完全に無縁な者どうしで、共通の周囲の状況という条件のみで、相手の発する言葉の意味を特定しようとすれば、どういうことが生じると考えられるか、という問題である。クワインはこのような独特の翻訳状況を想定することで、それまで感覚与件などを基礎に特定できると考えられてきた「意味の検証」ということが、決して単純な事柄ではなくむしろ全面的に不確定な作業であることを証明しようとしたのである。

たとえば、ある民族の人が野原のなかで行う発話行為について、私が言語学者としての観察活動を重ねていき、その人がウサギを眼の前にしたときには、つねに「ギャバガイ」と発声していることを知ったとしよう。私は彼がこの発声で、「ウサギだ」と言っていると考える。しかしよく考えると、この翻訳が正しいかどうかには確かな保証がない。彼は私の言葉で言えば、「白い動物だ」と言っているのかもしれないし、「長い耳だ」と言っているのかもしれない。この人の発話の観察を重ねることで、私はこの人の言語にかんする一つの翻訳マニュアルを作り上げることができる。しかし、私以外の別の観察者、たとえばあなたもまた、あなた専用の翻訳マニュアルを作り上げるであろう。そこで、複数の翻訳マニュアルを比較したとしよう。何が起こるであろうか。私のマニュアルでは真とされる文が、あなたのマニュアルでは偽とされているかもしれない。逆に、あなたの翻訳用の辞書で真であることが、私の辞書では偽となることもあるであろう。つまり、複数のマニュアルや辞書の作成が可能であって、しかもそれらの間には優劣がまったくつかず、個々の文の真偽も不確定である、ということがありうるのである。

これは、きわめて異なった文化伝統や歴史的背景をもつ者どうしの間には深いコミュニケーション・ギャップがある、という議論ではない。根底的翻訳という思考実験は、あくまでも意味の経験的な同定という作業がいかなるものであるか、ということをはっきりとさせるための、仮想的な道具立てであり、焦点となっているのは、まったく同じ言語を話す者、同じ発声をしている者どうしの間であっても、それぞれの意味については原理的に同じような不確定性が成立しうる、ということである。私とあなたとは同じ言語を用いているが、その同一性は表面的な事柄にすぎない。私とあなたは同じ日本語を用いているが、その同じ日本語について別々の翻訳マニュアルを適用していて、マニュアルどうしが細部では矛盾している可能性が、原理的にはある。これはすなわち、世界についての信念は、それにたいする体系的な意味解釈のマニュアルに依存した形でしか、その真偽を問うことができない、ということである。無数の事実はその真偽にかんして解釈のシステムに相対的であり、したがって、世界は存在論的に相対的である。

翻訳や解釈を基軸とした以上のようなクワインの言語哲学の展開は、その刺激的でドラマティックな議論の舞台設定と、厳密な論理的証明とが相まって、その後の分析哲学のなかで非常に大きな役割を果たすことになった。先に見たウィトゲンシュタインは、前期の『論理哲学論考』において、命題や文と、世界の内なる事象、事実とについて、これらの間に成り立つ「写像関係」「鏡像関係」という二項的モデルを採用していたが、後期の『哲学探究』においては、生の形式とゲームの規則を梃子にして成立する言語使用、という思想に転換することによって、ゲームの規則の媒介や解釈を含む思考の非直接性を強調する方向へと進んだ。クワインは、言語の意味の検証における根底的翻訳という視点を導入することで、この同じ非直接性をさらに浮き彫りにすることに貢献した。言語としての精神は、本質的に媒介的で推移的なものであり、しかも全体論的な可塑性をもつものである。実を言えばこのことは、言語の哲学の祖ともいうべきパースにおいて、最初から強調された点であったのであるが、後期のウィトゲンシュタインとクワイン以後の一九六〇年代以降の言語哲学では、さらに強く意識されるようになったのである。

クワイン哲学の影響――デイヴィドソンとパトナム

人間の思考や認識が記号的で言語的なものであるとすれば、そこには根本的に多元的な解釈の可能性、意味の非直接性、信念の全体論的な可塑性がつきまとうのではないか。こうした考え方は、クワインの哲学を直接に継承したデイヴィドソンにおいても、クワインと同様に論理実証主義から強い影響を受けつつ、そこからの一貫した脱却の道を歩んだパトナムのような哲学者においても、等しく認められることである。

ドナルド・デイヴィドソン（一九一七～二〇〇三）は、もともと音楽に秀で、ギリシアの古典文学を専攻するなど、異色の哲学のキャリアをもつが、徐々にクワインの言語哲学の方向と軌を一にするようになり、クワインが注目した言語的表現の意味と真理との相即的な関係という発想を重要視するようになった。彼は意味と真理との関係をくっきりと浮き彫りにすることができる根底的翻訳という思考実験のスタイルの卓抜さを全面的に認めた。しかし、彼はこのような思考実験によっても、クワインの言うような翻訳の不確定性は直ちには生じないと主張した。デイヴィドソンによれば、その理由は、一つの言語と別の言語とを橋渡しする翻訳マニュアルについて、その全体論的性質を厳格に考慮するならば、そのマニュアルはクワインの論理学上の師とも言うべきタルスキが考案した、「真理論的意味論モデル」というものに似たものにならざるをえず、このモデルの制約の下でマニュアルが作られるならば、マニュアルどうしの不整合は大幅に減少するからである。さらに、タルスキ流の真理論に従った意味論モデルによってなおも不整合が残る可能性はあるとしても、言語を翻訳する者の実践上のモットーとして、「できるだけ翻訳の対象となる言語のなかには多くの真理が含まれていると仮定せよ」、という「寛容の原理」を採用するならば、不整合はさらに軽減することができる。根底的翻訳が必ず不確定性を導くというのは誤りである。

デイヴィドソンの哲学では、したがって、クワインが主張しようとしたほどの強い存在論上の相対性は認められない。とはいえ、彼の哲学においても、われわれの心の領域がもつ不確定的で非法則的な性格は別の仕方で認められる。というのも、存在論としてではなく、心身問題の次元で、彼は脳の物理的現象と対比される精神の不定形性に着目するからである。脳の複雑な過程は、物理学の視点から自然法則的に記述され理解される。しかし、言語表現と行為の原因と見なされる精神の過程は、自然法則よりも人間の心の働きがもつはずの合理性、という規範の視点から解されるものである。したがって、脳と精神、心と身体の間には、同型の法則に従った対応はありえない。これは結局のところ、言語として理解される人間の心の働きが、存在論的な不確定性をもつということではないにしても、少なくとも、非法則的な本質をもつということである。

他方、ヒラリー・パトナム（一九二六〜）はその出発点において、カリフォルニア大学でライヘンバッハの下で哲学を学んだために、当初は論理実証主義を信奉した。彼は時間や空間の哲学や量子論理学など、きわめて形式的な分析哲学の領域で活躍した後に、コンピュータの機能と人間の精神の形式的な同型性を正面から主張する、いわゆる「機能主義」という立場を表明した。機能主義とは現代哲学の一分科「心の哲学」内部の一つの立場であるが、かつてのラ・メトリの人間機械論のように、人間の心と物質的な身体とを直接的に同一視する唯物論的な立場ではない。ラ・メトリのような思想は、現代の心の哲学では、一般に「心脳同一説」と呼ばれて、少なからぬ支持者をもっている。しかし、デイヴィドソンの非法則説とは異なった意味で、パトナムの機能主義はこれに反対する。

心の作用とはいかなる情報処理を行い、いかなる行為の企て、実行を設計するかという、その働き、その「機能」によって特定されるべきものである。コンピュータのプログラムも、人間の心もこの機能が同じであれば、その本質は同一である。つまり、心は脳というハードウェアに重ねて理解されるのではなく、プログラムやコード、ソフトウェアなどの形式的規則とその実装になぞらえて理解されるべきなのである。

パトナムは心を規則やプログラムとして理解することのような立場から、後期ウィトゲンシュタインの理論への共鳴を表明するようになり、その初期に信奉した実証主義を強く否定するような立場へと向かった。彼は自分の立場を説明するために、「内在的実在論」や「自然主義的実在論」など種々の名前を用いたが、その要点は、クワイン流の多元主義の路線をさらに徹底させて、事実的な事象にかんする真偽の問題と価値や評価において問われる善悪の問題とを、二分法的に画然と区別することに異議を申し立てることであった。

われわれの科学的探究において追求されるべき知識の客観的真理とは、「探究者の共同体において理念的に追求されている、理想的な合理的受容可能性」の別名に他ならない。したがって、真理と理想、合理性と共同体の求める善とは、別々のものではなく、地続きの概念として理解されなければならない。パトナムはこうした主張によって、クワインの多元主義にも残っていた、物理的世界像への存在論的偏向を完全に払拭し、事実と価値という根本的二分法を廃棄するプラグマティズムを主張しようとした。デイヴィドソンはクワインの根底的翻訳にもとづく議論を踏襲しつつ、タルスキの真理論的意味論モデルにもとづいて、クワインとは多少ともニュアンスの異なる結論を導き出したが、パトナムもまた、これとは別の意味論的モデルの定理（レーヴェンハイム－スコーレムの定理）を活用して、このような結論へと至ったのである。

さて、以上が二〇世紀のアメリカ哲学の主流を形成したクワインらの思想であるが、これと並行して大きな影響力を示した、クーンの科学思想についても、人間の認識にかんするほぼ同じような全体論的な見方が認められる。彼の科学論は、まさしくカルナップなどの統一科学運動が最後に辿りついた、論理実証主義の自己否定ともいうべきパラドキシカルな到達点の象徴なのである。

クーンのパラダイム論

トマス・クーン（一九二二～九六）はハーヴァード大学の大学院で物理学を学んでいたが、学長の勧めで科学史の研究に着手し、その延長でカルナップらが出版を始めた『統一科学の国際百科全書』における科学史の巻を担当することになった。しかし、その成果として刊行された『科学革命の構造』は、この叢書の理念である諸科学の統一と進歩という考えを、まっこうから否定するものとなった。クーンの考えについてはすでに、第二章の一節「科学革命の時代──デカルトの登場」のところで触れているが、その思想は、科学の歴史がウィーン学団のイメージした漸進的、累積的な進歩の歴史ではなくて、むしろ無数の革命的断絶の歴史である、という思想である。

クーンによれば、科学の歴史とは真理へと徐々に接近する進歩の歴史ではなく、無数の「通常科学」が連続的に交代を繰り返す、断絶の歴史である。それぞれの時代に、それぞれの科学分野は、通常科学というものをもち、この科学には、それに固有な基本的世界観や、探究の主題、実験の手法などの一連の要素からなるところの、「パラダイム」というものが帰属している。クーンのいう科学革命とは、このパラダイムの断絶的な転換と、それに伴う新旧の通常科学の交代のことである。われわれがパラダイムの数や種類を非常に細かく分類し、それぞれを区別して整理するならば、科学の歴史は無数の科学の交代のパノラマ、つまり科学革命の連鎖ということになる。

前章のデカルトをめぐる「ザ・科学革命」の議論においても述べたように、本書では科学革命ということをめぐって、クーンのこの考えがかえって科学史の大筋を見失わせるように思われるとして、むしろ否定的に評価している。しかしながら、本書は彼の科学の見方がすべて無用であるというふうに考えているわけでもない。彼の科学革命という概念は、歴史記述のための基礎概念としてかなり漠然としたものであり、むしろ混乱を招くものだとしても、それに付随したパラダイム論のほうは、科学的探究の本性にかんする洞察として、重要な議論を含んでいると思われる。

パラダイムとはもともとギリシア語など、外国語や古い言語を学ぶ際に使われるような、文法のテキストで動詞や形容詞などの変形規則を示す「典型例」のことを指している。クーンはこの用語を、ウィトゲンシュタインの『哲学探究』における「概念の家族的類似性」という思想での使われ方から学んだ。すでに見たように、後期ウィトゲンシュタインの言語論では、言語活動とは種々のゲームであり、そこに登場する諸概念は、それぞれの典型例を焦点とするようなゆるやかな家族的類似性のネットワークとして機能している。パラダイムはわれわれが言葉を使って意思疎通する際の、個々の具体的なゲームにおける、参照のための軸足、意味の理解や解釈、評価のための支柱である。

クーンの科学の説明は、革命的な断絶による交代という歴史的説明よりも、むしろ通常科学を成立させているパラダイムの役割ということにかんして、説得力をもっている。つまり、物理学であれ生物学、医学、気象学であれ、さまざまな科学の分野でその探究のゲームなり行為なりを構成しているのは、真なる信念の累積や確実な法則の体系ではなくて、むしろパラダイムという行為の規範を支柱として形成される標準的問題の理解からその解決のための練習、実験的検証と仮説の提起における模範例の習得など、すべて具体的な実践上の基礎的ルールの共有というところにある、ということがこの説明の要点である。

科学的探究とは本質的に探究者の共同体において担われる作業であり、その作業の内に共有された行為の規範の体系が属している。これはパースが一九世紀末にアメリカで提起し、ウィトゲンシュタインがラムジーを介して間接的に継承した、「言語の共同体に属するメンバー間の思考の交換」というモデルにそっくり合致した考え方である。それは孤立的、独我論的思考の主体における客観的認識の形成という、デカルトからカントへと至る近代的な認識論との断絶を示しているという意味で、きわめて現代的な知識形成のモデルなのである。

また、科学的探究についての独我論的視点の批判とともに、この科学論が重要なのは、知識の探究という人間の知性的な活動の焦点を、確実な真理への到達という目標から、探究的実践の継続という目標へと移行させたことである。科学とは探究であり、探究とは認識である前にまず実践である。この実践的視点に立った科学論は、クーン以降現代に至るまでの科学にかんする哲学的分析の主流となった考え方である。クーンの科学論は、同時代のハンソンの『科学的発見のパターン』（一九五八）や、ファイヤアーベントの『方法への挑戦』（一九七五）とともに、論理実証主義に代わる「新科学哲学」の時代を形成し、多元的科学論の流行をもたらしたが、この流行は極端な相対主義の容認を一部の人文科学の分野で招く一方で、実践としての科学的探究への積極的な関心という別の思想的運動も生み出した。

科学にかんしては、理論的知識の体系としての側面とは独立に、実験や計測という技術の開発や洗練という、もう一つの重要な側面が伴っており、哲学的に重要な主題は、理論的真理の客観的実在への妥当性という、旧来の認識論的主題よりも、むしろ実験の成功や不毛な失敗を特徴づける、テクニックと情報交換の働きの理解という主題のほうにあるのではないのか。「実験主義的科学哲学」と名付けられるこの科学哲学の運動には、カナダのイアン・ハッキング（『表現と介入』一九八三）やフランスのブルーノ・ラトゥール（『科学がつくられているとき』一九八七）など、各国の多くの哲学者の活動が含まれる。

ローティとプラグマティズムの帰結

ラッセル、ウィトゲンシュタインからカルナップへ、そして論理実証主義からクワインの翻訳の不確定性テーゼへの移行、さらにはクーンから実験主義的科学哲学への進転——本章は現代の言語の哲学を軸とした思想として、以上のような理論を取り上げてきたが、これらの運動は、たしかにわれわれが「序章」において見たローティが全体的特徴として挙げたように、プラグマティズムへの漸進的な傾斜という大きな特徴をもっている。とはいえ、プラグマティズムという哲学の「帰結」は、決してローティが言うように、それ自体として、哲学の「終焉」と「ポスト哲学的文化の時代」の到来を告げているようなものではない。

たしかに、この思想の発展のなかでは、クワインの翻訳の不確定性やクーンの通約不可能性のような、ラディカルな相対主義の気配を漂わせる理論が多数提起された。これらの理論は、前章で見たデカルトの言う意味での、知識の根本的な基礎付けという企てに照らしてみれば、その不可能を言い立てているようにも見える。そして、デカルト的な意味での知識の客観性が、哲学における唯一の正統的な客観性の基準であるとするならば、多元的真理や価値と客観性の融合を説くプラグマティズムは、哲学からの離脱を宣言するものと解することもできるであろう。

しかし、プラグマティズムの哲学は多元的世界像を容認しても、人間の知識と価値にかんする客観性の放棄を主張する立場ではない。そう理解するのは、デカルト的な確実知にのみ客観性を与えようとする、近代という時代に強く限定された問題関心に留まったままで、哲学の未来を考えようとすることである。個人的な思いつきや主観的な好悪の感情とはっきりと区別されるような、真理の客観性、価値の理念的性格というものを認めたうえで、その多元的な発展や、多様な成長の可能性を積極的に受け入れようとすることは、純粋に論理的な観点から言っても、直ちに不整合となる議論ではない。むしろ、多元性と世界のリアリティ、事実の多様な解釈の可能性と実在の重みや意義の双方を同時に確保するために新しい哲学の論理を模索することこそが、プラグマティズムの帰結として確認されるべき問題関心である、と言うべきである。

人間の精神を共同体的な言語とのすり合わせによって理解しようとする哲学の運動は、記号や論理の分析という厳密な思考の努力の積み重ねの果てに、なまなましいリアリティをもった生の現実へと再着地しようとする。それはまさしくウィトゲンシュタインの思想のコースにおいて如実に象徴されているように、「言語としての精神」という形式的な哲学の時代を迂回《うかい》しての、生の哲学への螺旋的な帰還である。その思想の流れのほうへ、最後に向かうことにしよう。

第四章　生命の哲学——二一世紀へ向けて

1　生の哲学

カント哲学のもう一つの遺産

前章では、人間の精神を言語や記号過程の操作や遂行と考えるような、「言語としての精神」の流れを追ってきた。この流れの中心に位置したのは、主としてイギリス、アメリカという英語圏を舞台とする、分析哲学の思想であるが、それだけに限られるわけではない。そこには、フレーゲ、ラッセル、クワイン、ローティへの流れの他に、パースによるプラグマティズムの構想や、フッサールによる現象学の提唱など、さまざまな学派の運動が属していた。しかしながら、分析哲学以外のこれらの哲学の思潮は、その展開の過程を通じて、言語の哲学というよりもむしろ「生の哲学」という性格を強めていった。それは、人間の精神の働きの中心を、記号的な操作や変換のような知的活動に見るよりも、意志の働きや感情の働きのような、より流動的で生き生きとした、人間的生の具体的な実相に密着した機能に見出すような、哲学的探究の方向である。

もちろん前章で扱った言語哲学の流れも、最終的には生の哲学の問題意識に同調する傾向を見せるようになったのであるが、それは非常に迂回的なコースを経てからであった。これにたいして、このコースの裏で進行したパースやフッサールを源とする哲学の流れのほうは、それ以前に形成されていた生の哲学の伝統といち早く合流し、分析的で知性的な手法を重視する視点からはやばやと脱却して、知性や理性だけに留まらない人間の精神の立体的な働きの重要性に着目するようになった。もしも二一世紀の今日において、コンピュータや高度な情報技術の発達と広範な蔓延《まんえん》の後に、いわばそれへの反省として、人間についての脱―機械的なモデルへの模索が始まりつつあるとすれば、生命を主軸としたこちらの哲学の流れのほうが、時代に先行した問題意識をもつことができたとも言えるであろう。

さて、こうした生命を軸とする哲学的探究の方向が生まれた背景には、ちょうど前章の「言語としての精神」という思想の発生や展開の場合と同じように、二重の契機があったと考えることができる。すなわち、この種の哲学の誕生には、一つにはカント哲学において取り残された問題、あるいは解決が放置された矛盾への取り組みということがあり、さらには、カント哲学への応答という主題とは別の、新たに登場してきた科学的発想への応答という側面もあった。

すでに見たように、前章で問題にしたのは、デカルトからカントへの哲学において引きずっている独我論的傾向への対処という問題と、新たに誕生した数学や論理学の威力に見合った哲学の改変というテーマであった。フレーゲやパースの哲学は、これらの課題に答えるべく構想された思想であり、そこから、ラッセルやクワインの哲学が展開されることになった。これにたいして、本章で問題にするのは、カント哲学のもう一つの弱点、すなわち「現象と物自体」という二段構えの世界像をめぐる問題であるが、これとは別に、新しい科学への応答という問題もあった。それは、ダーウィンの進化論という、新たに誕生した生物学への応答という課題である。

このうち、前者の現象と物自体の問題については、第二章の最後のところで、カントの哲学への次のような批判が考えられる、ということを確認しておいた。それは、世界の実質を作る「物自体」というものは、カントが言うように、道徳的世界というこの世界とは別の叡智的世界でのみ経験されるものではなくて、われわれ自身の有する身体という次元で、直接に経験されるものではないのか、という批判であった。物自体としての世界とは、われわれの経験的認識の限界のかなたに望まれる、理想や理念の世界のことではなくて、現象世界以上にダイレクトにわれわれに与えられているような、現実の生のどこまでも流動的できわめて不定形な混沌のことではないのか。あるいは、それは現実の生を突き動かしている源泉としての「非理性的な生への意志」のことなのではないのか。この思想はヘーゲルと同時期のドイツにおいて、ショーペンハウアーによって提唱された思想であるが、物自体が直接に把握され、体験されるとするこの非理性ないし反理性の哲学は、ショーペンハウアーの哲学を独自な仕方で継承したニーチェによってさらに本格的な世界観となり、その思想の破壊的なインパクトもあって、彼らの意志の哲学は、その後の哲学の方向にたいする甚大な影響を及ぼすことになった。

ただし、カントの言う認識不可能な物自体が直接に把握できるという思想は、それだけでは人間の精神の理性的な本性を根本から否定する力をもつとは限らない。それはあくまでも、人間の世界への接近には、理性や知性以外のチャンネルもありうるのではないかという、一つの可能性の提起ということである。

ダーウィンのインパクト

しかしながら、この思想と並行してダーウィン流の自然淘汰《とうた》にもとづく進化論のヴィジョンが登場してくると、人間の非理性的な本性というイメージはより具体的な現実味を帯びてくる。言うまでもないことであるが、ダーウィンの進化論は人間がサルとまったく同じ動物だと論じているわけではない。しかし、それは少なくとも人間が他の諸々の生物とは完全に隔絶した、決定的に高等な生命だという信念には、科学的な根拠が欠けていると主張する。そして進化論の受容とともに、人間の本性における動物的性格への着目や、自然界における人間の位置の相対化ということが進行することになると、人間の本性についてのこれまでの理解には再考の余地があるということが、はっきりと意識されるようになる。そしてそれとともに、ショーペンハウアー、ニーチェの哲学は、決して哲学の傍流の思想として無視するだけではすまされない、れっきとした理論的な挑戦という意味をもつようになってくる。

二〇世紀の前半において、パースのプラグマティズムを継承しつつ、その言語的精神観を乗り越えて、感情を中心にした精神観を打ち出したアメリカのジェイムズの哲学や、その思想的友人として、「生の躍動」を中心にして独自の進化論的世界像を展開しようとしたフランスのベルクソンの哲学は、いずれもショーペンハウアー、ニーチェ流のペシミズムないし反人間主義の克服を目指した哲学であるが、それらは同時にまた、進化論という生物学からの哲学への挑戦にたいして、哲学の側からの回答を試みた思想でもある。

さらに、二〇世紀における生の哲学の提唱者は、ジェイムズやベルクソンだけに留まるわけではない。前章で触れたフッサールの現象学を批判的に継承したドイツのハイデッガーの哲学や、それを実存主義という特異な人間存在論へと具体化しようとしたサルトル、メルロ＝ポンティの哲学も、人間存在の本質を「自然や環境のなかに生きる者」という角度から分析しようとした哲学理論であり、さらには時間を生きる独特の存在者として特徴づけたという意味では、ジェイムズやベルクソンの哲学の延長上ないし平行線上に明確に位置づけることができる。

彼らは基本的にフッサールの現象学の系譜に属しているために、ニーチェやベルクソンのような生物的人間像を前面に掲げて人間存在論を議論しているわけではない。というのも、彼らの共通の師であるフッサールは、フレーゲの反心理主義を重視したと同じくらいの強さで、デカルト的な基礎付け主義に立った認識論の再興を意図していたからであり、そのために現象学という運動全体には、デカルト的な意味での意識の立場の残滓《ざんし》がいろいろな形で残っているからである。

とはいえ、ハイデッガーからメルロ＝ポンティまでの哲学の流れは、実際には現象学に残っているこのデカルト主義から脱却する方向へと人間論を向かわせようという試みだったのであり、その限りで、彼らの思想もまた身体や環境を生きる心、という生の哲学に分類することができる。そして、二〇世紀後半から今世紀の哲学において、改めてこの方向を強化しようという運動が起こっている。それは、たとえばフランスではドゥルーズに代表される生の哲学であり、アメリカではギブソンに代表される「エコロジカルな心」の哲学の方向である。

本章では、ショーペンハウアーから始まって今日のエコロジカルな心の理論へと進んできた、この哲学の趨勢について見てみることにしよう。それは大きく言えば、人間の非理性的な側面への着目というきわめてペシミスティックな思想から出発して、次第に自然世界や宇宙に帰属する人間存在を再発見することで、われわれの生と精神の捉え直しへと向かった思想の運動である。

ショーペンハウアーのカント理解

そこで、まず注目するべきは、カントの後のショーペンハウアーである。

アルトゥール・ショーペンハウアー(一七八八～一八六〇)は、ドイツの北海に面する商業都市ハンブルクで貿易商を営む父の一人息子として生まれた。父はイギリスなど他国との取引を通じてプロイセンのドイツ至上主義にたいする反発の気持ちを深め、息子の気質を反ドイツ的な方向に向けた。母は父の死後に女流作家として活躍したが、ヴァイマルにおける彼女の華やかな文芸サロンにはゲーテなども訪れて、早熟のショーペンハウアーの才能を高く評価し、その思想的成長に強い期待を表明した。母のヨハンナ・ショーペンハウアーと息子のアルトゥールとは、互いの才能にたいする侮蔑《ぶべつ》や嫌悪によって決定的に対立し、その表だった憎悪の表明のゆえに、歴史上もっとも不仲な親子の例として名を残すことになった。

ショーペンハウアーはゲッティンゲン大学とベルリン大学で哲学を学んだ後に、『根拠律』(一八一三)という書物を著して、フィヒテ、シェリング、ヘーゲルらの活躍で有名になっていたイェーナ大学の哲学部に学位論文として提出した。『根拠律』の正式な題名は、『充足根拠律の四方向に分岐した根について』というかなり奇妙なものであるが、これは事物の説明にかんするわれわれの根本的な原理を「充足根拠律」と呼んだうえで、その形式には四種類のものがある、という理論である。「充足根拠律」は「充足理由律」と呼ばれることもあるが、「すべての出来事、事象には、それがそのように生じているための、十分な理由、原因、根拠がある」という根本原理のことである。

この原理はもともとライプニッツがその形而上学の中の一原理として立てたものであるが、彼の哲学ではこの原理ともう一つの原理である「最善律」とが相まって、われわれが生きるこの現実世界があらゆる可能な世界のなかでも最善な世界であるという、「世界最善説（オプティミズム）」が導かれるとされた。ところが、ショーペンハウアーはこの充足根拠律とカントの観念論を組み合わせることで、この現実世界こそ考えられる世界のなかでも最悪の世界であるという、「世界最悪説（ペシミズム）」が導かれると考えた。

ショーペンハウアーはこの本で、充足根拠律に従ったわれわれの「説明」には、事象間の原因と結果の関係にもとづく因果的理由による説明と、証拠と主張との論理的関係にもとづく説明、数学的理由による事物の性質の説明と、動機と行為結果とを結びつける目的論的説明の、都合四種類のものがあるとした（四つの説明様式があるという発想は、古代ギリシアのアリストテレスと同じであるが、その中身が異なっている）。彼はその上で、一番目の因果論にもとづく説明がもっとも主要な充足理由であり、その内実は、カントが『純粋理性批判』において解説したように、空間・時間的規定によって特定される物質的対象にかんして、カテゴリーのなかでももっとも中心となる因果性のカテゴリーが適用されることであるとした。

ショーペンハウアーはこのように、カントの認識論の要点が、ヒュームの懐疑論に抗して因果的説明の基礎を確保したことにあるとして、その人間の知性の働きの道具立てを極端に簡素化した。そして、主著となった次の作品『意志と表象としての世界』(一八一八)では、カントにおける現象と物自体との区別をめぐって、さらに大胆な新しい理論を提起した。カントによれば、現象とはカテゴリーの助けを借りて、われわれ自身によって構成された世界の中の事象のことである。物自体とはこの現象からなる世界の背後にあって、われわれを触発してはいるが、われわれには手の届かない認知不可能な世界の実質である。

ショーペンハウアーはカントの現象界と物自体の区別を認めたうえで、これら二世界どうしの関係を否定して、次のように考えた。知的な認識の下で把握される世界とは、まさしくカントの言うように、われわれの知性が作り出す表象である。それは、世界の実質である物自体ではない。したがって、われわれが世界と思っている現象界は、本当は幻の世界である。われわれが現実と錯覚している時空的世界は、われわれ自身の心の働きが生み出した夢幻と何ら変わるところがない。

このことを明確にしたことはたしかにカント哲学の功績であるが、しかし、その観念論の正しさは実際には、古代インドのウパニシャッドの哲学以来、すでに最初から証明済みである。ウパニシャッドの思想を継承したインドのヴェーダーンタ哲学では、「死すべき人間の目を覆って、それを通して世界を見させているのは、マーヤー(幻影)のヴェールである」

と明快に書かれている。カントの哲学もバークリーの哲学も、この古来の哲学が伝えた核心的真理を近代の言語で述べ直したものである。

物自体としての意志

ところで、世界の現象性ということが全面的に正しいとしても、このことから、当の現象界とは別の世界がわれわれには原理的にアクセス不可能な世界である、ということが導かれるかと言えば、必ずしもそうではない。というのも、カントは人間の身体的次元をまったく考慮に入れず、心身問題をいわばすっかり捨象して世界の成立の論理を考えていたが、われわれは自分の「身体」において、物自体としての「意志」というものの働きを、カテゴリーその他の形式の媒介なしに、現実に直接把握しており、その意味で世界への直接的なアクセスをもっている。身体の次元で実感される意志の働きは、それ自体が一切の知性の形式、理由の原理、説明の様式から独立な、脱理性の力、非合理の活動の奔流であり、そのダイレクトな経験こそが世界への直接の参入であるはずである。

あらゆる存在はそれ自身の生を維持しようとする意志をもち、不断にその意志を発揮し、世界と未分化な形で生きている。このことは、われわれが科学的説明を受けることなく、じかに自分で体験し確信している、まったく疑うことのできない不動の真理である。そして、自分自身の生への意志とは、単に自分の生存の現状を維持しようとする働きに留まらず、自分の子孫を残そうとする意志でもある。意志とはこの広い意味で、まさしく「生への意志」であり、この意志が「客観化」したものが身体に他ならない。

生物の体はさまざまな器官からなるが、それぞれの器官は生への意志を実現するための個々の機能を司るという意味で、その意志の客観化された形態である。現象界ではない、本当の意味での世界の実相は、この生への意志からできている。しかも、それは理性を欠き、知性の制約にまったく関与しない、「根拠」の観点を完全に無視した力だけの世界である。それゆえ、マーヤーのヴェールを通さない、世界の赤裸々な実相は、非合理的、無目的な意志からなる無数の力が果てしなくぶつかりあい、闘争しあい、互いに滅ぼそうとしあう世界であるということになり、それは必然的に永遠の苦の世界、無間の暗黒、悲惨さと苛烈さと残虐さの世界となる。世界の根本とは、根拠律がまったく無効な、全面的に無法の世界なのである。

さて、カントの観念論から世界の最悪性がこのように導かれ、科学が描き出し、知性が構成する夢幻ではなく、本当の意味での物自体というものが、互いに互いを無秩序に苦しめあい、永遠の闘争を繰り広げる最悪の世界であるとすると、われわれがこの無間地獄ともいうべき苦界から脱出する手立てはまったくないように思われる。世界は考えられる限りで最悪の暗黒世界である。その世界から自殺などによって脱出を試みることは、それ自体が意志の非理性的な発動である以上、決して苦の世界からの救済ではない。

ペシミズムからの脱却

ショーペンハウアーはこのように世界最悪説を主張したうえで、われわれの例外的な救済の可能性について、改めて言及する。それには基本的に二つの道があるとされる。

一つは、かつて古代ギリシアにおいてプラトンが描き出したような、イデアの世界へと魂を飛翔させる道である。プラトンはエロースの働きと数学的知性の洗練によって、魂の純化が可能であると説いた。これにたいしてショーペンハウアーは、「藝術による救済」という別の方法を提案する。藝術、とくに音楽においてその本質を体得する「天才」は、現象界と物自体としての意志の世界を超えた、善美のイデアが支配するイデア界という、第三の世界をまざまざと直知することができる。音楽を生み出し、その精神を伝え、繰り広げることのできる藝術的天才とは、このイデアの美の把握力そのもののことである。

苦と闘争の世界からの脱出のもう一つの方法は、物自体である意志がそれ自体を滅却するという、意志の絶対的な自己否定の道である。古代のインド思想や仏教において重視された解脱の考えとは、形而上学的には困難とも思われる、自愛の否定を通じたこの救済の可能性を、瞑想《めいそう》的実践において求めようとした哲学である。古代インドにおいて悟りと言われたのは、自己の無性を直視することから宇宙的規模での共感と慈悲の精神へと前進し、「梵我一如」の境地に達することであるが、この瞑想的実践から慈愛へと向かう道こそ、悲しみと苦悩の世界から脱却する第二の方法である。

ショーペンハウアーの哲学は、このように、世界の最悪説を主張すると同時にそこからのユニークな脱出の可能性を主張する、非常に特異な哲学である。そこには、理論的な整合性という観点から見るとかなり粗っぽい議論が展開されていて、十分な説得力という点では疑いが残る面がある。とはいえ、哲学の歴史というもっと大きなパースペクティヴのなかで、この理論が果たした意義というものを反省してみると、彼の思想のもつ革命的な性質は非常にはっきりとしてくる。というのも、彼の哲学によって、ルネサンス以来のヨーロッパの哲学はまさしく本当に初めて、キリスト教の伝統を完全に度外視して、東洋の思想であるウパニシャッドや仏教思想を前面に押し出した哲学を登場させたからである。

ショーペンハウアーは『意志と表象としての世界』の出版後、ヘーゲルがその哲学教授としての絶頂期にあったベルリン大学で、ヘーゲルに対抗して哲学の講義を行った。ヘーゲルは、ナポレオンのヨーロッパ制覇の後に位置する自分たちの時代が、西洋的な自由と自覚の精神の自己実現の頂点にあり、その精華として哲学の最盛期を迎えているのだと宣言した。ショーペンハウアーは同じ大学で、極端な不人気と孤立をも顧みずに、そうではない、という確固たる主張を行った。カント哲学の真の意味は古代インド的無の思想のほうにこそある。キリスト教の精神は真の哲学的精神ではない。

さらに、彼の哲学は、カント哲学を踏み台にして、東洋の思想とプラトンの思想の合体を表明するという、ある意味では非常に複雑な立場の表明になっているが、これもまた、より広いパースペクティヴから見れば、単純な混乱とは言えない意味をもつ。音楽の哲学や輪廻の思想などは、東西の対立を超えて、プラトン思想を一例とする古代の魂の哲学がもってい た深い思想的可能性を改めて掘り起こしたものであり、それによって、その後のさまざまな独創的思想の形成に大きな刺激をもたらした思想である。ショーペンハウアーに大きな影響を受けた思想家、藝術家には、ニーチェを代表として、ワーグナー、フロイト、ファイヒンガー、トーマス・マン、ウィトゲンシュタインなど多くの人々を数えることができる。これらの人々がいわゆる「近代」を乗り越えて、「現代」を形成した代表的な人々であることは明らかであろう。その意味でも、彼の思想はヘーゲルによって西洋哲学がその完成を高らかに謳《うた》いあげられたまさにその時に、その足元で、孤独な抗議活動という形を取りながら、哲学の歯車を大きく前へと回す役割を果たしたのである。

ところで、ショーペンハウアー哲学の柱の一つは「生への意志」という考えであるが、この発想は一九世紀後半のヨーロッパで最大の科学的衝撃の一つとも言うべき、ダーウィン的な生物主義の登場とも親和性をもっている。したがって、生への意志という視点はこの世紀の思想的展開とともに、次第に広く受け入れられるようになった。しかし、その人気の増大は、その信奉者の範囲の拡大と同時に、一方では、この考えでは人間精神の本質を捉えきれないのではないかという、さまざまな批判的発想の誕生をも促すことになった。その一つがショーペンハウアー哲学を全面的に継承しつつ、その限界を乗り越えようとしたニーチェの哲学である。

「アポロン的なもの」と「ディオニュソス的なもの」

まず、ダーウィンの描き出す生物の進化の世界は、合目的的な世界の進歩、調和の成長というライプニッツ的な最善論の世界ではない。それは偶然による生物の種の多様性の増大と、自然環境との両立可能性という面から帰結する、機械論的な「自然選択」の世界、「適者生存」の厳しい世界である。それは理性の恵み深い働きを抜きにした、苛烈な弱肉強食の世界である。その意味で、ダーウィンの進化論は、ショーペンハウアーよりも後から登場したものではあるが、そのペシミズムの理論とぴったり符合する、灰色の世界観と見ることができる。実際に、ダーウィンの進化論は彼自身の生物学的探究、生態学的探究と並んで、マルサスの人口論からの理論的発想に大きく依拠しているが、この人口論とショーペンハウアーの描く非理性的な物自体の永遠の闘争世界は、決して無縁とは言えない世界像である。

しかしながら、人間の世界は本当にダーウィンが描いたような、単なる確率論的偶然の論理と機械論的な適応のメカニズムに支配された、進化の歴史の一コマにすぎないのだろうか。人間の本性は、この偶然と必然の織りなす自然の進行によって正しく理解できるのだろうか。ひょっとすれば、人間という特殊な生物種は、進化論が中立的な科学の観点から記述する無数の種とはまったく異なった、「もっとたちの悪い」「もっと病的な」存在ではなかったのか。つまり、生命一般に貫通する「生への意志」という原理で想定されるような、「万人による万人への闘争」を通じたサヴァイヴァルという議論ではなおも説明しきれない、もっと複雑で、ひねくれた存在ではないのか——これが、ショーペンハウアーの「生への意志」の思想を過激化して、「力への意志」というより激越な形而上学的原理を要請した、ニーチェの哲学が問いかける問題である。

フリードリヒ・ニーチェ（一八四四〜一九〇〇）はプロテスタントの牧師の子として、ライプツィッヒ近くに生まれた。ボン大学、ライプツィッヒ大学で古典文献学を学んだ後、若くしてスイスのバーゼル大学の員外教授に抜擢《ばってき》され、翌年には正教授に昇進した。しかし処女作『悲劇の誕生』（一八七二）の不評や健康上の理由から、ほどなく大学を休職し、執筆活動を中心とする生活に移行した。一八八九年イタリアのトリノで深刻な精神の混乱に襲われ、以後は母親の下での療養生活を余儀なくされた。彼が死去したのは、ちょうど時代が二〇世紀へと変わる一九〇〇年であった。

『悲劇の誕生』はギリシア古典悲劇についての哲学的考察である。この本の正式な表題は『音楽の精神からの悲劇の誕生』である。ソクラテスの時代に先行するアイスキュロスなどに代表される古代のギリシア悲劇は、コロスと呼ばれる合唱隊の歌と登場人物たちのドラマとの二重構造からできている。ニーチェはギリシア悲劇のもつこの二重構造に、「音楽の精神」という一切の事物を包み込む存在の神秘的根源から派生するところの、「アポロン的なもの」と「ディオニュソス的なもの」という二種類の精神原理を重ね合わせたうえで、本来まったく別種のこれらの精神原理が奇跡的に合一したものこそ、古代ギリシア悲劇の本質であるという藝術哲学を展開した。

ニーチェがここで、根源的一者から派生した、二種類の別個の精神原理とした「アポロン的なもの」と「ディオニュソス的なもの」とは、まさしく先に見てきたショーペンハウアーの「表象」と「意志」という二つの世界の別名に他ならない。アポロン的なものとは、人間の知性が「個別化の原理」に従って事物を形成する、形象の世界であると同時に、夢幻の世界である。知性は世界の無数の事物の形を明晰に描き出すという作業によって、かえってその夢幻的な美しさの世界に遊ぶ。アポロンにおいて知性の力とはすなわち夢見る力、幻影を生み出し、その世界に留まろうとする力である。

反対に、ディオニュソス的なものとは、意志の働きが理性や知性の制約を完全に脱し、無目的、非合理な仕方で力を発揮しつつ、根源的な一者へと還帰しようとするモーメントである。ディオニュソス的なものは理性をかなぐり捨てて、嵐のような狂乱の陶酔へと走る。それは混沌と暗黒へと向かう無数の熱情の渦巻きであり、集団における欲望と放恣《ほうし》の無制限な燃焼であり蕩尽《とうじん》である。アポロン的なものが夢幻の美しさを求めるとすれば、ディオニュソス的なものは恐怖と苦痛の中に快を見ようとする。

生への意志から力への意志へ

ニーチェはショーペンハウアー哲学をこのように藝術の分野に応用することによって、彼なりのペシミズムの思想を展開しようと考えたのであるが、やがて、この種のペシミズムではまさしくショーペンハウアーがそうであったように、仏教的な諦観《ていかん》に似たある種の静寂主義に陥ってしまうことになるのではないかと考えるようになり、師であるショーペンハウアー哲学の乗り越えの必要を強く意識するようになった。彼は、ヨーロッパが直視するべき哲学は、ペシミズムであるよりもむしろニヒリズムではないのかと考えた。そこで、ニヒリズムについての哲学的考察を展開し、ショーペンハウアーの「生への意志」を「力への意志」へと転換しようとしたのが、彼の後期の著作である。その代表作には、『ツァラトゥストラはこう語った』（一八八五）『道徳の系譜学』（一八八七）などがある。

『道徳の系譜学』は、ヨーロッパが自らの哲学的な価値意識や道徳の原理としているものを、その形成の起源からもう一度辿り直して再吟味してみることで、その隠された本質を暴露し、それによって支えられている文明の真の姿をあぶり出そうとした作品である。ニーチェは系譜学ということで、生物の発生についての研究に類比的な意味での、思考の発生学というものを構想した。道徳や善悪にかんするヨーロッパの思考は、キリスト教的な彼岸的世界への憧れを発生源として、ルネサンス以来の人間中心主義的転換を経て、カント的な自由・平等・博愛の理念へと進化してきたものだ、と普通には考えられている。しかし、ニーチェはこの道徳意識の歴史が、社会の多数を占める弱者たちが自らの劣等感を互いに隠蔽《いんぺい》しあうために、本来「善・悪」という言葉がもっていた意味を根底から歪曲《わいきょく》することで、その内実を骨抜きにし、倒錯した価値観を生み出したうえで、それをいつまでも継続させようとして作り出してきた、裏切りと欺瞞の歴史であると言う。

善や徳（ヴァーチュー）とは本来、そのラテン語の語源からも明らかなように、力（virtus）があること、盛んなことであり、悪や悪徳（ヴァイス）とは、力が弱いこと、衰えているということである。ところが、力をもたない者たちは、自分たちの劣悪性の容認を回避するために集団で結託して、善悪の意味を大きく転倒し、倒錯した価値観を流布させるようにした。近代が讃美し続けた平等や博愛の理想とは、この弱者の隠蔽作業の継続によって定着してきた仮面の洗練である。そして、ヨーロッパの近代が経験している深刻なニヒリズムとは、この倒錯した価値意識が辿りついた究極の頽廃《たいはい》である。

ヨーロッパのニヒリズムは「神は死んだ」という言葉で表される。これはすべての領域における価値判断や意味評価の究極的な参照項（すなわち神）が、すでにまったく無効なものになっていて、すべての意味や意義が平板化し、卑俗化し、相対化しているということである。ニーチェはこのニヒリズムが、二つの形態をとって現れると考える。一つは「弱者のニヒリズム」で、人々が大衆という名の下に価値の根本的喪失の事実をいまだに隠蔽しつつ、偽りの価値にしがみついている生の形式である。もう一つは「強者のニヒリズム」で、人間が現在の状態を脱皮し、「超人」へと進化を遂げることで、全面的に価値喪失した世界を認識しつつ、それに耐えて生きるような生の形式である。

超人（Übermensch, superman）とは現在の人間の段階を超えた人のことで、生物学における進化という発想をヒントに、ニーチェが考えだした「未来の人」である。彼の『ツァラトゥストラはこう語った』は、『論語』や仏教の経典にしばしば見られる、「師はこう語った」という形式を借りて、この超人が体現しうる強者のニヒリズムの可能性を解き明かそうとした作品である（ツァラトゥストラとはいわゆるゾロアスターのことで、拝火教、ゾロアスター教の教祖とされる古代ペルシアの思想家である。彼は紀元前一〇世紀くらいの人とされており、インドのヴェーダ思想とほぼ時代を同じくしている。ショーペンハウアーが利用したインド思想のテキストも、ペルシア語訳からラテン語に重訳されたテキストであった。したがって、彼らが非西洋的思想を活用しようとしたとき、さしあたって頼りにしたのは、ペルシア〔現在のイラン〕由来の思想であったことになる）。

強者のニヒリズムとしての世界の肯定

ツァラトゥストラが説こうとする「未来の人」「超人」とは、世界が「力への意志」によってできていることを知り、それが究極的には「一切の同じ事物の永遠の回帰」という本性をもつことをはっきりと洞察しつつ、「運命愛」という情念によって、なおもその世界の下での生を自己肯定する人のことである。世界はショーペンハウアーが説いたように、一切の事物が自らの生を維持し、子孫を残そうとするような働きからできているのではない。この考えでは、非生物的な世界の原理がまったく説明できないばかりでなく、反対に、機械論的なダーウィン的進化の論理を超える本当の意味での創造の芽も生まれる余地がない。意志はそもそも、何かを維持しようとするものではない。それは自らの維持という視点を忘却し、自らを危険にさらしてでも、「もっと多くのもの、もっと強い力」を求める純粋な衝動である。世界を根底から動かしている真の物自体は、世界の破滅をも積極的に肯定できるような、力への意志である。

> 子供は無邪気そのものであり、忘却である。一つの新しい始まり、一つの遊戯、一つの自力でころがる車輪、一つの第一運動、一つの神聖な肯定である。
> そうだ、創造の遊戯のためには、わたしの兄弟たちよ、一つの神聖な肯定が必要なのだ。いまや精神は自分の意志を意欲する。世界を失った精神は自分の世界をかちえるのだ。
>
> 『ツァラトゥストラはこう語った』第一部[11]

超人は、世界が力への意志によって成立しているゆえに、あらゆる価値の源泉が非理性的で衝動的なものであることを明晰に認識している。彼はさらに、すべての衝動的な力の作用の葛藤《かっとう》は、究極的には古代のヘラクレイトスが説いたように、万物流転となり、焼尽と再生のサイクルを繰り返す永劫回帰の世界となることも知っている。世界が永劫回帰であり、すべての高いものも低いものも、美しいものも醜いものも、まったく平等かつ無差別に、しかも永遠に繰り返されるということを知ることは、超人に課せられたきわめて厳しい過酷な課題である。しかし、その厳しさに耐えて、あえて「ならばもう一度」という肯定を表明することが、超人の「思考の誠実さ」の証明である。超人は運命を愛し受け入れるが、それはあくまでも自己の思考の誠実さの貫徹という、力への意志の発揮が示しうる特異な形態としてである。ニーチェにとってニヒリズムに全面的に冒された人間がもちうる、最後の砦《とりで》としての「強さ」とは、この思考の誠実さのことなのである。

2　ジェイムズとベルクソン

ペシミズムやニヒリズムを超えて

以上のショーペンハウアーやニーチェの哲学は、当時の西洋における大学の講壇哲学とはかなり離れた文脈で、主として文学や音楽など、藝術の世界で多くの支持者を得たが、ヨーロッパやアメリカの主要な大学の哲学者にとっても、決して無視できるような思想であるとは考えられなかった。なぜなら、「生への意志」や「力への意志」を軸にする人間論や世界観は、ダーウィンの進化論のインパクトも加わって、それまでの伝統において前提とされてきた、人間の理性的本性についての根本的な再考の必要性を強く意識させるものであり、その意味で、デカルトやカント以来の人間精神の理解の見直しは、哲学的に見てもまさに必須の要請と考えられたからである。

この節では、二〇世紀の前半に、こうした人間精神の合理性についての根本的再考の試みとして展開された、二つの哲学思想について見てみることにしたい。それはアメリカにおけるジェイムズとフランスにおけるベルクソンの思想である。彼らはその教育的背景を別にしていたが、その思想上の共鳴から強い連帯感を抱き、哲学上の盟友として活躍した。ジェイムズはデカルト主義を強力に批判した、パースのプラグマティズムから出発しつつ、その真理論の提唱によってプラグマティズムの流布に大きな貢献をした。ベルクソンはカントの時間空間の考えを鋭く批判することによって、現象界と物自体に分裂した人間の主体性の意味を回復させようとした。

彼らはともに、デカルトやカントの理性主義に挑戦をつきつけたが、それは同時に、半世紀前のショーペンハウアーやニーチェのペシミズム、ニヒリズムとの対決という意味ももっていた。人間は間違いなく深い苦しみや悩み、切望や絶望のなかで生きている。人間はこれまでの哲学が想定していた以上に、深刻なレベルで非理性的で感情的な存在である。しかしそうだとしても、人間の将来の運命についてはこれまでのところまだ、最終的な決着がついておらず、現時点でのペシミズムやニヒリズムの判定は短絡的ではないのか——。これが、ニーチェの後に哲学的思索を展開した彼らの共通の発想である。

ジェイムズのプラグマティズム

ウィリアム・ジェイムズ（一八四二〜一九一〇）はニューヨークに生まれ、ボストンを中心とするニュー・イングランドの文化のなかで育った。彼の父は著名なスウェーデンボルグ主義の宗教家であり、弟はアメリカを代表する作家のヘンリー・ジェイムズである。前章で見た分析哲学に属する哲学者との関係で言うと、ジェイムズの弟のヘンリーは、ケンブリッジのラッセルの兄と親しい友人であったので、ジェイムズとラッセルも間接的な知り合いだったということになる。ラッセルはジェイムズのプラグマティズムにもとづく真理論に関してかなり辛辣《しんらつ》な批評を行う一方、ゼノンのパラドックスをめぐるベルクソンの解釈についても強い反論を提起した。このように、二〇世紀初頭のそれぞれの学派を代表する彼らは、理論としてはかなり異なった哲学的スタイルを採用していたが、人脈的には決して無縁な世界に属した思想家というわけではなかった。

ジェイムズは前章の始めに見たパースのハーヴァード大学学生時代以来の親友である。パースは独創的な科学者、論理学者として、中央の学界からはかなり孤立した生を歩むことになったが、ジェイムズはハーヴァード大学の医学、心理学、哲学の教師として大成し、アメリカを代表する学者となった。彼は『心理学原理』（一八九〇）という大著でドイツ流の実験心理学の方法を初めて導入する一方で、『信じようとする意志』（一八九七）や『宗教経験の諸相』（一九〇一）、『プラグマティズム』（一九〇七）などの多くの著作によって、科学的探究の方法論としての色彩が強かったパースのプラグマティズムの哲学を、もっと広い領域に適用可能な生の哲学へと変換した。

心理学者から哲学者へと転じた彼の業績は、科学的真理から宗教的真理までを一括して論じられるような真理論を展開すると同時に、「純粋経験」と「意識の流れ」という概念を使って、多元的真理が明らかにする世界のなまの姿を説明しようとしたところにある。前者がジェイムズによるプラグマティズムの新解釈であり、後者がこの理論の根底にある存在論、形而上学の構想である。

まず、ジェイムズによる「プラグマティックな真理の理論」であるが、これはパースの「意味の理論」を真理論として読み変えて、一九世紀ヨーロッパに特有の実証主義や弁証法などとは異なる、アメリカらしい真理観を提唱したものである。パースはわれわれの思考が記号的本性をもつものであることを論じると同時に、人間の知的探究を動機づけるものが、疑いと不信からの脱却であり、この動機は行為へと赴こうとする人間の本性に由来したものだ、と考えた。パースはこれら二つの主張によって、デカルト主義的な全面的懐疑に立脚する認識論の無効を宣言しようとした。ジェイムズは友人のこの探究の理論を継承しつつ、この理論が「真理とは何か」という哲学の根本問題にどのような影響を及ぼすのか、という問題に着目した。

そもそも真理とは何なのか——。これは哲学永遠の主題とも言えるが、アリストテレス以来、その標準的な回答は、「真理とは信念と事実との対応のことである」というものであった。信念が真なる信念であるとすれば、それは当然のこととして、事実と対応していなければならないであろう。何らかの言表が真理であることとは、それに対応する事実が成立していることに他ならない。真理にかんする「対応説」とも呼ばれるこの立場には、しかし、ライヴァルとも言うべき別の立場もあった。事実と信念の「対応」は、いわば世界と言語との対応のようなものであるが、よく考えてみると、この対応というものの本性がほとんど不明である。どうして世界と言語のようにまったく異種的なものどうしが、互いに対応しうると言えるのか。むしろ、対応しあうのは信念どうしであろうから、真理とは無数の信念のネットワークにおいて、命題や判断どうしが互いにもちうる整合性のことではないのか。真理とはある信念が背景となる信念体系と整合的であることに他ならない。真理についての「整合説」と呼ばれるこの立場は、主としてヘーゲルなどの弁証法の哲学において主張されてきた。

ジェイムズは、真理をめぐるこうした二つの伝統的立場をきっぱりと拒否したうえで、これらとはまったく異なった理論を提示する。そもそも、真理とは「対応」や「整合」のことではない。われわれが抱く信念とは、その本性上、行為のために必要とされる探究という文脈において追及されるものであるのだから、真なる信念とはそうした文脈の下で、きわめて価値あるものと評価されるものでなければならない。それゆえ、真なる信念とは、われわれがそれに依拠して行動を計画し、実際に行為を遂行する際に、失望や挫折をもたらさない信念のことだ、ということになる。つまり、真理とは行為において十分な満足をもたらす信念のことである。真なる信念とは行為において現金価値をもつもの、キャッシュヴァリューがあるもののことである。一言で言えば、信念や認識の真理性とはその有用性の別名である。

ジェイムズの真理観は、哲学史上代表的な二つの理論にまっこうから反対し、真理を思い切って日常的なレベルで理解しようとしたものである。当然のことながらこの思想には、伝統的な哲学者たちのみならず、ラッセルのように別の角度から哲学の革新を図ろうとしていた哲学者からも、激しい非難と侮蔑の言葉が寄せられた。この真理観は、真理が本来もつべき客観性というものの意義を大幅に過小評価し、いわば「イワシの頭も信心から」という諺どおりの反知性主義の喧伝ではないのか。

ジェイムズはこうした批判にたいしてもいくつかの反論を用意していたが、彼にとってそれにもまして重要と思われた課題は、このような真理論を採用することが合理的であるとすれば、世界とはそもそもいかなるものであるはずなのか、という存在論の問題であった。彼はショーペンハウアーやニーチェと同様に、伝統的な主知主義を拒否しつつ、彼らとは別の世界像を提示する必要を強く感じていた。そのために彼が用意した理論が、「意識の流れ」と「純粋経験」という考えである。

意識の流れと純粋経験

「意識の流れ」の思想とは、われわれの経験を特徴づける理論である。われわれの精神が何かを経験するということは、デカルトやロックに代表される近代哲学では、精神がその内なる観念や表象を知覚することであった。それは精神による、意識の内なる原子的な精神的対象への無時間的で志向的な接近のことであり、経験の中身とはその観念のことを指していた。ジェイムズはわれわれの経験が、そうした原子的対象に対する志向的関係ではなく、広がりをもった意識の領野において生じている永続的な流れであると考えた。経験とは焦点と周辺をもつ広がりが、時間の中でその焦点を次々と変化させ、部分どうしが融合しつつ全体として方向性をもった変化を生じさせている、独特の運動のことである。この考えは、パースが人間の思考を記号的で推論的、媒介的で推移的であるとした理論を、さらに意識のアクチュアルな現場に即して描写し直そうとしたものであるが、同時にパース以上に、人間の思考の実相がもつ流動的性格、感情的本性、時間的非対称性を強調しようとしたものになっている。

われわれの経験的な生は基本的に「前のめり」になっている。生きるということは過去を背景にしつつ、前へと向かうこと、将来へと体を傾けることである。人間の思考が推移的で推論的であるのは、人間の生が時間を生きていて、野原に放たれた火のように拡がり、流れ、溢れ出るものであるからである。経験としての生は思考や推論であると同時に感情であり快苦である。われわれは考える以前にまず感じている。経験は生の温かみをもち、痛みや苦しみの色合いをもっている。

他方「純粋経験」とは、この流れ出る経験的生が世界と交わる姿を表現することで、世界そのものの本質を明らかにしようとした概念である。経験は意識をもった主体による観念を介した外的対象の把握ではない。経験とは体験であり、主体と客体との未分化なままの交わりである。経験において世界の実体として捕まえられ、飲み込まれているのは、主観でもなければ客観でもない、純粋経験という無垢《むく》な存在である。経験とはこの無垢な存在世界の中で生きることであり、そこに幾筋もの時間的継起の跡を作り出していくことである。時間の継起の跡は無数に描かれるが、そこには後から、主観や主体としての契機や、客体、物体としての契機が、回顧的な視点の下で形成される。精神や物質はいわば、純粋経験という中立的な唯一の存在の素材のなかで事後的に構成される、抽象的で概念的なものとしてのみ、存在していると言ってもよい。それらは事後的、回顧的な存在の様態である。生きた経験の現場で存在として立ち現れているのは、主客未分化の「これ」であり「あれ」である。

さて、以上のような経験概念や存在論は、その発想の新鮮さもあって、ショーペンハウアーとは別の意味で、文藝の世界や西洋世界とは別の伝統においても強い共感を呼び起こした。たとえば、二〇世紀の小説の世界を代表するプルーストやジョイス、ウルフなどが、意識の流れという手法を全面的に取り入れることによって、外的世界と内的世界とが複雑に交差する迷宮的現実を構築したことは、よく知られているであろう。また、我が国の西田幾多郎《にしだきたろう》や鈴木大拙《すずきだいせつ》のような思想家が、純粋経験というラディカルな存在論のなかに、伝統をまったく異にする者が哲学的思想体系を構築するための確固たる端緒を見出し、そこから独自の思想的営為を展開していったという事実も、この哲学のもつ深い独創性と意義をはっきりと証言している。とはいえ、われわれがここで検討している西洋哲学の流れのなかで、この思想にもっとも近い理論を提出したもう一人の哲学者としては、やはりベルクソンの名前が第一に挙げられるべきであろう。

意識に直接与えられているもの

アンリ・ベルクソン（一八五九〜一九四一）は、ポーランド系ユダヤ人音楽家の父とイギリス人の母の間にパリで生まれたフランス人である。高等師範学校を卒業後、いくつかのリセの哲学教師を経て、一九〇〇年からフランスを代表する学問の殿堂コレージュ・ド・フランスの教授となり、広く市民に開かれた教育活動を行うと同時に、アメリカ、イギリスでも講演活動を行うことで、国際的に多大な人気を博する哲学者となった。彼は一九二七年にノーベル文学賞を受賞し、第二次世界大戦末期のドイツ占領下のパリで死去した。

ベルクソンはフランスの一九世紀の哲学の系譜から言えば、「スピリチュアリスム（精神主義）」と呼ばれる唯心論の伝統に属している。この学派はメーヌ・ド・ビランやラヴェッソンの思想を基盤にして、生命や意識の上に「精神の生」という第三の次元を認めようとする、ある種の超自然主義の運動である。しかしながら、数学や心理学、生理学にも通暁していた彼が哲学者としてもっとも強い共鳴を示したのは、二〇歳近く年長のアメリカのジェイムズの哲学であった。

ジェイムズの哲学の柱となったのは、意識の流れと純粋経験という二つの思想であるが、ベルクソンの哲学でもこれらにそっくり対応する概念として、「純粋持続」という心の理論と、世界の中立的素材としての「イマージュ」という存在論がある。彼が前者の理論を展開したのは、博士論文であり処女作でもあった『時間と自由』（一八八九）であり、後者の存在論を展開したのは第二の主著である『物質と記憶』（一八九六）である。

彼はしかし、これらの思想を統合して、意識と存在の一切を貫通する「創造的進化」という概念によって存在一般の変化の原理を、宇宙論のスケールで解明しようとした。創造的進化の体系は、生物学における進化の考えを自然一般にまで拡張することで、新しい形而上学の可能性を切り開こうとした企てであり、この体系こそ偶然と必然の連携の下で説明されるダーウィン流の進化論にたいして、哲学が自然選択に代わる別のイメージを提起しようとして作り出した回答の代表であるとも言える。この思想は第三の主著である『創造的進化』（一九〇七）において展開されたが、ノーベル文学賞を授与されたベルクソンの思想家としての評価は、この思弁的な思索の射程の広さによって認められたのである（ノーベル文学賞は一九五〇年に、ラッセルにたいしても授与されたが、その理由は彼の社会理論を含む多様な著作活動にたいしてであった）。

ベルクソンの処女作は一般に『時間と自由』というタイトルで呼ばれるが、これは英語版のテキストに付けられた題名で、もともとの題名は『意識に直接与えられたものについての試論』である。「意識に直接与えられたもの」とは、カテゴリーや直観の形式などを媒介にしないで、意識において直接に感じられ、受け取られるもののことであり、ショーペンハウアーであれば「意志」そのもの、ジェイムズであれば「純粋経験」のことである。ベルクソンは、われわれの心が直接に感知するものとして、感情の「強さ」ということを考える。物体どうしの運動は互いの力の強さや大きさで説明されるが、こうした物質的な事象の計測に使われる強さと、心において直接に感じられる強さ、大きさとはどのように異なるのだろうか。われわれはしばしば「強い悔恨」「深い喜び」「激しい憤り」などを感じるが、強さにかかわるこれらの表現は単なる比喩にすぎないのだろうか。

ベルクソンによればこれらは量的な強度ではなく、質的な強度であり、物質的な事象のもつ量的な性質以上にわれわれにとってのリアリティを備えた「強さ」である。デカルトが示したように、物質の性質は空間的な拡がりという数学的次元で計測されるが、意識のもつ質的な性質は時間における持続というまったく別種の次元で感知される。ニュートン以来時間は空間と並ぶ力学的体系の一つの次元であり、カントの哲学においても、時間と空間とはわれわれの意識において現象の内なる対象同定のために機能する、アプリオリな直観の形式であった。この理解では、空間と時間とはそれぞれ別の形式であるとしても、等しく外的な世界の側に属する性質である。

ベルクソンはこの近代的な時空論に反対する。外的世界について言われる客観的時間とは、まさしくその客観性のゆえに空間に移しかえられた時間、拡がりへと転写された時間の痕跡、偽装された持続である。本当の意味で持続しているのは、物質ではなく精神のほうであり、精神は刻一刻と時間を生きつつ、その生きられた時間を記憶という仕方で蓄積している。精神は持続という形式で生きながら、記憶の蓄積という形で人格を構成していっている。持続がもちうるさまざまな質的様相を、感情の強さや激しさ、深さという形で感じているのは、抽象的な超越論的主観ではなく、具体的に生きられた時間の蓄積として形成されているこの私、つまり私という人格である。

時間と自由

人間は持続において生きている限りで、空間的な外的世界のもつ法則的自然から独立した自由というものを享受することができる。というのも、自由とは持続のなかで自らの人格の全体を賭けた選択を行うということであり、それは空間化された物質世界と人格的に対峙することであるからである。カントは物質的世界の必然性と精神の自由との関係を、現象界と物自体の実践理性の関係として理解したが、ベルクソンによればこの二世界論は、時間と空間の関係を誤解したところから帰結した混乱である。時間を空間と同様に数学的に拡がっているものとしている限り、われわれがいかにして現実の生のなかで新しいものを生み出す自由をもつのか、どうしても理解できないことになってしまうのである。

それでは、空間と時間という世界の形式どうしの関係ではなく、物質と心という世界の実質を作る存在者どうしはどう結びついているのか。これは言うまでもなく心身の結びつきを正面から問題にする心身問題であるが、ベルクソンはこの問題を『物質と記憶』において議論する。物質と心が交わる典型的な場面はわれわれの知覚作用においてである。われわれは物質的世界を知覚するという仕方で外界と交わる。そして、この交わりを通して生きるために必要な無数の情報を入手している。それゆえ、精神の認識活動が生という根本的原理の下で遂行されているという限りで、知覚をめぐる認識論的説明は、ジェイムズらのプラグマティズムの立場が正しいということになる。ただし、このことが成立するためには、精神と物質とは知覚という場面で存在論的に地続きなものでなければならず、言い換えると知覚される具体的な外的世界とは、数学的に記述される延長的物質と精神の中間にある存在でなければばならない。それが、知覚を作っている素材、「イマージュ」である。

知覚される世界が行為に動機づけられたイマージュからなるとすれば、科学において物理数学的に記述される物質とは、このイマージュがもつ精神性、すなわち持続が最小限にまで縮小したものということである。したがって、いわゆる物質とは持続が完全に弛緩した在り方のことである。反対に、精神とは持続が緊張において凝縮する働きであり、この凝縮において記憶の層が深まっていく。持続という同一の存在的本性が弛緩すれば空間へと拡がり、緊張すれば意識の奥深くに届く精神の運動となる。精神と物質との存在論的区別とは、まったく別種で無関係な二実体の間の区別ではなくて、持続という存在の根本にかかわる方向性の向きの区別である。このモデルによれば、物質もまた、非常にかすかにではあるとしても、それ自身において持続しているのでなければならない。ベルクソンによれば、哲学上の最難問の一つである心身関係とは、持続しているものどうしの共鳴の仕方に他ならないのである。

心の世界が身につけている意識の持続という本性は、物質の世界へもさまざまな仕方で浸透しており、それゆえに両者は互いに共鳴することができる。しかしながら、こうした持続という本性を生み出した、世界全体の大元にある根源的力とは何なのだろうか。ベルクソンはこの問いに、ダーウィンの進化論を自然と社会一般へと大規模に普遍化したスペンサーの社会進化論の発想を批判的に継承して答えようとする。それが『創造的進化』における形而上学である。

進化と創造的エネルギー

イギリスのハーバート・スペンサー（一八二〇～一九〇三）は一八六〇年代から九〇年代にかけて発表した、『第一原理』『生物学原理』『社会学原理』などからなる、『総合哲学体系』というものを完成させた。これはダーウィンが解明した生物進化のメカニズムを、生物界から化学的物質世界、人間社会や宇宙など、すべての現象に適用して理解しようとする一大理論体系である。スペンサーの理論はしばしば社会的ダーウィニズムと呼ばれることがあるが、彼の本意はそうした社会理論の構築にあるわけではなかった。ベルクソンはこのスペンサーの宇宙論的な規模での進化のモデルを受け継ぎつつ、その進化の論理の一面性を批判する。スペンサーにとっては進化とはすなわち進歩のことであり、単純なものからより複雑なものが生まれてくる過程である。ベルクソンはこの考えがあまりにも単線的で、進化の過程が孕む偶然性や突発性、多様性や複雑性、進化という現象をそのものが内包する進歩と退歩の明暗両面を捉えることができないと考えた。

生命は物質変化の歩みをとめることはできないけれども、それを遅らせるところまではゆける。……このように自己解体しながら創造する動作というイメージをえがくなら、それからえられる物質表象はもうよほど精密なものとなろう。そのとき私たちは生命活動をみて、そこに逆向きの運動のなかにいくらか残続しているもとのじかな運動を、解体するものをつらぬいて出来あがってゆく事象をとらえることであろう。……ひとつの中心があって、もろもろの世界は巨大な花火からの火箭《ひや》のようにそこから噴きだす。ただし私がここで立てる中心とはものではなく、噴出の連続のことだとする。——神というものもこのように定義されてみると何ひとつ造ったわけではなく、不断の生であり、行動であり自由なのである。創造もそのように解されれば神秘でなくなる。私たちは自由に行動するやいなや自分のなかに創造を体験する。

『創造的進化』第三章(12)

ベルクソンにとって、宇宙全体の進化を駆動する根源的力とは、「生の躍動《エラン・ヴィタール》」と呼ばれる原初的な躍動、飛躍、飛翔である。宇宙の始まりにあるこの突発性の躍動が、放射状の形で花火やシャワーのように大きく広がって、さまざまな進化の道筋をつける。それは中心としての噴出の連続であり、神による世界創造といっても、人間の自由な行動といっても、その本質はこの連続的な躍動の一コマを担うことに他ならない。

「自然の内なる物質」と呼ばれるものは、宇宙の中でこの躍動にたいして抵抗力を発揮し、宇宙の多様性の促進を押しとどめ、すでにあるものを解体しようとする負の力のことである。生の躍動はこの抵抗力に逆らって、より多様な世界、より創造的な性質を生み出そうとする。この宇宙的な進化の中で生じた人間における精神の進化は、他の生物における他の能力の進化と平行的であり、人間と他の生命のどちらがより優れているかということは本来ありえない。というのも、どの生命も宇宙の多様性を実現する性質をもっているという限りでは、同等の価値や意義が備わっているからである。むしろ、生の無反省的な維持という観点から見れば、人間の精神の中心に位置する知性は邪魔者である。知性は疑い、逡巡《しゅんじゅん》するという形で、生を妨害する。とはいえ、知性はこの逡巡と疑いのなかで、物質による躍動への抵抗を迂回する道を探し出すこともできる。その限りで、知性の発達は宇宙全体のもつ「創造的進化」のなかでも、もっとも価値のある役割を担っているのである。

人間においても他の諸々の生物においても、本来最重要な働きをなすのは本能であり、それはそれぞれにとっての「閉じた」社会の存続のためにきわめて有効な力を発揮する。しかしながら、生の躍動がもっとも創造的に働く精神においては、特定の集団にとってのみの利益を追求する閉じた社会の限界を突破して、「開いた」社会、動的な愛の共同体へと進む道を指し示すことができる。それは、生の躍動の中での「愛の躍動《エラン・ダムール》」というまったく新しい次元の発露であり、それこそが、人類の歴史においてさまざまな困難の中で人々を開いた社会へと導いてきた、天才や聖人の精神の力の働きである。ベルクソンはニーチェが「未来の人」と考えた超人を、歴史の過去においてもすでに幾度か誕生を見た、きわめて例外的ではあるとしてもたしかに実証された存在である、と主張したのである。

3　エコロジカルな心の哲学

人間と環境世界

以上のようなベルクソンの哲学には、ニーチェなどのペシミズム、ニヒリズムを真剣に考慮に入れつつ、心身問題や進化の論理を正面から検討することでその一面性を指摘するという、はっきりとした積極的な性格が備わっている。しかし同時に、この哲学にもいくつかの難点が見受けられる。そのもっとも重大な点は、時間という特性を一旦は精神の本質としながらも、それを徐々に自然世界全体へと拡張していって、最後には宇宙全体をある種の精神的な本質の運動へと帰着させてしまったことである。宇宙についても生物的な進化を考えるという発想は、それ自体としては画期的であり、二〇世紀のその後の宇宙論の進展という視点から見ると、むしろその鮮やかな先見性に驚かされる。量子力学と相対性理論の合体によって生まれた現代の宇宙論は、ビッグバン宇宙論に代表されるような、進化論的宇宙論である。

しかし、ベルクソンではその進化の原理が、愛による創造という宗教的で精神的な概念と無媒介的に重ね合わされていて、物理学とのすり合わせが十分になされているわけではない。もともと数学や物理学と無縁な思想ではなかったはずのベルクソンの哲学が、最終的には唯心論的な形而上学に近い形に帰着したことは、その出発点の背景となったフランスのスピリチュアリスムの伝統が、最後になって改めて大きな影響を及ぼすことになったということかもしれない。

いずれにしても、ベルクソン哲学の後に出てきた生の哲学は、ジェイムズやベルクソンが提起した、人間と時間という根本的な問題群を正面に見据えながら、もう少し存在論的に中立な視点を確保しつつ、人間の生きる環境世界をより具体的に視野に入れようとすることになった。それは宇宙的な進化よりも、人間世界の歴史的進展と個人の生の絡み合いのなかで、将来への企てとして働く意識という問題を追及しようとする哲学であり、同時に、スペンサーのように生物学的視点から社会的な視点、宇宙論的な視点までを直ちに同一視するのではなく、人間という存在者に特有な社会形式をまず吟味しようとする哲学であった。こうした試みの担い手の中心となったのは、意識の超越論的な働きを記述しようとしたフッサールの現象学の発想から出発しながら、世界の内なる人間の生を、時間へのかかわりや将来への企てという形でもう一度問い直した、ハイデッガー、サルトル、メルロ=ポンティ、ドゥルーズらのドイツ、フランスの思想家たちである。

世界内存在としての実存

さて、フッサールの現象学の手法である、事象そのものへの徹底的な密着による存在論的記述という方法を踏襲しつつ、フッサールとは異なって、意識内の志向性の分析ではなく、世界における人間の「現実存在（existence）」に焦点を定めた存在論を構築し、基礎的人間論とも言うべき哲学を作ろうとしたのは、フッサールの直弟子であったハイデッガーである。また、それを第二次世界大戦前後の生の様式により即したものに書き換えたのが、小説家でもあったサルトルであった。彼らの哲学は人間の現実存在を論じる哲学として、しばしば「実存主義（existentialism）」と呼ばれることがある（日本語の「実存」とは「現実存在」という言葉を短縮した表現である）。彼らは人間の現実存在というものが、世界という環境の内部に属することをその本質とすると考えた。そこで、「世界内存在」としての人間が、ベルクソンが示したように本質的に時間的な存在者であると同時に、歴史を生きる存在者であるとすると、いかなる根本的な性格をもつことになるか、ということを論じようとした。

まず、マルティン・ハイデッガー（一八八九～一九七六）は、主著の『存在と時間』（一九二七）において、人間の存在が本質的に世界内存在であるということを主張した。彼は南西ドイツのメスキルヒに生まれ、フライブルク大学の神学部と哲学部に学び、フッサールの助手を務めた後、マールブルク大学を経て、フライブルク大学の教授、学長となった。この著作は、彼がマールブルク大学の教授昇任に際して出版されたが、彼はそれ以前の助手時代から「ドイツ哲学界の隠れた王」と噂されていた。『存在と時間』はこの噂を裏付ける形で、当時のヨーロッパの哲学界に大きな衝撃を与えた作品である。

『存在と時間』によれば、人間が存在するということは、理性的な動物である（アリストテレス）とか、考える実体である（デカルト）と言われる前に、まず、ここに現に存在しているということ、「現存在（Dasein）」であるということである。現存在とは世界内存在であることである。なぜなら、われわれは「世界」という独特の環境の内で生きており、自分の存在を何よりもまず、この環境に投げ込まれた者という姿において確認すると同時に、この環境に働きかける者という姿において、自分の行為を理解する者だからである。この場合の「世界」とは、いわゆる天体や物理学的粒子、あるいは化学物質や生物からなる自然世界のことではない。それらは、われわれが具体的な生の企てに先立って了解している世界を全面的に抽象して、自分の「手元にあるもの（Zuhandensein）」ではなくて、科学的に分析され、体系化されるべき「手先にあるもの（Vorhandensein）」の複合体として、理論化された二次的存在の作る客観的世界である。

われわれの手元にあるのはハンマーや靴、机やカバン、自動車や建物など、生活し働くために利用し、修理し、作り変え、作り上げている種々様々な道具や装置である。世界とはこの無数の道具や装置の連関からなる大きな環境であるが、この道具の連関はわれわれ自身における生への配慮、「気遣い」という精神的な構えによって形成されている。言い換えれば、世界があり、われわれがそのなかに存在しているということは、われわれが気遣いにおいて有意味な世界を構成しているということと同義である。そして、気遣うということが自分の過去を引き受けつつ将来へと向かうということであるならば、世界内での人間の存在と、過去から将来への時間の流れを生きるということは、同じ事柄の両面であることになる。存在するとは時間においてあるということである。すなわち、何であれ何かが存在するという場合の、存在の意味とは、時間においてあるということなのである。

『存在と時間』によれば、われわれの存在は自分の将来への気遣いという本質的な時間性によって特徴づけられているとされる。人間の本質が将来への配慮であり、「企て」という行為の姿勢によって理解されるべきであるというこの点は、サルトルの『存在と無』(一九四三)において、さらにドラマティックに描き出されることになった。

無としての実存

ジャン＝ポール・サルトル(一九〇五～八〇)は海軍将校であった父の一人息子としてパリに生まれた。高等師範学校に学び、哲学研究者になることを嘱望されたが、小説家、劇作家として人気を博するとともに、第二次世界大戦の前後をはさむ長い時代にわたって、さまざまな政治活動の理論的リーダーとしても活躍した。

『存在と無』のサルトルによると、人間の存在論的な独自性はその「実存が本質に先立つ」ところにある。人間は世界の中にあるさまざまな事物とはまったく異なって、それ自体として固定し充足した、持続的存在としては決して存在していない。もしも、何かが存在しているということが、諸々の事物のように持続的に存在し、その本質がすでに具体的に確定しているということを意味するのであるとすれば、人間はそうした存在者ではない以上、存在ではなくてむしろ無である、ということになる。しかし、人間が無であるということはまた、人間が自由であるということでもある。人間は世界内存在として、自らの置かれた状況を把握しつつ、その変革を思い描くことができる。人間はその状況を自らの状況として引き受けて、その状況の意味や価値を自分の責任で自由に判断し、それとは異なった世界を作り出そうと企てる。仮に人間にも本質があるとすれば、それはこの自由な企てという現実世界の無化と将来への企てという一点についてのみ言えることである。

人間のこの自由はしかし、決して快い特権や喜ぶべき能力ではない。自由であることは、周囲の状況の意味を自分の責任で評価し、その再創造を自分から担おうとすることであるので、孤独な作業であると同時に、多くの困難が予想される在り方である。したがって、われわれの多くの者は、積極的に自由を行使する代わりに、自分が根本的に自由ではなく、社会や周囲によってすでに価値評価がなされ、変更できない固定した存在であると考えようとする。これはそれ自体が、自分の自由な思考という根本特性を活用して、自分自身の理解をあえて誤解し歪曲しようとする、「自己欺瞞」の方策である。ところが、自己欺瞞とは、自分にかんする真理を認識していなければそもそも企てることのできない、パラドキシカルな方策である。したがって、人間は自由な企てにおいて大きな成功の見込みをもたないばかりでなく、その隠蔽と拒否においても失敗が約束されている。すなわち、人間とは自由であるべく呪われていて、その企ての挫折が正負両面にわたって約束された存在なのである。

さて、以上のような実存主義の哲学は、第一次世界大戦後のドイツや、第二次世界大戦中の占領中のパリなど、急迫するヨーロッパの危機と混乱を背景に、世界の中に具体的かつ現実的に存在する人間の在り方を哲学的人間学として展開したものであったゆえに、それまでの抽象的な存在論には留まらない、非常に鋭い迫力をもった思想として広く受け入れられた。さらに、そうした歴史意識とは別に、人間を世界内存在と理解する発想そのものが、環境や技術の連関の内なる生命という大きな枠組みを取り入れたものと解釈することができ、この点でもこれらの思想家の理論は、ダーウィン以降の現代の哲学にふさわしい問題意識をもっていたと評価することができる。

デカルト主義の残滓

しかしながら、彼らの哲学は同時にフッサール由来の現象学の視点を基本的に採用しているために、デカルト的な意識の立場の残余や個人主義的傾斜という点では、なおも問題を残していたことを認めざるをえない。というのも、ハイデッガーの存在論は一見したところ、道具などの「手元にあるもの」の存在論的優位を主張しつつ、客観的な科学的対象をデカルト的な「手先にあるもの」と性格づけ、二次的、派生的なものと見なす点で、いわゆる近代の科学主義を強く批判する立場に立っており、認識論的な理論としてもほとんどジェイムズらのプラグマティズムと異ならない発想を採用している。しかしそれは肝心の「現存在」にかんして、その存在の意味を他人には原理的に共有不可能な、「自己の死」という地平から理解するという限りで、自己意識としての精神という側面を強く保持しているのである。

ハイデッガーにおいては、現存在が自己自身を「世間の人」として理解し、その単独性と可死性から目をそらして生きようとすることは、現存在が陥りやすい「非本来的な」在り方の典型であるとされる。現存在がその時間的な有限性を自覚し、本来的な自己に立ち返ることとは、自らの良心の声に聞き従うことであるが、この良心は世間の人には還元されえない自己の死への覚悟という在り方と内的に結びついている。この哲学では、世界内存在としての人間は、まさしく世界内に存在するという事実のゆえに、自己自身の独自な存在の意味を最大限に顧慮するべきであるとされているが、その自己への顧慮は結局のところ、他者との協働を拒否することで成立する孤立的なものであった。

実存主義の哲学が示すこの独我論的な傾向は、サルトルではさらに強調されるようになっている。サルトルにおける人間の意識は、即物的な事物に対してそれを無化する自由をもつ意識的存在という意味で、ヘーゲル的な用語で「対自」という言葉が当てられる。しかし、対自は充足した外的事物（「即自」）にたいする存在形式だけでなく、自分とは別の意識存在にたいして「対他」という独特の存在形式をとる。私は、自分とは別の、もう一つの対自である他者との間に、自由な意識どうしの闘争を経験せざるをえない。というのも、自由な意識は状況の変革という形で外なる世界のすべてを無化しようとするが、その世界には他者の意識の働きも含まれているからである。したがって、この意識という精神のまなざしどうしの闘争において、他者とは私にとっての「地獄」である。

私は即自的な事物以上に、他者のまなざしの下で自分の存在が根本から脅かされるのを経験する。私は他者の自由を認める結果、自分をそのまなざしの対象として、事物化されるものと見なさざるをえなくなる。他者は世界に溢れかえる事物以上に、私の存在を物へと転落させる力を秘めた、根本的な脅威である。この哲学では、本来は時間を生きるという形で世界へと属するはずであった人間精神は、一方でその超越や自由の契機が認められているとしても、最終的には「出口のない」存在となってしまう。実存はそのパラドキシカルな本性のゆえに自己欺瞞的となり、現実から逃避するだけでなく、他者の存在への現前を拒否して、単独の自己意識へと固く閉じこもる途を選ぶ他はないかもしれないのである。

世界内存在としての身体――メルロ＝ポンティ

このように、危機的意識を核とする人間存在論としての実存主義の魅力は、同時に、その極端な閉塞感をも帰結させることになった。そこで、この哲学に先行するベルクソンの哲学がもっていた自然への共鳴をもう一度生かしつつ、それを唯心論的な存在論へと強く傾斜させずに、別の角度から改めて追求してみようとする哲学が、ハイデッガーらの実存主義に対する批判的乗り越えの試みとして登場した。それが、メルロ＝ポンティやドゥルーズの思想と、それに並行して展開されたエコロジカル（生態学的）な心の理論である。

モーリス・メルロ＝ポンティ（一九〇八〜六一）は、パリの高等師範学校でサルトルの後輩に当たり、サルトルの公私にわたる盟友であったシモーヌ・ド・ボーヴォワールや、後に代表的な構造主義人類学者となるクロード・レヴィ＝ストロースの同級生であった。彼は当初は、サルトルやボーヴォワールと哲学的にも非常に近い発想から出発していたが、哲学のなかに心理学や言語学の理論的成果を積極的に応用しようとする点や、フッサールの後期の哲学を活用しようとした点などで、彼らの実存主義とは異なる傾向をもっていた。とりわけ、彼が問題にしたのは、人間の知覚経験や行動における「身体」の役割についてであって、この点に人間存在を「無」としたサルトルとの根本的な相違があった。

メルロ＝ポンティの主要な著作は『行動の構造』（一九四二）や『知覚の現象学』（一九四五）であるが、彼はこれらにおいて身体を焦点とする現象学という特異な分析方法を採用した。身体を焦点とする現象学とは、身体が世界のなかに意味を読み取り、行動の図式を描くという形で、純粋な意識作用とは違った意味で、むしろそれよりも根本的なレベルで、「志向性」をもっている、という着想から形成された、人間の知覚的経験や行動にかんする記述的研究のことである。

メルロ＝ポンティによれば、われわれが世界内存在であるということは、無数の知覚や行動からなるわれわれの生が、身体を通じて「有機体と環境」という二つの領域の相互作用を成立させ、それら二領域の「循環的因果性」の下において展開されているということである。つまり、彼にとっての世界とは、二〇世紀初頭に動物行動学者ユクスキュルなどによって導入された、環境と有機体から形成される「環境世界」のことを指しており、身体を軸にして「生きられている世界」こそ、世界内存在としての人間の実存が生きられている領域である。このユクスキュルによる生存圏の発想は、もともとハイデッガーの理論においても一つの背景的思想となっていたのであるが、メルロ＝ポンティはこの点をさらに前面に押し出すことによって、世界へと「受肉した」人間存在というヴィジョンを描き出そうとしたのである。

人間の感覚的知覚は、デカルト以来の意識の哲学では、外界からの感覚的刺激を精神が観念という形で「受動」することとされてきた。メルロ＝ポンティは知覚的経験がそうした外からの刺激の受動的刻印とは異なるものであると主張する。知覚とは環境世界の多様性の中に、幾筋もの主体的行動の可能性を読み取り、それらの可能性からなる領野を形成しつつ、同時に変形しようとする、それ自体が流動的な作用である。身体は「作用の志向性」を発揮する。それは、意識の外側に明快な描像を描くことではなく、これまでの経験の堆積と習慣を背景的な「地」としつつ、新たな経験の可能性を「図」として浮かび上がらせる作業である。身体が司る経験は刺激の受容ではなく、行動の可能性の表出の作用である。

人間の知覚的経験は、個人的な意識の内面の出来事というよりも、無人称的、共同作業的性格をもっている。この性格は、個人の意志の発揮のように理解されることが多い行動についても、当てはまる。知覚が受動で行動が能動だというわけではない。それらはいずれも身体による志向性の発揮であるという限りで、それぞれの内に受動と能動の契機、意識的と無意識的な側面を併せもっている。行動にはさまざまなレベルがある。行動には大雑把に言っても、本能的、機械的身体活動のレベルから、刺激に対する記号的反応という意味での主体的活動のレベル、さらに道具や言語を使用し、創案しようとするシンボリックな思考のレベルまでの、三つのレベルが考えられる。そして、これらの行動を可能にする世界として、物理的システムから生物的システム、文化的システムの三つが重なっていると考えられる。

多様なシステムの重層と交差

人間の環境は多層的であり、そのなかで遂行される行動の性質も多層的である。世界と人間には、水準、タイプ、構造など、さまざまな言葉で表されるようなシステムの多層性が、共通に属している。メルロ＝ポンティはシステムの多層性が三段階であるとか、四段階であると固定的に考えているわけではない。むしろ文化的システムの内にも、さらに無数の構造や水準が属しているゆえに、さまざまな次元で「意味の生成」が促され発展させられているのだ、というのが彼の思想である。たとえば、絵画という藝術のなかの一つのジャンルを取ってみても、その歴史のなかには、さまざまな様式や手法の断絶があり、同時にそれらの変化や変換がある。エジプト絵画からヨーロッパの絵画、インドの藝術から中国の美術、さらには現代の美術と原始時代の美術——これらは互いに大きく異なりあいながらも、それぞれのスタイルの下で意味を生成させ、さらには、互いの相違を超えて影響しあい、交差しあっている。優れた絵画作成がきわめて創造的な営みと言われるのは、それが自らのスタイルや手法の継承と同時に、他の絵画的伝統との交流や交差を包み込んだ作業であるからだろう。

人間の知覚や行動には、その主体が意識していない「地」となるシステムが働いている。このシステムは、言語においては無意識の中に埋め込まれた文法構造と言語使用のための実践的規則として、われわれの発話行動を支え、絵画や彫刻、音楽などの藝術活動においては、個々の作品を可能にする制度的規約やスタイル、手法として、新たな作品を生み出し享受する作業を可能にしている。言語も藝術も、そして知覚も行動も、それぞれが世界に属した人間にとっての、意味の生成と表現の形である。メルロ＝ポンティが目指したのは、知覚から行動、社会的行為から藝術の創造にまで至るさまざまな側面で、世界へと受肉した身体が具体的に働く姿を、その意味生成の現場に即して捉え、記述しようとすることであった。

差異の哲学——ドゥルーズ

メルロ＝ポンティは、世界へと受肉した人間存在がもつ、意味の生成という本質的特徴に着目し、そこから世界が複数のシステムを包み込んだ多層的存在、あるいは多様体であるという存在論を展開しようとした。このシステムと多様体の思想を、人間存在論という哲学の枠組みを超えて、藝術から精神分析、政治理論、経済思想など、さらに幅広い領域での思想的枠組みに拡げようとしたのがドゥルーズの哲学である。

ジル・ドゥルーズ（一九二五〜九五）はメルロ＝ポンティよりも二〇歳近く年下で、一九六八年のいわゆる「五月革命」に強い影響を受けた思想家の一人である。彼のキーワードは「差異と反復」という言葉であるが、これは彼の独特の時間論を表している。ここで言う「差異（différence）」とは、われわれが日々繰り返す無数の経験のなかで感知し、生み出し、忘却してしまう、あらゆる予測不可能な性質、創造的な側面のことであり、先に見たベルクソンの『創造的進化』において、「生の躍動」という言葉によって説明されようとした、真に新たなもの、予見不可能なもののことである。

われわれを取り巻く無数の事象の中には、いくつもの予見不可能な事態が生じるとともに、無数の要因を原因にしてそれらは変形されていく。そして、何度でも繰り返され、反復される事象の流れの中で、差異は最終的に消滅し、すべては同一性のある固定した事実へと帰着するように思われる。それゆえ、差異と反復は対立的関係にあるように見える。ドゥルーズはこのような見方にたいして、差異は反復からこそ生まれるのだと主張する。反復がなければ差異は生まれない。差異を可能にするのは、反復される事象の流れとしての時間である。

彼は『差異と反復』（一九六八）や『意味の論理学』（一九六九）などの作品で、この時間論を展開することによって、ベルクソンが切り開いた時間論を継承しつつ乗り越えようとした。

彼は主著の『差異と反復』を出版する前に、ベルクソン、ヒューム、ニーチェ、スピノザ、カントなどの哲学理論をめぐる哲学史的な研究を発表し、時間にかんする哲学的思索という角度から、それぞれの哲学の意義を探ろうとしている。ドゥルーズによれば、ベルクソンの哲学が人間の生の内実を記憶という形で、過去の堆積へと帰着させるのにたいして、ヒュームの哲学は人間の生を「印象」という源泉へと還元するという意味で、現在時に定位するものと理解することができる。そして、ニーチェは言うまでもなく「未来の人」を強いニヒリズムに立つ人のモデルとするという意味で、未来へと開かれた時間を求める思想の方向を示した。

ドゥルーズによれば、予見不可能なものとしての「差異」の存在を真の意味で未来へと開くためには、事象の反復を外から捉えて、そこに固定的な同一性を認めてしまうような視点を排して、物事を内側から考え、内部で捉えようとする態度が必要である。そして、物事を内側から考えるということは、物事をシステムとして把握するとともに、ちょうどベルクソンが空間的延長と対比される持続の質的強度を考えたように、それが強度の満ち溢れた「強度的空間」から自生的に生まれるものと想定する必要がある。システムの自生的な生起を理解すること、それが「内部の思考」の課題である。

強度的空間には諸々の質的強度が形成しあう、互いに喰い違ういくつかの系列、シリーズがあり、その系列の下での個々の事物の個体化の要因が属している。また、その空間には、複数の強度を互いに交通させる、暗示的な働き、先触れ的な示唆というものが関与しうる余地が含まれている。強度的空間の中の質の系列は、この先触れ的な示唆を媒介者とすることによって、他の系列と交流し、そこで共鳴や連結、強制など、異なった形の運動を行うことによって、システムへと自ずから構成されてゆく。

システムの生起には受動的自我や幼生的主体の構成から、時空的力動の枠組みの構成まで含まれる。さらに、システムはつねに二重の分化というスタイルを蔵していて、それによって差異化の可能性を確保する。二重の分化とは質と延長の分化であり、種と部分の分化である。しかも、システムは一方で、分化し別の方向へと進もうとする諸要素を包み込むことで、その完全な蒸発や消失を妨げる中心的な作用も備えている。

ドゥルーズのこうした複雑なシステム形成論は、かなり抽象的な概念から構成されているために、一読しただけでは容易に理解を受け付けないようにも見えるが、これは差異を既知の概念の型に当てはめることで、その本質的な特徴を見失うことのないように、意図的な言葉づかいをしているからである。彼自身はこの理論を、数学における微分論に胎生学における卵の個体発生・分化のメカニズムを重ねることで構成している。そして、このメカニズムを使って、フロイトの精神分析が想定する無意識のレベルでの欲望や快楽がもっている時間の構造や、プルーストの小説世界における無意識的記憶の構造について、その深層にある論理を浮き上がらせることに成功している。

多様体の論理

ドゥルーズは「差異と反復」を主題とする思想から、さらに特異な身体論へと進み、「欲望する機械」や「器官なき身体」といったかなりアクロバティックな用語を用いつつ、「反精神分析」ともいうべき無意識論へと向かったが、家族論や戦争論など広い領域でのその理論の多彩な適用の後に、最終的には「離接的総合」という概念を軸に置いた新たな「多様体」の存在論へと帰着した。

この存在論が展開されたのは、ドゥルーズが精神科医のフェリックス・ガタリと著した第二の大著『千のプラトー』(一九八〇)においてである(第一は反精神分析の書『アンチ・オイディプス』(一九七二))。離接的総合とは、システムの生起において関与する諸要素の「総合」にかんして、結合的総合、連接的総合、離接的総合という三種類の総合があると考えられたとき、その中でも特に差異を差異として際立たせる役割を果たすものとされる総合である。さまざまなシリーズが関係することでシステムが生起するとき、そこには要素どうしの採取、残滓、離脱という三種類の関係の在り方が見て取れる。そして、その中でも、要素どうしが離脱しあい、ばらばらになる方向で分かれながらも、なお一定の結びつきを残すような在り方が離接的総合の関係であり、世界はとりあえず、この離接的総合の論理を軸とした差異の自己運動の主体である多様体から形成されつつ、その中に、外から横断的に交わる無数の切断の契機を孕むことで、時間として流れている、とされるのである。

もちろん、正確に言えば、多様体はそれだけで単独に存在するのではなく、多様体どうしが無数に共鳴し、接続しあうことで現実に存在するのであるから、存在の様相にとってもっとも重要なのは、多様体どうしがいかに関係しあい、結びついているかという、差異の自己運動のシステム全体の特性である。そして、多様体にも厳密に言えば、連続的なものと非連続的なもの、数的なものと質的なもの、内部的なものと外部的なものなど、多数の区別が認められるので、差異のシステムの自己運動の渦としての世界には、どこまでいっても二重性が関与し、創造と消滅の方向が交差しあうことになる。ドゥルーズの見取り図では、世界はミツバチと蘭の関係や、リビドーとタナトスという無意識の領域から、資本主義や領土問題に至る交換と支配の世界に至るまで、すべてのレベルにおいて、一切のシステムの重層において、接続と離脱と横断とがせめぎあっているのである。

アフォーダンス

一方、ドゥルーズが理論的共感を覚えつつ乗り越えようとしたベルクソンにとって、思想的盟友であったジェイムズのほうの流れについては、エコロジカルな心の理論を展開することで、プラグマティズムの刷新を行ったギブソンの哲学と、その思潮に属するその後のさまざまな「拡張した心（extended mind）」の理論を、挙げることができる。

といっても、ベルクソンとジェイムズは理論的に近い関係にあったのであるから、ベルクソンの哲学を批判的継承したドゥルーズ自身にとっても、ジェイムズの哲学はもともと無縁なものではなかったはずである。実際に彼は晩年の『襞』（一九八八）という著作で、ライプニッツのモナドにおける「身体という多層的襞を足場にした世界の表象」という考えを、彼自身の多様体の思想の先駆的なものと評価しているが、その中でドゥルーズは、この発想はジェイムズやホワイトヘッドにも通じるところがあると述べている。ライプニッツのモナドによる表象や、ジェイムズの純粋経験からなる多元的宇宙は、自己運動を通じて差異を生み出していく「離接的総合」の典型的なモデルとなりうるものである。そして、ジェイムズが展開しようとした、このプラグマティックな認識観と多元的な世界像を、生態学的心理学の観点から新たに提唱したのが、アメリカの心理学者・哲学者ギブソンである。

ジェイムズ・J・ギブソン（一九〇四〜七九）は主としてコーネル大学を拠点に研究を続けた心理学者であるが、その長年の研究成果が著書として発表されたのは、晩年の一九七〇年代であった。彼は人間や生物の認知活動が、環境との相互作用的プロセスであることを前提にして、環境そのものが認知の主体にたいして、主体の行動の可能性を把握するための情報を提供すると主張した。彼はそうした情報を「アフォーダンス」と名付けた。アフォーダンスという言葉は英語のaffordから作られた言葉で、環境そのものが生命にたいして、どのように活動可能であるかを示唆するような、環境のもつ特性である。目の前のコップや机のさまざまな色、形、肌理《きめ》、触り具合などは、事物そのものが物理的に備えている性質であるというよりも、われわれがそれを情報として用いることで、さまざまな行動が可能になることを教えてくれる特性である。

アフォーダンスは事物や環境がもつ第一性質や第二性質ではない。それは環境世界が生命にとっての生存圏であるということに由来して、その中の事物、事象が生命にたいして提供する、行動に役立つ性質である。たとえば、目の前の切り立った崖は落下する危険をアフォードする。机の天板のしっかりとした表面は、そこで物を書いたり、そこに物を載せたりすることができることをアフォードする。そして、それを知覚する認知の主体にとっては、感覚的経験において把握されるのは、事物の客観的性質ではなくて、それが提供するアフォーダンスである。

> 環境のアフォーダンスとは、環境が動物に提供するもの、良いものであれ悪いものであれ、用意したり備えたりするものである。……環境のアフォーダンスをめぐる重要な事実は、価値や意味がしばしば主観的で、現象的、精神的であると考えられているのとは異なり、アフォーダンスはある意味で、客観的、現実的、物理的であるということである。け

れども実際には、アフォーダンスは客観的特性でも主観的特性でもない。あるいはそう考えたければその両方であるかもしれない。アフォーダンスは、主観的－客観的の二分法の範囲を越えており、二分法の不適切さを我々に理解させる助けとなる。

『生態学的視覚論』第Ⅱ部⑬

人間や生命の環境への帰属によって要請されるこの思想は、単なる視覚や触覚などの感覚的経験にかんする心理学的説明に留まるものではない。右の引用にもあるように、アフォーダンスは環境に存在する、主観と客観を超えた性質であり、意味であるとされていることからも分かるように、この理論には経験科学としての心理学説を超えた哲学的含意が含まれている。

まず、この知覚の理論は認識論的に言えば、われわれが外界の事物の性質を、観念などの媒介なしに直接把握するというのであるから、直接実在論ないし素朴実在論と呼ばれる立場に属している。この立場はこれまでの哲学史の流れで言うと、ロックやヒュームの観念説を批判したトマス・リードの立場が代表的な例である。ただし、リードにおいては直接に把握される対象の性質は、決して行動の可能性にかかわるとされていたわけではないのにたいして、ギブソンの理論はこの点を主張する限りで、はっきりとプラグマティズムに与する立場を取っている。その意味では、主観と客観の区別を破棄して、経験における可能的行動の把握に注目するこの立場は、やはりジェイムズの純粋経験やベルクソンのイマージュの理論の系譜に属するものであるということになる。

他方、アフォーダンス理論には存在論的な含意も含まれている。というのも、生命の環境が何らかの情報を生命にたいして与えることができるとすれば、その環境は情報提供という特性をもたねばならないのであるから、環境は物理的な空間と時間をもつという以上の性格をもたなければならないからである。ギブソンはこのことを、環境が「持続と変化」という基本的性格をもつことによって、持続という背景の下での変化という形で情報を提供すると解釈する。言い換えれば、世界は持続という「地」の下で変化という「図」を提示するという仕方で、意味ある性質を提供するのである。

持続と変化という基本的性格をもつ世界にあっては、すべてのものが、極大のものから極小のものも含めて、多層性をもち、互いに入れ子状の形で包み包まれる世界である。生命はこの多重の入れ子状の世界にあって、それぞれの行動のタイプやスケールに応じて、自分に適したサイズでの行動のパターンを形成している。つまり、世界が生命にとっての環境として存在しているのは、この入れ子状の多層世界のなかで、それぞれの生命自身の持続や変化に見合ったレベルでの持続と変化をもたらすことができるからである。したがって、ギブソンのこの世界観にとっても、世界はドゥルーズが言うところのライプニッツ的な「襞」の世界なのである。

拡張した心の哲学

ギブソンの知覚のモデルが含意するもう一つの重要な論点は、生命にとっての「自我」が、その環境へとはみ出しており、身体内部に留まるものではない、ということである。この立場によれば、人間にとっての自己も、意識という働きが構築した内部世界ではなく、環境に拠点を置いた身体的自己であるということになる。この身体的自己は世界の一部であり、決して世界を超越した意識でもなければ、身体の一部である脳であるわけでもない。身体と外界とはもちろん別々の存在であるが、実体として区別されているものではない。それはつながりを確保した別々の存在、すなわち離接的な連結の関係にある存在である。

この、自我が環境へとはみ出しているという発想は、ギブソンと同時代の理論家や彼以降のさまざまな思想家に大きな影響を与え、現代のいわゆる「心の哲学（philosophy of mind）」と呼ばれる領域における、一つの有力な立場とも重なるような発想を与えることになった。それは「拡張した心」と呼ばれる人間精神のモデルである。

拡張した心の理論とは、精神の働きが身体内部あるいは身体のある部位に特定されるのではなく、身体を超えた主体と世界との協働的システムにおいて成立する、と主張する理論である。この理論が注目する精神の働きには、ギブソンが扱ったような知覚経験を焦点とするものから、行動の基礎にある信念や欲求を題材にするもの、計算や推論のように知性的働きを主として問題にするものなど、さまざまなタイプがある。たとえば、私の計算が脳や意識の作用であるというよりも、手とソロバンという一つのシステムのなかでの出来事であるというとき、もしも計算という働きが知的思考の一面であるとするならば、この思想を担う主体は、手とソロバンからなるシステムのほうにあることになる。同様に、何らかの行動を起こす際に、個々の欲求の実現にとって利用可能な情報を得る作業が、身体を超えた道具や記憶装置を媒介にして行われているとすれば、この場合にも思考の主体は身体の中にあるというよりも外部に位置していることになるだろう。

拡張した心の理論が否定するのは、精神の働きを意識の内部や、脳神経系という局所的な部位の働きに帰着させようとする、一種の還元主義的な発想にたいしてであり、この否定を共有する限りでは、さまざまな理論がこの立場のグループに含まれる。それゆえ、心の働きが身体を超えて広がっていると言っても、その内実は理論どうしでかなり異なっている。また、こうした主張の理論的背景となっている議論にかんしても、ギブソン以外に、彼と同時代のさまざまな哲学や人類学、精神医学などの影響を考えることができる。たとえば、ベイトソンの「精神の生態学」の発想や、マトゥラーナとヴァレラによる「オートポイエーシス」の思想などが、広い意味での現代の拡張した心の哲学の思潮へと流れ込む、ギブソンと同時代の類似の考え方である。

アメリカのグレゴリー・ベイトソン（一九〇四〜八〇）は、「ダブル・バインド」の用語でも知られる精神医学・人類学者であるが、自然界におけるパターンと関係性の研究から、人間精神の本質を「相補的なコミュニケーション」という特性に見出す、特異な人間行動論を構築した。彼は『精神の生態学』（一九七二）や『精神と自然』（一九七九）において、人間の心が生の活動の中で外界や他者と交換しあう情報は、神経系のなかに流れるエネルギーやインパルスのような、物理的事物や事象ではないことを強調した。情報の流れとは、すでに溢れかえる差異の世界にあって、生体がそれ自身の行動にもとづく新しい差異を生み出すために、世界の流れの一部に共鳴し同調することである。彼はこの情報論をもとに、記号と行動が織りなすコードとシステムの世界についての非還元主義的な理論モデルを提出した。

他方、チリの神経生理学者ウンベルト・マトゥラーナ（一九二八〜）とその弟子で共同研究者フランシスコ・ヴァレラ（一九四六〜）は、「生命とは何か」という問いから出発して、すべての有機的に構成された機構においては、それを構成する要素がその働きの実行において構成要素そのものを再生産していることに着目した。彼らは、構成要素がその変換と相互作用を通じて自己産出し自己創出する機構を、「オートポエティック・マシン」と呼ぶべきだと提唱した。ポイエーシスとはギリシア語で制作、創作を意味するので、オートポイエーシスとは自己創作、自己産出の意味である。

マトゥラーナとヴァレラは、この概念をもって、要素がシステムを生み出し、システムが要素を再生産するような、反復的な循環的構造を表すものと考えたが、この自己循環的過程はさらに、このプロセス自身をネットワーク的に組織化する働きへと発展可能であるとも考えた。また政治的理由によって、チリからフランスに研究拠点を移したヴァレラは、生物学研究にメルロ＝ポンティの知覚と行動の理論を応用することで、より内在的な視点からシステムの自己形成のメカニズムが解明できると考えて、「神経現象学」という方法論を提唱した。

さて、現代の拡張した心の哲学は、これらの重なりあうさまざまな発想との対話の中で生み出された、人間精神についての広く共通性をもった見方である。それは認識論的に見ると、先に触れたように、直接実在論やプラグマティズムの立場を採用している。この立場に連なる哲学者としては、ライルやオースティンなどの、後期ウィトゲンシュタインと時代を同じくするイギリスの日常言語学派の哲学者から、デイヴィドソンやパトナムなど前の章で扱ったクワインの流れをくむアメリカの哲学者、さらには『心と世界』（一九九四）などの著作によって、現代の認識論のもっとも先端的な思想家とされるジョン・マクダウェル（一九四二〜）などが含まれる。また、前章の最後のほうに出てきた、ハッキングなどの実験主義的科学哲学の人々も、同じ認識論に与していると考えてよいだろう。

拡張した心の哲学は、デカルト的な内面性を心の本質とする立場を否定して、精神が環境へと広がっていると考えるが、この環境は純粋な自然環境に限られるわけではない。われわれにとっての環境は、道具や機械、建物、街路へと広がっており、人工物の織りなす都市構造そのものへと続いている。また、その環境はこれらの目に見える事物の複合世界であるばかりでなく、記号と情報、文化や習慣や伝統など、無限に広がり折り重なるソフトな機能の社会的ネットワークであるということも明らかである。

したがって、拡張した心の哲学は、心の在りかを身体という境界を越えたものであると考えるばかりではなく、それが人々の間にある、共同主観的、間主観的、社会的なものであることも認めるであろう。それは個体主義を排して、模倣と共感と共鳴のダイナミックな機能としての心の在り方を探ろうとする。結果として、デカルト主義の残滓を払拭しようとする人間精神の本性と機能を探る哲学的探究は、自ずから道徳や学習、社会教育や規範をめぐる新しい哲学的反省へと結びつくのである。

宇宙の中の人間の位置

時間、生命、有機体、環境、システム、多様体、自己形成、自己組織化——ハイデッガーからサルトル、メルロ＝ポンティを経て、ギブソンやマトゥラーナやヴァレラ、マクダウェルへと至る「世界内存在」と「生存圏」の哲学の流れは、ジグザグとした道筋を経てきた末に、二一世紀の今日、「拡張した心」の哲学という形で、新しい人間存在論を作り出そうとしている。この人間存在論には、言語哲学や認識論、科学哲学などの哲学の諸分野だけでなく、生物学、人類学、脳神経科学、精神医学など、さまざまな研究分野が関与すると同時に、互いにしのぎを削るようにして独創的なヴィジョンを描こうとしている。

これからの人間存在論はどのような姿を取ることになるのだろうか。われわれは今後の哲学と科学における、協働と対立を孕んだ複雑な進展の中で、いかなる自画像を描き出し、いかなる人間本性を見つけ出すことになるのだろうか。われわれはそもそも、今後ともなお引き続き、人間精神という独自な領域を確保し、その意義を認め続けることができるのであろうか――。これらのことは、当然のことながら、現時点ではまだまったく未確定である。

とはいえ、ここで大きく視点を変えて、まったく別の角度から見てみると、現代哲学がこれから向かっていくであろう一つの地平線の姿が、すでに形を取りつつあると考えることもできる。

というのも、私たちの環境世界はもはや、自然と人工物の世界に限られないだけでなく、より大きな視点から見ると、そもそも地球という限られた地域に限定されているわけではないことに気づかされるからである。われわれはすでに、さまざまな意味でその環境の領域を宇宙へと広げており、宇宙への探索、宇宙との交信という形で、宇宙に住まう人類の時代へと向かっている。地球温暖化とともに地表から海底、極地の大変動などが問われる今日の環境問題の関心は、自ずから「宇宙船地球号」の運命への関心と結びついている。地球全体の資源への問いかけは、同時に、太陽や宇宙空間からのエネルギーの補給の探究でもある。

そして、哲学的探究と反省にとっては、つねに宇宙の中の人間の位置ということが、その思索の最基底にある根本的な主題を担っている。このことは、古代、近代、現代のどの時代を見ても、変わることのない哲学のもっとも大きな特徴である。人類は宇宙の中で、どのような位置を占めているのか、どのように答えられていくかが、今後の哲学の探究の一つの地平線を作り出すのである。

二〇世紀後半から急速に発展した私たちの宇宙科学は、ビッグバン理論や多宇宙論、ブラックホールや暗黒物質の理論など、さまざまな道具立てによって非常に華々しい進展を遂げている。その中で、宇宙についての時空的構造が大局的な視点から解き明かされつつあるばかりでなく、宇宙の「進化」の図式が徐々に具体的な形で描き出されるようになっている。何よりも、宇宙の物体の単位となる星や銀河の組成や形成を説明する理論が、他ならぬ極微の物質世界を解明する素粒子論そのものであるという、奇妙な事実によって、われわれが自然という極大と極小の物質的円環の中で、全存在者のリングという具体的な世界のどこに埋め込まれた存在者であるかを教えてくれる。

銀河のような極大の世界から素粒子の作る極小の世界は、宇宙進化というもっとも大きな時間のスケールで考えると、まるで自分の尾を頭から飲み込むエジプトやギリシアの神話上の大蛇「ウロボロス」のように、円環状をなしている。宇宙という超巨大なウロボロスが飲み込み続けているのは、量子論的真空とビッグバンによってそれ自身を作り出し、拡大する宇宙の中に星やブラックホールを生み出しつつ宇宙を維持している、極微の素粒子的世界そのものである。

そして、この時間的円環のなかで、生物や人間はちょうど中間的なスケールをもち、大蛇のお腹のあたりに存在している。というのも、原子を構成する素粒子のスケールは一センチの一〇のマイナス一五乗から二〇乗の世界であり、反対に銀河は二〇乗、銀河団は二五乗からそれ以上のスケールの世界であるのにたいして、人間を含む多くの高等生物の大きさは、一〇の二乗のスケールであるからである。われわれはつまり、宇宙論的スケールという極大の視点から見れば、一切の物質的存在者の大いなる連鎖のなかで、ある意味では「中心」に位置しているのである。

われわれは古代の人々が考えたように、閉じた世界の中で空間的な意味で中心の位置を占め、世界を中心から眺めているわけではない。しかしまた、近代のデカルト的図式が示したように、無際限に延長する宇宙の片隅に投げ込まれて、中心も周辺もない無限空間の住人であるわけでもない。われわれの生きる宇宙は、一四〇億年という歴史をもっており、明確なサイズをもちつつ拡大しつつある、進化する宇宙である。この進化する宇宙の中に、われわれはちょうど中間的なサイズをもつものとして生まれ、生活し、その歴史の果てに宇宙を眺め、観察しているのである。

この進化する私たちの宇宙はしかも、ただ一つの宇宙ではない可能性も十分にある。われわれの住む宇宙は、何度も始まりと終わりのサイクルを繰り返している、無限の宇宙連鎖のなかに生じた一つの宇宙であるかもしれない。あるいはそれは、無数の宇宙が並行的に進行する多宇宙のなかの一世界であるのかもしれない。

この多宇宙においては、まさしくニーチェが説いた運命愛に裏打ちされた「永劫回帰」こそが、正しい思想であるということになるのかもしれない。あるいはむしろ、生命の創造的進化を愛による進化へと昇華させようとしたベルクソンの宇宙論の内に、進化する宇宙の謎を解く鍵が含まれている可能性もある。いずれにしても、確かなことは、この進化する宇宙の中に生まれ、生活し、宇宙を眺め、観察しているという謎めいた事実にこそ、私たちが生きる現代という時代において、哲学的探究という営みのもつ奥深い魅力の一端が現れているということである。

われわれはどこから来て、今どこにおり、これからどこに行くのか――。

これは洋の東西を問わず、古代の多くの思想家が問いかけ、一七世紀のパスカルが問いかけ、そして現代の私たちが、新しい宇宙論のヴィジョンの下で、改めて考えてみようとしている問いである。

注

＊　注は本文中の引用文の出典についてのみ付けてある。また、本文の文脈や用語の統一などを考慮して、左の出典からの引用に際しては、用語を適宜補ったり省いたりした箇所や、段落の区切りを省略したところなどがある。
　哲学史の細部にかんするもっと詳しい専門的な説明については、次のシリーズをぜひ参照していただきたい。

　内山勝利、小林道夫、中川純男、松永澄夫総編集『哲学の歴史』、全一二巻および別巻、中央公論新社、二〇〇七―〇八年

（1）『七について』、「新訂ヒポクラテス全集」第二巻、矢内義顕訳、エンタプライズ、一九九七年、九一〇頁
（2）『ソクラテスの弁明』、「プラトン全集」第一巻、田中美知太郎訳、岩波書店、一九七五年、八四頁
（3）『告白』、山田晶訳、「世界の名著14」、中央公論社、一九六八年、二三八頁
（4）『方法序説』、野田又夫訳、「世界の名著22」、中央公論社、一九六七年、一七〇頁

（5）『省察』、井上庄七・森啓訳、「世界の名著22」、中央公論社、一九六七年、二四五頁
（6）『人間知性研究　付・人間本性論摘要』、斎藤繁雄・一ノ瀬正樹訳、法政大学出版局、二〇〇四年、二一一－二一二頁
（7）『純粋理性批判』上、「カント全集」第4巻、有福孝岳訳、岩波書店、二〇〇一年、二〇五頁
（8）『パース論文集』、山下正男訳、「世界の名著48」、一九六八年、一二八－一二九頁（この邦訳では論文名が「人間記号論の試み」と変えられている）
（9）『論理哲学論考』、野矢茂樹訳、岩波文庫、二〇〇三年、九－一〇頁
（10）『哲学探究』、「ウィトゲンシュタイン全集」第八巻、藤本隆志訳、大修館書店、一九七六年、一六一頁
（11）『ツァラトゥストラ』、「ニーチェ全集」第九巻、吉澤傳三郎訳、理想社、一九七九年、四七－四八頁
（12）『創造的進化』、真方敬道訳、岩波文庫、一九七九年、二九二－五頁
（13）『生態学的視覚論——ヒトの知覚世界を探る』、古崎敬・古崎愛子・辻敬一郎・村瀬旻訳、サイエンス社、一九八五年、一三七－一三九頁

あとがき

「哲学の歴史（ヒストリー）を一つの物語（ストーリー）として読み解いてみる」――これが本書のテーマである。しかし、もともとヒストリーという言葉とストーリーという言葉は同じ語源から来ているのであるから、「物語　哲学の歴史」を単純に、「哲学の物語」と言い換えてもそれほど違いはない。

本書はサブタイトルにあるように、哲学が「自分と世界とを考えるために」きわめて役に立つ思考の手段であり、また魅力ある学問であるということを、歴史物語という形式の下で示してみようとしたものである。

といっても、この歴史物語は相当にいろいろのことを語ろうとして、少々欲張った内容を詰め込んである。

本書は、「哲学とはそもそもどのような知的探究であり、学問的研究なのか」という基礎的な問題から、「プラトンやカント、ニーチェやウィトゲンシュタインなど、歴史的に有名な哲学者は何を言ったのか」という個々の理論の紹介、そして、「哲学の長い歴史にはどんな運動があったのか」という哲学史の論理の解釈までを扱っている。本書はこれらの欲張った内容を、できるだけ平明な言葉で説明したい、という思いで書かれた歴史物語である。

＊＊＊

この哲学史の物語は、古代・中世から現代・将来まで、三〇〇〇年くらいの長いスパンを扱っている。私はこれらの時代のすべてをカヴァーする形で、個々の理論にかんする詳しい専門的な知識をもっているわけではないので、本書の執筆に際しては内外の多くの研究を活用した。とはいえ、本書の内容を私自身がこれまで身につけるうえで、もっともお世話になってきたのは、学生時代に受けた授業はもちろんのこと、哲学の教師になって以来さまざまな形で触れることができた、多くの学生や大学院生諸君の研究発表や卒業論文、学位論文などである。私は本書執筆に際して、そのことを強く感じさせられるとともに、改めて深い感謝の気持ちを覚えた次第である。

また、「哲学史の運動の論理」ということでは、これまでにもいろいろな方々の考えに接してきて、それぞれ学ぶところが大きかったが、とりわけ次の三人の恩師には非常に多くのことを教えていただいたと思い、その教えを非力ながらも本書の随所に活かそうと務めた。三人の恩師とは、野田又夫先生と辻村公一先生とイアン・ハッキング先生である。お名前をここに記して、その学恩にたいするお礼を申し上げたい。

本書の計画や編集の作業については、中央公論新社編集部からさまざまなアイデアやお力添えを賜った。とりわけ、新書編集部で最初に本書を担当下さった松本佳代子さん、途中交代して最後まで担当していただくことになった太田和徳さんからは、いずれも新書としての適切な文体、内容、表現など、すべての細部にかんして丁寧なご助言、ご協力を得ることができたことを、大変に有り難く思っている。お二人にあつくお礼申し上げる。

二〇一二年八月

著者

ボナヴェントゥーラ　94
ホメロス　11, 32, 33
ポルピュリオス　80, 81, 88, 89
ホワイトヘッド　190, 208, 211, 227, 300

【マ・ヤ行】

マクダウェル　307
マクタガート　203
マッハ　208
マトゥラーナ　305, 306, 308
マルクス　12
マルサス　258
マルブランシュ　128, 130, 131, 141, 143, 148, 157, 158
マン　257
ムーア　207, 210, 214, 219
メーヌ・ド・ビラン　274
メルロ＝ポンティ　iv, 248, 249, 290-295, 307, 308
モンテーニュ　118
ユクスキュル　292
ユスティニアヌス一世　83

【ラ・ワ行】

ライプニッツ　112, 128, 135, 136, 139-141, 143, 148, 156, 164, 166, 172, 173, 179, 251, 258, 300, 303
ライヘンバッハ　208, 225, 236
ライル　307
ラヴェッソン　274
ラッセル　iv, 4, 136, 204, 205, 207-214, 217, 218, 220, 225, 227-230, 241, 244, 246, 267, 270, 275
ラトゥール　241
ラファエッロ　45, 46
ラムジー　207, 217-221, 225, 240
ラ・メトリ　142, 143, 154, 236
リード　164, 165, 302
リーマン　190
ルター　12, 94, 109
レヴィ＝ストロース　291
老子　26
ローティ　6, 14-16, 19, 227, 241, 242, 244
ロスケリヌス　90, 91
ロック　iv, 14, 15, 17, 115, 135, 144-156, 163, 175, 177, 271, 302
ロバチェフスキー　190
ロヨラ　110
ロレンツォ・ヴァラ　85
ワーグナー　257

267, 271, 281, 282, 296, 312
ニュートン　17, 103, 126, 135, 147, 156, 166, 167, 176, 276

【ハ行】
バークリー　112, 144, 150, 153-159, 164, 165, 175, 176, 181, 253
パース　186-198, 206, 207, 211, 220, 221, 226, 233, 240, 244-246, 248, 266-269, 271
ハーマン　166, 182
ハイデッガー　iv, 11, 14, 248, 249, 283, 284, 288, 289, 291, 292, 308
パウロ　85
パスカル　i, iii, iv, vi, 136, 312
ハッキング　241, 307
パトナム　226, 234-237, 307
パルメニデス　39, 83
ハンソン　240
ピコ・デ・ラ・ミランドラ　101
ピタゴラス　11, 43, 55, 83
ヒポクラテス　33, 56, 76, 77
ヒューム　144-146, 150, 153, 157-167, 169, 170, 175, 252, 296, 302
ピュロン　79, 118
ファイヒンガー　257
ファイヤアーベント　241
フィツィーノ　100, 101
フィヒテ　7, 181, 250
フーコー　14
フッサール　iv, 4, 17, 204, 205, 244, 245, 248, 249, 283, 284, 288, 291
プトレマイオス　76, 77, 104, 105
ブラッドリー　203
プラトン　iv, 14, 15, 17, 35, 41, 43-49, 51, 53-57, 60-62, 66, 68, 70, 73-75, 78-84, 86, 88, 89, 91, 100, 101, 121, 144, 187, 188, 210, 217, 255-257
プルースト　273, 298
ブルーノ　105
フレーゲ　186-189, 198-206, 208-211, 220, 228, 229, 244, 246, 248, 249
フロイト　113, 257, 297
プロクロス　80, 82, 83, 85-87
プロティノス　80-84, 87, 88, 100, 101
ペアノ　204, 209
ベイトソン　305
ヘーゲル　5-10, 12, 13, 82, 178, 183, 184, 191, 202, 203, 210, 246, 250, 256, 257, 269, 289
ヘシオドス　11
ペトルス・ロンバルドゥス　94
ヘラクレイトス　33, 38, 45, 265
ベルクソン　248, 249, 265-267, 273-284, 290, 295, 296, 299, 300, 303, 312
ヘルダー　182, 183
ヘルムホルツ　141
ボイル　115, 147, 152-154, 156
ボエティウス　83-85, 89
ボーヴォワール　291
ボッティチェッリ　101
ホッブズ　112, 115

242
クザーヌス　105
クセノクラテス　56
クラーク　135
クリスティナ女王　110
クワイン　iv, 14, 226-237, 241, 242, 244, 246, 307
ゲーテ　12, 250
ゲーリンクス　130
ケプラー　55, 101, 103, 105, 117, 126
コイレ 104
孔子　24, 26
コペルニクス　77, 101, 103, 172
コルドモア 130

【サ行】
サルトル　248, 283, 284, 286-291, 308
ジェイムズ，ウィリアム　14, 197, 226, 248, 265-271, 274, 275, 277, 283, 289, 299, 300, 303
ジェイムズ，ヘンリー　267
ジェボンズ　190
シェリング　250
釈迦　24, 31
朱熹　27
シュペングラー　6, 10-13
シュレーダー　190
ジョイス　273
ショーペンハウアー　12, 178, 181, 247-261, 263-266, 271, 272, 275
スウェーデンボルグ　267
スピノザ　113, 128, 132-135, 140-143, 151, 179, 214, 296
スペウシッポス　44, 56
スペンサー　278, 279, 283
セクストゥス　118
ゼノン　79, 267
荘子　26
ソクラテス　33-35, 41-43, 45, 48, 49, 52, 55, 56, 61, 78, 79, 83, 187, 188, 259

【タ・ナ行】
ダーウィン　246, 247, 257, 258, 264, 266, 274, 278, 279, 288
タレス　24, 37, 38, 48, 55
ダンテ　98-100
デイヴィドソン　226, 234-237, 307
デカルト　iv, 4, 9, 10, 12, 14-17, 19, 101, 102, 107-132, 134, 136, 138, 139, 141-149, 151, 152, 154, 156, 157, 159, 164, 168, 174, 175, 178-182, 189-197, 221, 238-240, 242, 246, 249, 266, 269, 271, 275, 285, 288, 292, 307, 308, 311
デモクリトス　39, 48, 55, 79
デューイ　14, 226
デリダ　14
トインビー　6, 10, 12, 13
ドゥルーズ　249, 283, 291, 295-300, 303
トマス・アクィナス　17, 94-100, 108, 119
ナポレオン　8, 256
ニーチェ　12, 14, 247, 248, 249, 257-

人名索引

【ア行】
アイスキュロス　259
アイデシオス　81
アヴェロエス　77, 96, 98, 99
アウグスティヌス　iv, 83-86, 131
アナクシマンドロス　38
アベラルドゥス　85, 90, 91
アリストテレス　iv, 17, 35, 37, 41, 44-47, 56-71, 73-75, 80, 87-89, 91-101, 104, 108, 111, 119, 136, 138, 144, 149, 151, 153, 184-187, 207, 251, 269, 285
アルキメデス　76, 118, 123
アルベルトゥス・マグヌス　94, 99
アレクサンデル　94
アレクサンドロス（大王）　56, 57, 71, 72, 76, 78
イアムブリコス　81
イブン・シーナー（アヴィケンナ）　77, 78, 92, 93
イブン・ルシュド（アヴェロエス）　77, 78, 92, 93
ヴァレラ　305-308
ウィトゲンシュタイン　iv, 11, 14, 197, 204, 207-209, 212-226, 233, 236, 239-241, 243, 257, 307
ヴェーバー　11
ウルフ　273
エピクロス　12, 78, 79
エラトステネス　76
エリウゲナ　86, 87
エンペドクレス　38
オースティン　307
オクタヴィアヌス　72
オグデン　220
オッカム　90, 94

【カ行】
カエサル　72
ガタリ　298
ガリレイ　12, 17, 101, 103-105, 110, 115, 117, 121, 126, 167, 194
カルナップ　14, 199, 204, 208, 213, 219, 225-227, 229, 230, 237, 238, 241
ガレノス　76, 77, 129
カント　iv, 4, 7, 9, 10, 12, 17, 19, 59, 90, 103, 107, 135, 136, 144-146, 148, 165-186, 189, 192, 198, 199, 202, 203, 210, 214, 216, 217, 229, 240, 244-247, 250-254, 256, 261, 266, 276, 277, 296
カントール　190
擬ディオニュシオス・アレオパギテース　85, 86
ギブソン　249, 300-305
ギヨーム・ド・シャンポー　90
クーン　14, 102-104, 127, 227, 237-

伊藤邦武（いとう・くにたけ）

1949（昭和24）年，神奈川県に生まれる．京都大学大学院博士課程修了．85年『パースのプラグマティズム』により文学博士．91年同大学文学部助教授．95年同大学大学院文学研究科教授．京都大学名誉教授．
著書『経済学の哲学』（中公新書，2011）
『ジェイムズの多元的宇宙論』（岩波書店，2009）
『宇宙を哲学する』（岩波書店，2007）
『パースの宇宙論』（岩波書店，2006）
『偶然の宇宙』（岩波書店，2002）
『ケインズの哲学』（岩波書店，1999）
『人間的な合理性の哲学』（勁草書房，1997）
『パースのプラグマティズム』（勁草書房，1985）
『哲学の歴史 第8巻　社会の哲学　18－20世紀』（責任編集，中央公論新社，2007）ほか
訳書『今日の宗教の諸相』（C．テイラー著，共訳，岩波書店，2009）
『純粋経験の哲学』（W．ジェイムズ著，岩波文庫，2004）
『連続性の哲学』（C.S. パース著，岩波文庫，2001）

物語《ものがたり》　哲学《てつがく》の歴史《れきし》
中公新書 *2187*

2012年10月25日初版
2024年5月30日9版

著　者　伊藤邦武
発行者　安部順一

本文印刷　三晃印刷
カバー印刷　大熊整美堂
製　　本　小泉製本

発行所　中央公論新社
〒100-8152
東京都千代田区大手町 1-7-1
電話　販売 03-5299-1730
　　　編集 03-5299-1830
URL https://www.chuko.co.jp/

Published by CHUOKORON-SHINSHA, INC.
Printed in Japan　ISBN978-4-12-102187-8 C1210

中公新書刊行のことば

いまからちょうど五世紀まえ、グーテンベルクが近代印刷術を発明したとき、書物の大量生産は潜在的可能性を獲得し、いまからちょうど一世紀まえ、世界のおもな文明国で義務教育制度が採用されたとき、書物の大量需要の潜在性が形成された。この二つの潜在性がはげしく現実化したのが現代である。

いまや、書物によって視野を拡大し、変りゆく世界に豊かに対応しようとする強い要求を私たちは抑えることができない。この要求にこたえる義務を、今日の書物は背負っている。だが、その義務は、たんに専門的知識の通俗化をはかることによって果たされるものでもなく、通俗的好奇心にうったえて、いたずらに発行部数の巨大さを誇ることによって果たされるものでもない。現代を真摯に生きようとする読者に、真に知るに価いする知識だけを選びだして提供すること、これが中公新書の最大の目標である。

私たちは、知識として錯覚しているものによってしばしば動かされ、裏切られる。私たちは、作為によってあたえられた知識のうえに生きることがあまりに多く、ゆるぎない事実を通して思索することがあまりにすくない。中公新書が、その一貫した特色として自らに課すものは、この事実のみの持つ無条件の説得力を発揮させることである。現代にあらたな意味を投げかけるべく待機している過去の歴史的事実もまた、中公新書によって数多く発掘されるであろう。

中公新書は、現代を自らの眼で見つめようとする、逞しい知的な読者の活力となることを欲している。

一九六二年一一月

世界史

- 2683 人類の起源　篠田謙一
- 1353 物語 中国の歴史　寺田隆信
- 2780 物語 江南の歴史　岡本隆司
- 2392 中国の論理　岡本隆司
- 2728 孫子―「兵法の真髄」を読む　渡邉義浩
- 7 宦《かん》官《がん》（改版）　三田村泰助
- 15 科《か》挙《きょ》　宮崎市定
- 12 史記　貝塚茂樹
- 2099 三国志　渡邉義浩
- 2669 古代中国の24時間　柿沼陽平
- 2303 殷―中国史最古の王朝　落合淳思
- 2396 周―理想化された古代王朝　佐藤信弥
- 2542 漢帝国―400年の興亡　渡邉義浩
- 2667 南北朝時代―五胡十六国から隋の統一まで　会田大輔
- 2769 隋―「流星王朝」の光芒　平田陽一郎
- 2742 唐―東ユーラシアの大帝国　森部　豊
- 1812 西《せい》太《たい》后《こう》　加藤　徹
- 2030 上海　榎本泰子
- 1144 台湾　伊藤　潔
- 2581 台湾の歴史と文化　大東和重
- 925 物語 韓国史　金　両基
- 2748 物語 チベットの歴史　石濱裕美子
- 1367 物語 フィリピンの歴史　鈴木静夫
- 1372 物語 ヴェトナムの歴史　小倉貞男
- 2208 物語 シンガポールの歴史　岩崎育夫
- 1913 物語 タイの歴史　柿崎一郎
- 2249 物語 ビルマの歴史　根本　敬
- 1551 海の帝国　白石　隆
- 2518 オスマン帝国　小笠原弘幸
- 2323 文明の誕生　小林登志子
- 2727 古代オリエント全史　小林登志子
- 2523 古代オリエントの神々　小林登志子
- 1818 シュメル―人類最古の文明　小林登志子
- 1977 シュメル神話の世界　岡田明子・小林登志子
- 2613 古代メソポタミア全史　小林登志子
- 2661 アケメネス朝ペルシア―史上初の世界帝国　阿部拓児
- 1594 物語 中東の歴史　牟田口義郎
- 2496 物語 アラビアの歴史　蔀　勇造
- 1931 物語 イスラエルの歴史　高橋正男
- 2067 物語 エルサレムの歴史　笈川博一
- 2753 エルサレムの歴史と文化　浅野和生
- 2205 聖書考古学　長谷川修一
- 2647 高地文明　山本紀夫
- 2253 禁欲のヨーロッパ　佐藤彰一
- 2409 贖罪のヨーロッパ　佐藤彰一
- 2467 剣と清貧のヨーロッパ　佐藤彰一
- 2516 宣教のヨーロッパ　佐藤彰一
- 2567 歴史探究のヨーロッパ　佐藤彰一
- 2804 元朝秘史―チンギス・カンの一級史料　白石典之

世界史

1045 物語 イタリアの歴史 藤沢道郎
1771 物語 イタリアの歴史II 藤沢道郎
2595 ビザンツ帝国 中谷功治
2663 物語 イスタンブールの歴史 宮下遼
2152 物語 近現代ギリシャの歴史 村田奈々子
2440 バルカン―「ヨーロッパの火薬庫」の歴史 M・マゾワー 井上廣美訳
1635 物語 スペインの歴史 岩根圀和
1750 物語 スペインの歴史 人物篇 岩根圀和
1564 物語 カタルーニャの歴史（増補版） 田澤耕
2582 百年戦争 佐藤猛
2658 物語 パリの歴史 福井憲彦
1963 物語 フランス革命 安達正勝
2286 マリー・アントワネット 安達正勝
2529 ナポレオン四代 野村啓介
2318 2319 物語 イギリスの歴史（上下） 君塚直隆
2696 物語 スコットランドの歴史 中村隆文
2167 イギリス帝国の歴史 秋田茂
1916 ヴィクトリア女王 君塚直隆
1215 物語 アイルランドの歴史 波多野裕造
1420 物語 ドイツの歴史 阿部謹也
2766 オットー大帝―辺境の戦士から「神聖ローマ帝国」樹立者へ 三佐川亮宏
2801 神聖ローマ帝国 山本文彦
2304 ビスマルク 飯田洋介
2490 ヴィルヘルム2世 竹中亨
2583 鉄道のドイツ史 鴋澤歩
2546 物語 オーストリアの歴史 山之内克子
2434 物語 オランダの歴史 桜田美津夫
2279 物語 ベルギーの歴史 松尾秀哉
1838 物語 チェコの歴史 薩摩秀登
2445 物語 ポーランドの歴史 渡辺克義
1131 物語 北欧の歴史 武田龍夫
2456 物語 フィンランドの歴史 石野裕子
1758 物語 バルト三国の歴史 志摩園子
1655 物語 ウクライナの歴史 黒川祐次
1042 物語 アメリカの歴史 猿谷要
2209 アメリカ黒人の歴史 上杉忍
2623 古代マヤ文明 鈴木真太郎
1437 物語 ラテン・アメリカの歴史 増田義郎
1935 物語 メキシコの歴史 大垣貴志郎
2545 物語 ナイジェリアの歴史 島田周平
2741 物語 オーストラリアの歴史（新版） 竹田いさみ 永野隆行
1644 ハワイの歴史と文化 矢口祐人
2561 キリスト教と死 指昭博
2442 海賊の世界史 桃井治郎
518 刑吏の社会史 阿部謹也

中公新書

宗教・倫理

2293 教養としての宗教入門 中村圭志
2459 聖書、コーラン、仏典 中村圭志
2668 宗教図像学入門 中村圭志
2158 神道とは何か 伊藤聡
1130 仏教とは何か 山折哲雄
2135 仏教、本当の教え 植木雅俊
2616 法華経とは何か 植木雅俊
2765 浄土思想 岩田文昭
2416 浄土真宗とは何か 小山聡子
2365 禅の教室 藤田一照 伊藤比呂美
134 地獄の思想 梅原猛
989 儒教とは何か（増補版） 加地伸行
1707 ヒンドゥー教―聖と俗 インドの 森本達雄
2076 アメリカと宗教 堀内一史
2360 キリスト教と戦争 石川明人
2746 統一教会 櫻井義秀
2642 宗教と過激思想 藤原聖子
2453 イスラームの歴史 K・アームストロング 小林朋則訳
2639 宗教と日本人 岡本亮輔
2306 聖地巡礼 岡本亮輔
2310 山岳信仰 鈴木正崇
2499 仏像と日本人 碧海寿広
2598 倫理学入門 品川哲彦

哲学・思想

1 日本の名著（改版） 桑原武夫編
2187 物語 哲学の歴史 伊藤邦武
2378 保守主義とは何か 宇野重規
2522 リバタリアニズム 渡辺 靖
2591 白人ナショナリズム 渡辺 靖
2288 フランクフルト学派 細見和之
2799 戦後フランス思想 伊藤 直
2300 フランス現代思想史 岡本裕一朗
832 外国人による日本論の名著 佐伯彰一・芳賀 徹編
1696 日本文化論の系譜 大久保喬樹
2097 江戸の思想史 田尻祐一郎
2276 本居宣長 田中康二
2458 折口信夫 植村和秀
2686 中国哲学史 中島隆博
1989 諸子百家 湯浅邦弘
36 荘子 福永光司
1695 韓非子 冨谷 至
2042 菜根譚 湯浅邦弘
2220 言語学の教室 西村義樹・野矢茂樹
1862 入門！論理学 野矢茂樹
448 詭弁論理学（改版） 野崎昭弘
2757 J・S・ミル 関口正司
1939 ニーチェ ツァラトゥストラの謎 村井則夫
2594 マックス・ウェーバー 野口雅弘
2597 カール・シュミット 蔭山 宏
2257 ハンナ・アーレント 矢野久美子
2339 ロラン・バルト 石川美子
2674 ジョン・ロールズ 齋藤純一・田中将人
674 時間と自己 木村 敏
2495 幸福とは何か 長谷川 宏
2505 正義とは何か 神島裕子